Klemens Ludwig

Das Horoskop meines Kindes

Klemens Ludwig

Das Horoskop meines Kindes

Kinder in ihrer Einzigartigkeit verstehen und unterstützen

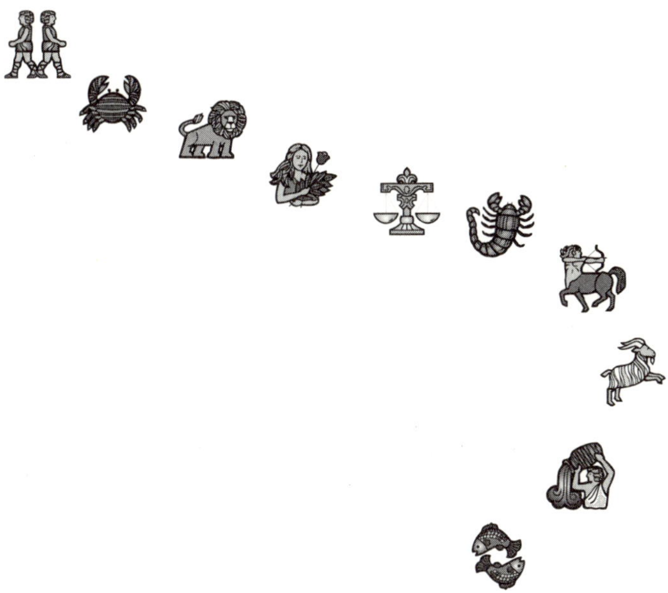

Kösel

Meinen Eltern Thea und Clemens sowie meiner Tochter Eleonore gewidmet

Wenn Sie mit diesem Buch etwas über Ihr Kind erfahren wollen, sollten Sie am besten ein Geburtshoroskop, das so genannte Radix, Ihres Kindes (und eventuell auch Ihr eigenes) vorliegen haben. Wenn Sie den diesem Buch beiliegenden Bestellschein einlösen (siehe Seite 237), können Sie es direkt beim Autor anfordern.

ISBN 3-466-30545-4

Druck und Bindung: Kösel, Kempten
Umschlagfoto: Mauritius / La Fototheque
Umschlaggestaltung: Fortune, München,
nach einer Idee von Kaselow Design, München

Gedruckt auf umweltfreundlich hergestelltem Werkdruckpapier
(säurefrei und chlorfrei gebleicht)

Inhalt

Warum ein Buch über Astrologie für Kinder?

Das Horoskop als »Bauplan«

Astrologie für Kinder erlebt heute eine nie gekannte Popularität. Immer mehr Eltern möchten durch ein Horoskop Aufschluss über das Potential ihrer Kinder erhalten. Damit laufen sie nach Meinung mancher Leute Gefahr, sie festzulegen und in ihrer Entwicklung eher zu hemmen als zu fördern.

Wer glaubt, Kinder würden zufällig zu einer bestimmten Zeit an einem bestimmten Ort geboren und kämen ohne nennenswerte Prägung als formbare Wesen ins Leben, deren Entwicklungsweg allein von der Sozialisation abhängt, der wird mit einem Horoskop für Kinder wenig anfangen können. Wer jedoch ahnt, dass ein Neugeborenes gewisse Anlagen, ja sogar einen Lebensplan mitbringt, den es zu verwirklichen gilt, der kann aus einer astrologischen Beratung für ein Kind viel gewinnen, denn im Horoskop offenbart sich dieser Plan, egal ob es sich um ein Neugeborenes oder um einen Erwachsenen handelt.

Im Horoskop offenbart sich unser Lebensplan

Dass ein Horoskop nicht festlegt, sondern nur ein Potential verdeutlicht, beschreibt die Schweizer Astrologin Verena Bachmann mit einem schönen Bild: »In einem Samenkorn ist der gesamte Bauplan einer Pflanze bereits bis ins Detail festgelegt. Ob die betreffende Pflanze wirklich einmal zu ihrer vollen Größe und Fruchtbarkeit heranwachsen wird, ist aber von vielen unterschiedlichen Faktoren abhängig. So stellt sich die Frage nach dem richtigen Standort ... Erhält eine Pflanze nicht die richtigen, ihr entsprechenden Nährstoffe, wird sie nicht ihre optimale Form erreichen, sie bleibt klein, wird anfällig für Schädlinge, sie wächst zu schnell und knickt oder sie trägt keine Früchte etc. Analog können wir uns auch das Geburtshoroskop als symbolisches Samenkorn, als Bauplan für das, was einmal werden könnte, vorstellen ... Das Geburtshoroskop eröffnet uns die Möglichkeit zu erkennen, welche Bedingungen für dieses spezielle Kind notwendig sind, damit es sich gemäß seinen Anlagen entwickeln kann. Es ist aber nicht möglich, anhand des Horoskops das konkrete Schicksal eines Kindes vorauszusagen oder zu bestimmen.«[1]

Besonderheiten im Umgang mit dem Kinderhoroskop

Das vorliegende Buch begreift die Astrologie als Möglichkeit, Zugang zum eigenen Lebensplan sowie zu dem der nächsten Anvertrauten zu finden. Viele Bücher beschreiben, wie in emanzipierter Weise mit dem eigenen Horoskop umgegangen werden sollte (Literaturempfehlungen finden Sie ab Seite 234). Ein bewusster und achtsamer Umgang mit den Erkenntnissen aus einem Kinderhoroskop ist von mindestens ebensolcher Bedeutung. Es ist kaum zu vermeiden, dass eine Beratung in der Regel über den Kopf des Kindes hinweg geschieht. Die Konsequenzen daraus sind gravierend. Es hat sich nicht selbst entschieden, einen Astrologen oder eine Astrologin aufzusuchen. Es wird durch seine Eltern oder andere nahe stehende Personen vertreten, die gewiss sein Bestes wollen. Das Beste zu wollen bedeutet jedoch nicht immer, das Beste zu tun. So wird *über* das Kind und nicht *mit* dem Kind geredet. Es kann nicht darüber reflektieren, ob das Gedeutete den eigenen Erfahrungen entspricht; es kann sich im Zweifelsfall nicht wehren, wenn es festgelegt wird oder sich im Gesagten gar nicht wieder findet. All das spricht nicht *gegen* die Kinderastrologie. Es fordert nur eine erhöhte Sensibilität – vom Astrologen wie von den Menschen, die das Kind vertreten.

Astrologie für Kinder sollte die Eltern miteinbeziehen

Ein Kind steht in einem besonders engen Austausch mit der Umwelt, es ist in den ersten Jahren sogar unmittelbar auf andere Menschen angewiesen, um zu überleben. Folgerichtig sollte Astrologie für Kinder möglichst immer die Eltern einbeziehen. Dann sind sie gefordert, sich mit sich selbst und ihrer Rolle dem Kind gegenüber auseinander zu setzen. Das wiederum ist die beste Voraussetzung, um dem vorzubeugen, wovor eine Journalistin in einem Artikel über die Kinderastrologie im Namen von Wissenschaftlern warnt: »Problematisch wird es nach Meinung des Heidelberger Soziologen [gemeint ist Edgar Wunder] dann, wenn Voraussagen der Astrologen von den Eltern gläubig hingenommen werden und das Kind dann zwanghaft in eine Richtung gedrängt wird. Wenn zum Beispiel ein Kind jahrelang zum Klavierspielen gezwungen wird, obwohl schon nach den ersten Monaten klar war, dass es nie wesentlich über das Flohwalzer-Stadium hinauskommen wird. Nur weil das Horoskop den Eltern dringend geraten hatte, dieses ›Talent‹ zu fördern. ›Es gibt Mütter, die haben aufgrund irgendeines blöden Horoskops ein Bild von ihrem Kind im Kopf und schauen gar nicht mehr das Kind an, das sie vor sich haben‹, sagt der Kinderpsychologe und Psychotherapeut Heinz Zangerle. ›Die Individualität des Kindes wird unterdrückt. Das ist eine gewaltige Hypothek, die da auf den Kindern lastet. Das ist eine Form von Vergewaltigung der kindlichen Psyche.‹ «[2]

Wer sich als Fundament für die Beschäftigung mit der Kinderastrologie mit sich selbst auseinander setzt und das Kind dabei als Spiegel der eigenen Licht- und Schattenseiten annimmt, der wird gewiss nicht bereit sein, »gläubig etwas hinzunehmen«, weder für sich noch für andere, oder sich ein Bild zu machen und gar nicht mehr auf den realen Menschen zu schauen. Eine solche Person wird sich ebenso vor jeder konkreten Festlegung hüten. Zwar kann ein Horoskop zweifellos einiges über die künstlerische Begabung verraten, niemals aber deren konkrete Umsetzung zwingend im Klavierspielen fordern.

Seriöse Astrologie will nicht festlegen, sondern Chancen und Potentiale aufzeigen

Die Chancen eines Kinderhoroskops beschreibt der Astrologe Ernst Ott so: »Wir sollten bei den Konstellationen unserer Kinder vor allem an die positivsten, bestmöglichen Entsprechungen denken. Darüber zu phantasieren ist sehr wirkungsvoll. Selbst wenn wir es nicht aussprechen: Es hilft unserem Kind, wenn wir ihm ein erfülltes, glückliches Leben zutrauen! Wie schädlich wäre andererseits eine unterschwellige Haltung von Angst, Vorsicht und Skepsis! Ein gutes Erziehungsklima schaffen wir nicht nur, indem wir versuchen, alles Mögliche ›richtig‹ zu machen, sondern vor allem, indem wir die Phantasie aufbringen, uns vorzustellen, wie unsere Kinder das Beste und Schönste aus ihren Anlagen machen können.«[3]

Das Horoskop bietet nicht nur die Möglichkeit, tieferen Einblick in diese Anlagen und Potentiale zu gewinnen; es ist auch eine Chance, dem Kind mit etwas mehr Abstand und Objektivität zu begegnen, als dies im Alltag zumeist der Fall ist. Dabei können Aspekte in den Vordergrund treten, die im täglichen Miteinander ein Schattendasein führen. Sich gerade dies ohne Ängste und Tabus bewusst zu machen ist für den Entwicklungsweg des Kindes überaus bedeutsam. Mehr dazu ab Seite 127.

Anwendungsgebiete und Schwerpunkte des Buches

Das Potential der Astrologie für Kinder liegt in ihrer konkreten Erziehungshilfe. Wenn etwa ein Kind unverständlich häufig aggressiv ist oder aber auf eine befremdliche Art schweigsam oder kontaktscheu oder hyperaktiv oder ... dann kann ein genauer Blick ins Horoskop helfen, dem Phänomen auf die Spur zu kommen. Doch bei der Bestandsaufnahme darf es nicht bleiben, etwa nach dem Motto: »Aha, Mars im Widder, da muss er ja wild sein«. Emanzipierte Astrologie wird Menschen niemals nur auf ein Verhalten festlegen, sondern bei Schwierigkeiten Wege zur Überwindung aufzeigen können, weil sie in jedem Horoskop angelegt sind. Das gilt nicht nur für so genannte verhaltensauffällige Kinder. Für alle Kinder kann es nützlich sein, wenn Eltern mit Hilfe von Astrologen einen Blick ins Horoskop werfen und die dort offenbarten Chancen, Potentiale und Klippen des Lebensweges frühzeitig entdecken und dieses Wissen auf verantwortungsvolle Art in die Erziehung integrieren. Es ist das Anliegen dieses Buches, diesen recht neuen Aspekt der Astrologie einem größeren Publikum nahe zu bringen und Handlungsperspektiven für den Erziehungsalltag aufzuzeigen.

Der Mond ist die Grundlage für das Verständnis des Kinderhoroskops

Astrologie für Kinder geht von denselben Voraussetzungen aus wie die »normale« Astrologie, setzt jedoch andere Schwerpunkte. Um dem sensiblen Thema gerecht zu werden, beginnt das Buch mit einer allgemeinen astrologischen Einführung. Denn ungeachtet der großen Popularität der Astrologie herrscht über ihre Basis häufig noch manche Verwirrung. Wem die astrologischen Grundlagen bereits vertraut sind, kann dieses Kapitel natürlich überblättern. Darauf folgen zwei

Kapitel über den Mond, der die Grundlage für das Verständnis des Kinderhoroskops ist. Der Mond symbolisiert die Bedürfnisse und Emotionen, mit denen ein Kind in die Welt tritt. Die weiteren persönlichen Planeten Merkur, Venus und Mars werden als »Die nächsten Entwicklungsschritte« beschrieben. Sie geben Hinweise darauf, wie das Kind durch Kontaktaufnahme, Lern- und Liebesfähigkeit, Selbstwertgefühl und Tatkraft seinen emotionalen, geistigen und körperlichen Wachstumsprozess fortsetzt. In diesem Zusammenhang wird auch auf die Rolle der Sonne eingegangen, die im Horoskop des Kindes erst allmählich ihren Platz einnimmt.

Eine wichtige Bedeutung kommt auch den Schnittpunkten Aszendent (AC), Imum Coeli (IC = der rechnerisch tiefste Punkt eines Horoskops, die »Himmelstiefe«) sowie dem absteigenden Mondknoten zu, die in den folgenden Kapiteln dargestellt werden. Bei ihnen geht es um die Prägungen der Vergangenheit sowie um die Art, ins Leben zu treten. Die so genannten überpersönlichen Planeten Jupiter, Saturn, Chiron, Uranus, Neptun und Pluto können als Schattenthemen im Horoskop des Kindes auftreten. Das ihnen gewidmete Kapitel soll dazu beitragen, sich diese Themen bewusst zu machen und sie damit konstruktiv zu nutzen. Das nächste Kapitel befasst sich mit den Transiten, den Übergängen der ständig über das Geburtshoroskop weiterwandernden Planeten. Die Transite geben wichtige Hinweise auf den Entwicklungsweg des Kindes.

Die Deutung eines Kinderhoroskops bleibt – wie erwähnt – unvollständig, wenn nicht auch das der Eltern einbezogen wird. Wer also durch ein Horoskop Aufschluss über die Möglichkeiten seines Kindes gewinnen will, ist aufgefordert, sich auch auf das eigene Horoskop und damit auf sich selbst einzulassen. Konkrete Deutungsbeispiele zeigen im Schlusskapitel auf, wie ein sinnvoller Umgang mit Kinderhoroskopen aussehen kann.

Jenseits der Fast-Food-Astrologie

Der emanzipierte Umgang mit dem Horoskop

Kaum ein Phänomen ist derartig zum Trend geworden wie die Astrologie – oder das, was in weiten Kreisen darunter verstanden wird. Nahezu jeder kennt heutzutage sein Sternzeichen, den Aszendenten zu wissen ist chic, und unter dem Stichwort »Horoskop« geben Zeitungen, Zeitschriften und auch das Internet regelmäßig allgemeine Lebensweisheiten zum Besten. Bei so viel Aufmerksamkeit bleiben auch die Gegner nicht aus. Warner, Skeptiker und Spötter sehen in der Hinwendung zur Astrologie einen Rückfall ins Mittelalter.

Nicht immer indes hält die Qualität mit der Quantität Schritt. Die Breite, die das Thema in der Öffentlichkeit einnimmt, geht selten in die Tiefe. Es hat sich deshalb inzwischen weitgehend herumgesprochen, dass die Rubrik »Horoskope« der gedruckten Medien eher Unterhaltung als seriöse Astrologie bietet. Etwas humorlose Skeptiker fordern sogar ernsthaft, die populären Lebenstipps mit dem Zusatz zu versehen »Horoskope dienen der Unterhaltung«, ähnlich wie »Rauchen gefährdet Ihre Gesundheit« bei Zigaretten. Das mag sachlich berechtigt sein. Aber müssen wir irgendwann auch bei jeder Glosse und jeder Satire hinzufügen, dass sie ironisch gemeint ist?

Der Sternenhimmel als Basis

Wer sich mit Offenheit und Aufnahmebereitschaft auf diese alte Weisheitslehre einlässt, wird bald erkennen, dass Astrologie eine Symbolsprache von großer Komplexität auf verschiedenen Ebenen ist. Ihre Grundlagen sind die Lehre von den Elementen und Qualitäten, die Zahlenmystik, die griechische Mythologie und der Sternenhimmel. Nur aufgrund dieser Vielschichtigkeit ist es ihr möglich, einem so komplexen Wesen wie dem Menschen gerecht zu werden.

Der Tierkreis

Der Sternenhimmel ist zweifellos der bekannteste Bezugspunkt für die astrologischen Erkenntnisse. Bei ihrer scheinbaren Wanderung um die Erde durchläuft die Sonne im Jahr zwölf Zeichen. Astronomisch handelt es sich dabei um eine Bahn von etwa 16° Breite, auf der sich nicht nur die Sonne, sondern auch der Mond und die Planeten scheinbar um die Erde bewegen. Die Bahn hat mit der Frühlings- und Herbst-Tagundnachtgleiche sowie der Sommer- und Wintersonnenwende vier Achsenpunkte. Die zwölf Sternzeichen auf dieser Bahn weisen eine unterschiedliche Größe auf. Sie bilden die Entsprechung für die zwölf Zeichen des Tierkreises, die mit den gleichen Namen benannt sind und einheitlich 30° umfassen.

Die ältesten Aufzeichnungen der Himmelsbeobachtung stammen von den Babyloniern und Sumerern in Mesopotamien um 2000 vor unserer Zeitrechnung. Ihre Erkenntnisse sowie das mathematische Verständnis der aufkommenden griechischen Kultur schufen Mitte des ersten vorchristlichen Jahrtausends die Grundlagen der heutigen Astrologie. Zwar kannten auch die Babylonier manche Sternzeichen, doch erst den Griechen war der vollständige Tierkreis vertraut. Die älteste überlieferte Horoskopdeutung stammt aus dem Jahr 410 vor unserer Zeitrechnung. Die führenden Astrologen waren gleichzeitig Astronomen.

Beginnend beim Widder am Frühlingspunkt, bauen die Zeichen mit einer verblüffenden Logik aufeinander auf, die es allein schon fragwürdig macht, den Zufall als Erklärung heranzuziehen. Die folgenden Beschreibungen beziehen sich dabei nicht auf Menschen, sondern auf die Energie des jeweiligen Zeichens.

Widder-Energie

Widder ist die Energie des Anfangs, der Ansporn, der zu neuen Welten aufbricht, sich seinen Weg bahnt und dabei Hindernisse einfach übersieht. Die Widder-Energie ist kühn, optimistisch, mutig, direkt und sie entwickelt ein ausgeprägtes Konkurrenzverhalten. Es kann schließlich nicht jeder der Erste sein! Das Widderzeichen fällt zusammen mit dem Frühlingsbeginn, wenn sich die Natur nach langer Ruhephase endlich wieder entfalten kann. Alle Zeichen haben jedoch auch ihre Schattenseiten, die in Erwägung gezogen werden müssen; nicht um jemanden herabzusetzen, sondern in seiner Ganzheit zu erfassen. So hat die Widder-Energie die Tendenz, rücksichtslos mit dem Kopf durch die Wand zu rennen und egoistisch nur die eigenen Interessen zu verfolgen. Auch fehlt ihr häufig Beharrlichkeit, Geduld und Ausdauer.

Stier-Energie

Der nachfolgende Stier schafft die nötige Substanz. Er formt sich ein Umfeld, in dem er sich wohl fühlt, das Leben genießen und sich von anderen abgrenzen kann. Es geht schließlich um sein Heim. In der Natur hat der Frühling seinen Höhepunkt erreicht, die Wiesen blühen in voller Pracht. In dieser Umgebung von Lebensfreude, Üppigkeit und klaren Grenzen versteht es der

Stier, seine Sinnlichkeit zu entfalten. Dabei ist die Stier-Energie ausdauernd, treu und geduldig. Bisweilen läuft sie allerdings Gefahr, in ihrem üppigen Heim bequem, lethargisch und phlegmatisch zu werden. Dynamik und Flexibilität sind ihre Stärken nicht. Fühlt sie sich in ihrer Ruhe gestört, kann sie sehr aggressiv reagieren, was die Umwelt zumeist in Erstaunen versetzt.

Zwillings-Energie

Hat der Stier seine Grenzen abgesteckt, können die Zwillinge hinausgehen und mit der Umwelt in Kontakt treten. Das kommunikativste Zeichen im Tierkreis möchte immer Neues erfahren. Es liebt die Gesellschaft mit anderen und ist seinerseits zumeist recht beliebt. Der Welt begegnen die Zwillinge mit einer ausgeprägten Neugierde, die niemals die Lust am Lernen verliert. Dabei werten sie nicht, sondern lassen sich auf alle Erfahrungen ein. Die Herausforderung für die Zwillinge-Energie liegt allerdings darin, bei all den vielseitigen Interessen nicht oberflächlich zu werden. Zudem fällt es ihr schwer, klare Entscheidungen zu treffen und dazu zu stehen. Man könnte es ja auch noch anders sehen ...

Krebs-Energie

Nach den ersten Erfahrungen mit der Welt da draußen gibt sich der Krebs dem intimen, familiären Bereich hin. Das sensible Wassertier will vor allem der unmittelbaren familiären Umgebung das Gefühl schenken, geborgen und aufgehoben zu sein. In seiner hingebungsvollen Art entwickelt es eine große Kraft und Ausdauer. Dabei fehlen der Krebs-Energie manchmal Mut und Durchsetzungsvermögen, zumindest wenn sie den überschaubaren, vertrauten Rahmen verlassen muss. In der Außenwelt wirkt der Krebs häufig verschüchtert, leise oder zurückgezogen.

Löwen-Energie

Über Mut und Durchsetzungsvermögen verfügt der Löwe umso mehr. Ist der Krebs in vertrauter Atmosphäre herangewachsen, folgt der spielerische Löwe, die Zeit der Jugend, in der die Welt scheinbar noch offen steht und ebenso unermesslich ist wie die eigenen Kräfte. Vorschriften und Aufgaben sind dem Löwen fremd. Er bietet den Rahmen für Originalität, Großzügigkeit und schöpferische Impulse. Mit einem solchen Temperament neigt der Löwe jedoch zur Selbstüberschätzung und wundert sich dann, warum die Umwelt ihn nicht genauso großartig findet wie er sich selbst. Arroganz, Eitelkeit und Egozentrik können die Folge von Löwen-Energie sein.

Jungfrau-Energie

Auf die verspielte Jugend folgt die Zeit der Reife, der Jungfrau. Sie weiß, dass es nicht immer so unbeschwert bleibt. Deshalb muss Vorsorge für den Winter getroffen werden, der angesichts der deutlich kürzer werdenden Tage zur Jungfrau-Zeit seine ersten Schatten wirft. So plant die Jungfrau-Energie ausgesprochen systematisch und analytisch, ohne sich selbst in den Vordergrund zu drängen. In ihrer Klugheit weiß sie, dass sie einer größeren Sache dient. Wenn sie es mit ihrer Planung und Vorsorge jedoch übertreibt, kann sie ausgesprochen pedantisch werden und denen mächtig auf die Nerven gehen, für die sie sich verantwortlich fühlt.

Waage-Energie

Die Ordnung der Jungfrau schafft Raum für Ästhetik, die Energie der Waage. Mit ihr beginnt der Herbst, wenn sich die Natur zum letzten Mal in ihrer farbenfrohen Pracht zeigt. Sie inspiriert damit Künstler und Dichter, die ohne die Energie der Waage ihre Kreativität nicht zur Entfaltung bringen könnten. Doch auch im Alltag sorgt sie für ein charmantes, harmonisches und schönes Miteinander. Somit beeinflusst die Waage-Energie auch Partnerschaft und Beziehungen. Bisweilen erliegt sie indes der Gefahr, es allen recht machen zu wollen und sich deshalb nicht entscheiden zu können. Dann kann sie launisch und affektiert werden und das zerstören, wonach sie sich eigentlich sehnt.

Skorpion-Energie

Auf die Farbenpracht des frühen Herbstes folgt der Abstieg in die Unterwelt. Das ist das Reich des Skorpions. »Stirb und werde« lautet sein Motto, denn die Natur geht in den Zustand des Absterbens über, um im nächsten Frühjahr neu geboren zu werden. Im Skorpion geht es also darum, die äußeren Schönheiten des Lebens zurückzulassen und sich auf intensive innere Erfahrungen einzulassen. Dabei ist er leidenschaftlich, empfindsam, voller Hingabe und eine ständige Herausforderung an die Umwelt. Wenn er nicht Acht gibt, kann er jedoch in der Tiefe versinken und Konflikte immer wieder durchleben, selbst wenn es nicht mehr zur eigenen Reife beiträgt. Fanatismus und Verbohrtheit sind die Gefahren, denen er sich stellen muss.

Schütze-Energie

Nach den Erfahrungen in der Unterwelt will der Schütze die himmlischen Höhen erkunden. Ihn treiben großer Idealismus, Begeisterungsfähigkeit und Optimismus immer wieder an. Der Schütze ist ein Suchender, dem die Erfahrungen des Alltags niemals genügen. In all seinem Idealismus fehlt ihm jedoch manchmal die nötige Struktur. Deshalb kann er leicht über das Ziel hinausschießen und dann tief stürzen. »Himmelhoch jauchzend, zu Tode betrübt« ist eine weit verbreitete Schütze-Erfahrung.

Steinbock-Energie

Dass man jedoch auch in luftigen Höhen Struktur schaffen kann, demonstriert der nachfolgende Steinbock. Um hohe Ziele zu erreichen, setzt er Disziplin, Ausdauer und Beharrlichkeit ein. Deshalb wird der Steinbock-Energie nachgesagt, besonders leistungsorientiert zu sein. Ihr Schlüssel zum Erfolg liegt darin, sich auf das Wesentliche zu konzentrieren. Auch in der Natur ist es die Zeit des äußersten Rückzugs zur Wintersonnenwende. Am Ende der Steinbock-Zeit kehrt der Saft der Bäume von den Wurzeln wieder in den Stamm zurück. Im Alltag zeichnet er sich durch Verantwortungsbewusstsein und Gewissenhaftigkeit aus. Bei seinem Ehrgeiz kann der Steinbock aber auch verhärten und ein unangenehmer, rechthaberischer und rücksichtsloser Zeitgenosse werden.

Wassermann-Energie

Der luftige Wassermann ergänzt die Disziplin des Steinbocks durch Originalität und Unkonventionalität. Er ist ein Freigeist, voll schöpferischer, innovativer Energie, aber auch schwer zu fassen und ein Gegner rigider Normen. Allerdings legt die Wassermann-Energie großen Wert auf den Austausch in einer Gruppe Gleichgesinnter. In ihr können sich elitärer Dünkel und Überheblichkeit breit machen, ein Aspekt, der in der allgemeinen Erwartung der großen Freiheit im Wassermann-Zeitalter gern übersehen wird. (So ist es gewiss kein Zufall, dass etwa die Machtergreifung der Nationalsozialisten in die Zeit des Wassermanns fiel. Zur Zeit von Hitlers Vereidigung am 30. Januar 1933 um 11.00 Uhr in Berlin standen neben der Sonne auch noch Merkur und Saturn dort und der aufsteigende Mondknoten im 11. Haus, das dem Wassermann zugeordnet ist: Eine kleine, elitäre Gruppe nimmt für sich in Anspruch, dem Rest der Welt ihre Ideologie aufzuzwingen.)

Fische-Energie

In den Fischen schließlich wird jede Form von Egoismus – sei es individueller oder kollektiver – aufgelöst. Heilberufe und alles, was mit Nächstenliebe zu tun hat, werden mit dem letzten Zeichen in Verbindung gebracht. Die Fische streben aber auch danach, sich wieder mit dem göttlichen Ursprung zu verbinden. Sie sind ein ausgesprochen spirituelles Zeichen mit einem hohen Maß an Intuition, Sensibilität und Tiefsinn. Im Alltag kann die Energie der Fische jedoch als nebelig und verwirrend erlebt werden. Klare Entscheidungen zählen nicht zu ihren Stärken. Der Bauch beherrscht den Kopf bisweilen über ein gesundes Maß hinaus. Dann sind sie für die Umwelt schwer zu fassen.

Diese Zuordnung der Energien zu den jeweiligen Zeichen zeigt, wie sehr Astrologie auf einer tiefen Kenntnis der natürlichen Zyklen basiert und dass die Sterne am Himmel als Vermittler eine wichtige Rolle spielen.[4]

Das Häusersystem

Neben dem Tierkreis bildet das Häusersystem eine weitere Grundlage des Horoskops. Die Häuser, auch Felder genannt, sind die räumliche Einteilung rund um den Ort des Betrachters auf der Erde, für den das Horoskop erstellt wurde. Auch der Häuserkreis wird in zwölf Segmente unterteilt, doch sind sie in der Regel unterschiedlich groß. Einige Systeme arbeiten mit gleich großen Häusern. Sie haben keinen eigenen Namen, sondern werden von eins bis zwölf durchnummeriert. Das 1. Haus trägt die Energien des Widders, das 2. Haus die des

Stiers, das 3. Haus die der Zwillinge und so weiter bis zum 12. Haus, das den Energien der Fische entspricht. Zudem sind sie je einem Lebensbereich zugeordnet.

Die Themen der Häuser

Häuser	Energie	Thema
1. Haus	Widder/Mars	Ich-Kraft und Durchsetzungsfähigkeit
2. Haus	Stier/Venus	Selbstwert und Sinnlichkeit
3. Haus	Zwillinge/Merkur	Kommunikation und Lernen
4. Haus	Krebs/Mond	Kindheit und Gefühle
5. Haus	Löwe/Sonne	Selbstdarstellung und Spiel
6. Haus	Jungfrau/Merkur	Arbeit und Gesundheit
7. Haus	Waage/Venus	Partnerschaften und Kunst
8. Haus	Skorpion/Pluto	Intensität und Sexualität
9. Haus	Schütze/Jupiter	Ideale und Reisen
10. Haus	Steinbock/Saturn	Beruf und Öffentlichkeit
11. Haus	Wassermann/Uranus	Freunde und Umwälzungen
12. Haus	Fische/Neptun	Intuition und Grenzenlosigkeit

Während die astronomische Basis der Zeichen die Drehung der Erde um die Sonne ist, die wir umgekehrt wahrnehmen (siehe auch Anmerkung 4, Seite 231), fußt das Häusersystem auf der Drehung der Erde um die eigene Achse. Die Drehkreise haben eine unterschiedliche Richtung. Die Drehung der Erde um die eigene Achse, die auch als primäre Rotation bezeichnet wird, geschieht im Uhrzeigersinn, die Drehung der Erde um die Sonne in entgegengesetzter Richtung. Somit erleben wir den Lauf von Sonne und Mond innerhalb eines Tages von Osten nach Westen, während alle Gestirne innerhalb eines Jahres von Westen nach Osten um die Erde zu wandern scheinen. Das erste Haus beginnt am Aszendenten (AC), der im individuellen Horoskop den Punkt im Tierkreis markiert, der zum Zeitpunkt der Geburt am Osthorizont aufstieg. Astronomisch ist es der Schnittpunkt von Tierkreis und östlichem Horizont.

Die Götter als Paten

Zu den Sternen und den Energien der Natur kommt die griechische und römische Mythenwelt, um die Astrologie in eine uns verständliche Sprache zu übersetzen. Die antiken Götter standen Pate bei der Bezeichnung der Planeten und auch hier ist es nicht willkürlich und zufällig, welcher Planet nach welcher Gottheit benannt ist. Die heute benutzten Namen sind römischen Ursprungs, doch haben die Römer den uns bekannten Götterhimmel weitgehend von den Griechen übernommen und ihn nur neu bezeichnet. Die alten Herrscher des Olymps, überliefert in zahlreichen klassischen Sagen, sind uns nicht zuletzt dank der Astrologie heute noch so vertraut.

Die Planeten

Allein Sonne und Mond entziehen sich der Namensgebung. Sie sind die Urenergien, wobei die Sonne für das Bewusstsein, das bewusste Lebensziel steht und der Mond für den Gefühlsbereich, die emotionale Seite des Menschen. Die Sonne wird auch als urmännliches und der Mond als urweibliches Prinzip betrachtet. Zur Ganzheit gehören beide und es ist unangemessen, einen von beiden besonders zu betonen. Neben Sonne und Mond sind Merkur, Venus, Mars, Jupiter und Saturn für uns am Himmel sichtbar; Uranus, Neptun und Pluto können mit dem Auge nicht erkannt werden. Alle Planeten sind bestimmten Tierkreiszeichen zugeordnet, deren Energie sie tragen oder – wie die Astrologie auch sagt – die sie beherrschen. Die Sonne ist Herrscherin über den Löwen, der Mond über den Krebs.

Merkur

Merkur, der Götterbote, entspricht dem Zwilling und der Jungfrau. Wie sein Namenspatron ist er für Kommunikation und Austausch zuständig. Am Stand des Merkurs kann abgelesen werden, wie sich jemand ausdrücken und mitteilen kann, ob er öffentlich Gehör findet oder den Schutz des vertrauen Rahmens benötigt, um sich zu äußern.

Venus

Venus, die Liebesgöttin, hat sich in der Astrologie die Achtung bewahrt, die ihr in der Welt weitgehend verloren gegangen ist. Während sie gemeinhin schlicht auf die Rolle eines Sexsymbols reduziert wurde, steht sie im Horoskop neben der Sinnlichkeit auch für das Selbstwertgefühl und das ästhetische Empfinden. Es geht also nicht nur um äußere Schönheit, denn die kann es ohne innere Werte nur bedingt geben. Auf der Zeichenebene entspricht Venus Stier und Waage. Beim Stier steht mehr der sinnliche Aspekt, bei der Waage mehr der künstlerisch-ästhetische im Vordergrund.

Mars

Mars gilt häufig als der Gegenpol zur Venus. Der feurige Kriegsgott zeigt unser Potential an Durchsetzungsfähigkeit und Aggressivität. Beides liegt eng beieinander, auch wenn das eine hoch geschätzt und das andere verpönt ist. Ohne Mars würde jedweder Antrieb fehlen, im Leben etwas anzugehen. Seine Stellung sagt viel darüber, wie wir unsere Ziele erreichen wollen. Gleichzeitig ist es allerdings nötig, ihn zu kontrollieren, denn das reine Mars-Prinzip mündet in Krieg und Zerstörung. Mars ist dem Widder-Zeichen zugeordnet.

Jupiter

Auf den Kriegsgott folgt der Göttervater Jupiter. Er schafft die Größe, den Raum und die Fülle, damit wir uns entfalten können. Wo Jupiter steht, da finden wir unsere idealistische Seite, unser Streben nach höheren Werten. Auch das Interesse an fremden Welten und neuen Erkundungen wird ihm zugeordnet. Damit ist Jupiter der Träger der Schütze-Energie.

Saturn

Der letzte für uns sichtbare Planet ist nach Jupiters Vater Saturn benannt. Er vermittelt Struktur und Disziplin, wohl wissend, dass es nicht ausreicht, nach hohen Idealen zu streben. Um sie zu erreichen, muss zumeist ein harter Weg zurückgelegt werden. Gleichzeitig ist Saturn der Hüter der Schwelle. Hinter ihm beginnt der für uns mit dem Auge nicht sichtbare Teil des Planetenhimmels. Diese Schwelle hat eine symbolische Bedeutung als Übergang von der materiellen in die geistige oder transzendente Welt. Saturn wacht darüber, dass nur diejenigen die Schwelle überschreiten, die reif dafür sind. Profaner ausgedrückt ist er derjenige, der die Grenzen setzt. Dadurch hat er einen ausgesprochen schlechten Ruf, früher galt er sogar als das »große Unglück«. Wenn wir Grenzen aber akzeptieren als etwas, das uns schützt und nicht nur einengt, dann kann sich die Saturn-Qualität entfalten. Mit seinen Eigenschaften ist Saturn dem Steinbock zugeordnet.

Uranus

Der erste Planet jenseits der Schwelle ist Uranus, der Revolutionär am Götterhimmel. Entdeckt 1781 im Vorfeld der Französischen Revolution, bringt er eingefahrene Strukturen zum Einsturz und stellt alles infrage, was sich überlebt hat. Gleichzeitig eröffnet Uranus neue geistige Horizonte und Perspektiven, die vorher vielleicht aus Kleinmut nicht ergriffen worden sind. Uranus trägt die Energie des Wassermanns.

Neptun

Auf Uranus folgt Neptun, der Bruder Jupiters und Herrscher der Meere. Auch er ist ein Planet der Veränderung, aber auf andere Art. Die neptunische Art ist die des Wassers, das den Stein durch steten Tropfen aushöhlt. Neptun hat jedoch, wie die Meere selbst, viele Gesichter. Er kann subtil wirken, aber auch heftig aufschäumend wie große Wellen im Sturm. Dann kann sich seiner Intensität niemand entziehen. Neptun akzeptiert keine Grenzen und teilt sich zumeist intuitiv jenseits der materiellen Strukturen mit, denn die benötigt er nicht mehr. Damit entspricht er dem Zeitgeist seiner Entdeckung 1846, als die drahtlose Kommunikation erstmals Gestalt annahm. Neptun ist den Fischen zugeordnet.

Pluto

Der letzte der Planeten, mit denen die Mehrzahl der Astrologen arbeitet, ist ein weiterer Abkömmling Saturns, Pluto. Ihm wurde die Herrschaft über die Unterwelt gegeben. Damit symbolisiert er alles, was mit Tod zu tun hat. Zum Tod gehört die Wiedergeburt. Deshalb steht Pluto auch für die Sexualität. Die enge Verflechtung von beidem dokumentiert die französische Sprache mit demselben Wort für Orgasmus und kleiner Tod. Pluto ist der kleinste aller Planeten, doch durch seine extreme Dichte Träger intensiver Energien. Auch das korrespondiert mit der Zeitenergie seiner Entdeckung 1930. Damals begann die Kernspaltung, die ebenfalls auf kleinstem Raum kaum kontrollierbare Energien freisetzt. Pluto-nium wurde seitdem zum Synonym für Tod und Zerstörung. Etwas allgemeiner betrifft Pluto die Welt der inneren Erfahrungen. Sein Zeichen ist der Skorpion.

Wenn man Zeichen, Häuser und Planeten als das Schauspiel des menschlichen Lebens begreift, dann sind die Häuser die Bühne, auf der das Stück gespielt wird. Die Zeichen sind die Rollen oder auch die Ausdrucksweise und Kostümierung, die Planeten die Schauspieler bzw. die Dynamik des Stücks. Auf die kürzeste Formel gebracht, sind die Planeten das »Wer« im Schauspiel Leben, die Zeichen das »Wie«, die Häuser das »Wo«.

Symbolische Darstellungen

Die Planeten werden im Horoskop durch Symbole dargestellt, deren tiefer Sinngehalt ebenfalls einen genaueren Blick verdient. Drei Formen kehren dabei in verschiedenen Anordnungen immer wieder, bisweilen leicht abgewandelt, doch das Urmuster ist klar erkennbar. Die drei Symbole sind der Kreis, der

Halbmond und das Kreuz. Der Kreis steht für den Geist, der Halbmond – oder der geöffnete, empfangende Kreis – für die Seele und das Kreuz für den Körper.

Sonne ☉

und Mond ☾

Die Sonne symbolisiert den reinen Geist, der Mond die reine Seele. Ein Planet, der nur mit einem Kreuz dargestellt wäre, kommt nicht vor. Die Energie des reinen Körpers ist in den astrologischen Weisheitslehren nicht vorstellbar.

Merkur ☿

Merkur besteht aus Geist, Seele und Körper. Dabei verbindet der Geist die Seele mit dem Körper. Das entspricht ganz seiner Aufgabe als Götterbote, dem es obliegt, die Verbindung zwischen den verschiedenen Energien herzustellen.

Venus ♀

Bei Venus herrscht der Geist über den Körper, eine bemerkenswerte Symbolik angesichts des allgemeinen Venus-Klischees. Einmal mehr zeigt sich, wie hoch die Liebesgöttin in der Astrologie geschätzt wird.

Mars ♂

Beim Mars herrscht der Körper über den Geist. Die Verwandlung des Kreuzes in einen Pfeil ändert nichts an dem ursprünglichen Gehalt, sondern unterstreicht nur den dynamischen Aspekt des Kriegsgottes.

Jupiter ♃

Im Jupiter-Symbol regiert die Seele über den Körper, eine Zuordnung, die bei Jupiter auch noch an anderer Stelle vorgenommen wird. Die Astrologie betrachtet die Seele als den Teil, in dem die hohen Ideale ihren Platz haben.

Saturn

♄

Bei Saturn ist es umgekehrt, dort regiert der Körper über die Seele. Auch diese Zuordnung findet sich immer wieder, denn der Körper ist der konkrete, stabile Teil des Menschen und Saturn steht für das Materielle.

Uranus

♅

Bei den drei äußeren, erst in den vergangenen zwei Jahrhunderten entdeckten Planeten wurde die Zeichensymbolik im Ganzen beibehalten. Das Uranus-Symbol zeigt an, mit welcher Dynamik sich der Mensch (Körper) auf der Basis des Geistes in neue Dimensionen hineinbewegen kann. Der uranische Ausbruch hat sein Ziel immer in luftigen Höhen.

Neptun

♆

Bei Neptun herrscht die Seele über den Körper. Die intuitiven Neptun-Energien sind in der Seele zu Hause.

Pluto

♇

Bei Pluto schließt sich der Kreis zum Merkur, denn auch er enthält alle drei Bereiche, doch ist diesmal die Seele, der Ort für den Tiefgang, der verbindende Teil.

Die Aspekte

Bei dem oben erwähnten Bild des Schauspiels »Leben« mit seinen Planeten, Zeichen und Häusern fehlt noch ein Bereich: die Aspekte. Aspekte sind die Berührungen zwischen den einzelnen Planeten im jeweiligen Geburtshoroskop. Auf die Bühne übertragen ist es die Interaktion zwischen den einzelnen Schauspielern; psychologisch ausgedrückt stehen die Aspekte für die

Kommunikation zwischen Teilen der Persönlichkeit. Wie immer im Leben kann diese Kommunikation fließend oder eher schwierig sein, doch gibt es grundsätzlich weder gute noch schlechte Aspekte. Ein Berater, der so etwas vermittelt, ist vielleicht kein besonders guter Astrologe.

Aspekte stehen für die Kommunikation zwischen Teilen der Persönlichkeit

Der stärkste Aspekt ist die Konjunktion. Dabei stehen zwei Planeten unmittelbar zusammen. Je nachdem, um welche Planeten es sich handelt, kann das harmonisch oder spannungsgeladen erlebt werden, wie im Alltag auch. Wer im überfüllten Bus dicht neben einer Person sitzt, die einem sympathisch ist, wird die Enge mögen. Setzt sich ein Mensch dazu, der den anderen unsympathisch erscheint, wird ihnen die Nähe nicht gefallen. So wird etwa eine Konjunktion des Mondes mit der Venus anders erlebt, als wenn der Saturn beim Mond steht. Vor jeder Bewertung der Aspekte müssen also zunächst einmal die betroffenen Planeten angeschaut werden.

Ein weiterer wichtiger Aspekt findet sich in der Opposition, dem Standort direkt gegenüber. Auch hier macht es natürlich einen Unterschied, ob wir einem Menschen gegenüberstehen, der ähnliche Schwingungen verbreitet oder ganz andere. Als spannungsreich, aber anspornend gilt das Quadrat, der 90°-Abstand zwischen Planeten, als harmonisch, wenn auch bisweilen etwas antriebsschwach das Trigon, der 120°-Abstand, sowie das Sextil, der Abstand von 60°. Das sind die gebräuchlichsten Aspekte. Je nach persönlicher Neigung und Erfahrung des Astrologen kann die Unterteilung noch detaillierter vorgenommen werden. Die spannungsreichen Aspekte Quadrat, Opposition und unter Umständen Konjunktion werden auch als analytische bezeichnet, die harmonischen auch als synthetische.

Die Elemente und Qualitäten

Ohne die Elemente und Qualitäten wäre die Astrologie nicht vollständig. Die zwölf Zeichen sind den vier Elementen zugeordnet. Feuer und Luft werden auch als männliche, Erde und Wasser als weibliche Elemente bezeichnet.

Feuer

Der Tierkreis beginnt mit dem Feuerelement. Dazu zählen Widder, Löwe und Schütze. Das Feuer steht für Dynamik, Energie und Antriebskraft. Es kann sehr konkret-sinnlich erfahren werden. Feuer ist der Initiator für alles, was wir angehen, sowie die Kraft der Veränderung. Es verwandelt Materie in Energie. Dabei kann es angenehm wärmend, aber auch zerstörerisch und unkontrollierbar auftreten. Auf der spirituellen Ebene symbolisiert es den göttlichen Funken oder auch die geistige Läuterung. Das Bild des Fegefeuers als Ort der Wandlung ist nicht nur im christlich-abendländischen Kulturkreis verbreitet.

Erde

Auf das Feuer- folgt das Erdelement. Dazu zählen Stier, Jungfrau und Steinbock. Erde ist die Basis allen menschlichen Lebens. In ihren Zeichen geht es um grundlegende Bedürfnisse wie die Verantwortung für die Gesundheit und das materielle Auskommen. Die Herausforderung für die Erdzeichen besteht darin, den materiellen Werten einen angemessenen Platz zu geben. Sie sind kein Selbstzweck, dürfen aber auch nicht gering geschätzt werden. Sie dienen als Mittler für spirituelle Erfahrungen, die niemals Flucht vor weltlichen Problemen sein sollten. Die Bedeutung des Erdelements für den spirituellen Weg kennzeichnen Kraftplätze in der Natur, die in vielen Kulturen eine wichtige Rolle spielen.

Luft

Der Erde folgt das Luftelement, vertreten durch die Zeichen Zwillinge, Waage und Wassermann. Das Luftelement repräsentiert den Kontakt zu anderen Menschen, unsere intellektuelle Kapazität, aber auch den Weg zu höherer geistiger Erkenntnis. Es fordert zu Klarheit und Entscheidungsfähigkeit heraus. Dass Erkenntnis der Schlüssel für den Zugang zur spirituellen Welt ist, kommt in vielen Bildern verschiedener Kulturen zum Ausdruck, auch wenn es in der heutigen Fast-Food-Esoterik gern übersehen wird. Eines der uns vertrautesten ist die Frucht vom Baum der Erkenntnis, durch deren Genuss der Mensch aus dem Paradies vertrieben wurde. Nach dem Prinzip »Similia similibus curentur« (Gleiches soll durch Gleiches geheilt werden) kann nur Erkenntnis wieder zurück zum Paradies, zur Einheit führen.

Wasser

Auf die Luft folgt als letztes das Wasserelement. Dazu zählen im Tierkreis Krebs, Skorpion und Fische. Das Wasser steht zunächst für den emotionalen und intuitiven Bereich. Im Gegensatz zum Luftelement schwimmt es ganz oben auf der esoterischen Modewelle, während es im konkreten Alltag zumeist gering geschätzt oder gar verspottet wird. Letztlich kommt es darauf an, dem Wasserelement den angemessenen Raum zu geben. Es ist der Ursprung allen Lebens und unberechenbar in seinem Auftreten. Es kann weich und glatt, aber auch aufbrausend und alles verschlingend sein. Das Wasserelement ist das einzige, das die ihm zugeordnete Tierkreis-Symbolik allein dem Reich der Tiere entlehnt, ein Hinweis darauf, dass im Wasser die Intuition (oder der Instinkt) über den Intellekt herrscht. In seiner spirituellen Dimension wird das Wasser zum Träger der allumfassenden göttlichen Liebe. Ein altes Bild dazu ist der Grals-Mythos.

Weniger bekannt, aber keinesfalls weniger wichtig als die Elemente für die astrologische Deutung sind die drei Qualitäten kardinal, fix und flexibel. Auch ihnen sind die zwölf Zeichen zugeordnet. Es beginnt mit dem kardinalen Kreuz Widder, Krebs, Waage und Steinbock. Kardinal steht für die aufbauende, schöpferische Kraft. Darauf folgt das fixe Kreuz mit den Zeichen Stier, Löwe, Skorpion und Wassermann. Fix, im Sinne von fixieren, steht für die erhaltende, stabilisierende Kraft. Schließlich kommt das flexible Kreuz mit den Zeichen Zwillinge, Jungfrau, Schütze und Fische. Es ist die auflösende oder auch zerstörerische Kraft.

Mit dieser Einteilung greift die Astrologie auf die ältesten uns bekannten Weisheitstraditionen zurück. Die schöpferische, fixe und auflösende Qualität gilt als Symbol der Göttlichkeit schlechthin. Im Hinduismus zum Beispiel ist Brahma der Schöpfer, Vishnu der Bewahrer und Shiva der Zerstörer. In der englischen Sprache kann man sie in der Gottesbezeichnung gespiegelt sehen: Genesis (= aufbauen), Obtain (= bewahren) und Destroy (= zerstören) ergibt GOD (= Gott).

Auch drei Planeten werden diesen Qualitäten zugeordnet: Jupiter, Repräsentant der Seele, steht für die kardinale, Saturn, Repräsentant des Körpers, steht für die fixe und Merkur, Repräsentant des Geistes, für die auflösende Kraft. Durch das Verständnis dieser Zusammenhänge erschließt sich das Horoskop auf einer ganz tiefen Ebene.

Zahlenmystik

Die Lehre von den Elementen und Qualitäten führt unmittelbar zur Zahlenmystik, einer weiteren unverzichtbaren Basis für das Verständnis des Horoskops. Drei und vier sind die Grundzahlen der Astrologie. Die Drei gilt, wie oben beschrieben, als die göttliche Zahl. Sie ist die Auflösung der Polarität. Die Vier gilt als die irdische Zahl, das Quadrat mit seinen vier Ecken als ein Ursymbol der weltlichen Sphäre. Anthroposophen oder manche spirituelle Vereinigungen lehnen aus diesem Grund rechte Winkel ab. Die Drei und die Vier addiert ergibt Sieben, die Anzahl der klassischen, für uns sichtbaren Planeten (Sonne und Mond eingeschlossen) sowie die Tage der Woche. Sieben ist der Grundrhythmus, in dem sich zahlreiche Planeten auf ihrer Bahn bewegen. Die Drei und die Vier multipliziert ergibt Zwölf, die Anzahl der Zeichen und Häuser des Tierkreises sowie der Rhythmus für einen Umlauf des Jupiters um die Sonne.

Analogie statt Kausalität

Was soll diese komplexe Symbolik, die zunächst einmal unüberschaubar und verwirrend erscheinen mag? Letztlich geht es darum, etwas zu erkennen, das in der heutigen Welt weitgehend in Vergessenheit geraten ist: die Qualität der Zeit. Alten Völkern war der Unterschied so bewusst, dass sie verschiedene Worte dafür hatten, etwa bei den Griechen *chronos* als Zeitquantität und *chairos* als Zeitqualität.

Horoskop (griech. horoskopeion) bedeutet wörtlich übersetzt Stundenschauer. Wir sind heute perfekt darin, die Quantität der Zeit zu messen. Das ist für Bruchteile von Sekunden oder auch endlose Zeitspannen zurück bis zum so genannten Urknall möglich, die für uns nicht mehr erfahrbar, ja nicht einmal mehr vorstellbar sind. Der andere Aspekt der Zeit ist dagegen aus dem Blickfeld gerückt. Dabei kann er ausgesprochen hilfreich sein. Zeitqualität bedeutet nämlich, dass für bestimmte Ereignisse – die Geburt eines Menschen ist dabei natürlich ein ganz besonderes – zu einer bestimmten Zeit an einem bestimmten Ort bestimmte Voraussetzungen herrschen, die im ständigen Wandel begriffen sind. Die Astrologie nimmt für sich in Anspruch, diese Zeitqualität erkennen und nutzen zu können.

Astrologie beruht auf dem Analogieprinzip

Wie aber kommen diese Ergebnisse zustande? Wie wirkt die Astrologie? Diese Frage berührt eines der größten Missverständnisse um die Astrologie. Um die Grundlagen zu erklären, berufen sich die meisten modernen Astrologen nicht auf Kausalität (also Ursache und Wirkung), sondern auf die Analogie (Entsprechung). Thorwald Dethlefsen, der nicht nur Grundlegendes für einen neuen Blick auf den Umgang mit Krankheiten verfasst hat, sondern auch ein bedeutender Astrologe ist, sagt dazu in einem Vortrag: »Astrologie ist also die Lehre von den Urprinzipien. Nun heißt das, wenn die Astrologie ein Horoskop aufstellt, dass damit dieses Horoskop zu einem Messinstrument wird, das etwas misst, aber nichts tut. Diesen Unterschied einmal ganz klar machen ist sehr wichtig ... Das Horoskop wird zu einem symbolischen Messinstrument für spezifische Prinzipienmuster und misst damit Wirklichkeit, aber es bewirkt nichts. Im Beispiel: Wenn Sie ein Thermometer an der Wand haben, dann können Sie an diesem Thermometer relativ exakt abmessen, wie warm es hier ist. Daraus folgt aber nicht, dass das Thermometer für die Wärme verantwortlich ist. Das Thermometer hat den Raum hier nicht geheizt. Es ist nicht verantwortlich dafür, dass es hier 24° C hat, aber es zeigt es an, im Sinne eines Messinstruments. Das müssen wir als das Zentralste bei der Astrologie verstehen, um nicht in völlig eigenartige und sehr verbaute Richtungen hineinzugaloppieren.«[5]

In der Astrologie ist der Sternenhimmel mit den Planeten der Bezugspunkt für die Analogie. Es geht also nicht darum zu sagen: Weil der Mars dort steht und der Jupiter mit Saturn dort, deshalb herrscht diese oder jene Energie vor. Die Grundlage lautet stattdessen: Wenn der Mars dort und Jupiter mit Saturn dort steht, dann wissen wir nach dem Analogieprinzip, dass diese und jene Energien vorherrschen.

Betrachtet man die Epochen, als die drei transsaturnischen Planeten entdeckt wurden, zeigt sich ebenfalls das Prinzip der Analogie. Niemand wird ernsthaft einen kausalen Zusammenhang herstellen zwischen der Entdeckung eines Planeten, den wir heute Uranus nennen, durch den Astronomen Friedrich Wilhelm Herschel und der Französischen Revolution wenige Jahre später. Und dennoch symbolisiert der Uranus die revolutionären Energien des Horoskops. Er steht für die Kräfte, die das zum Einsturz bringen, was sich überlebt hat. Offenkundig hatte die Zeit des ausgehenden 18. Jahrhunderts die Qualität, erstarrte Strukturen aufzulösen. Die Französische Revolution und der Planet, der damals ins öffentliche Bewusstsein trat, sind zwei Ausdrucksformen davon.

Ebenso wenig kann zwischen der Entwicklung des Telefons und der Entdeckung des intuitiven Neptuns ein Kausalzusammenhang hergestellt werden. Offenkundig jedoch hat die Zeit Mitte des 19. Jahrhunderts eine Qualität hervorgebracht, die durch neue Formen der Kommunikation ohne materielle Hilfsmittel geprägt war. Beim Auftauchen Plutos und der Kernspaltung zeigt sich die Analogie bereits im Namen. Zur Verwirklichung kamen beide Anfang der dreißiger Jahre, als es die Zeitqualität ermöglichte, größte Energie auf kleinstem Raum zu konzentrieren und freizusetzen.

Astrologie heißt nicht Vorherbestimmung

Wird die Astrologie als Analogiesystem verstanden, bleibt kein Raum mehr für jedwede Art von Vorherbestimmung. Es sagt nämlich nichts darüber aus, auf welche Art die durch das Horoskop angezeigten Energien von einer Person genutzt werden. Ein ausgeprägter Widder-Typ kann ständig versuchen, mit dem Kopf durch die Wand zu rennen, und sich wundern, warum außer den Hörnern nichts wächst, oder er kann sich offen auf neue Erfahrungen einlassen und neue Horizonte entdecken. Das ist die freie Entscheidung und das Ergebnis wird jeweils sehr unterschiedlich sein.

Wissenschaftlich beweis- und herleitbar sind diese Erkenntnisse nicht. Das erscheint vielen als gewichtiges Argument, denn die Wissenschaft gilt gemeinhin als die Quelle aller Erkenntnis. »Bitte nennen Sie mir einen einzigen Erziehungswissenschaftler mit Hochschulqualifikation, also einen ordentlich habilitierten deutschen Professor mit Lehrstuhl, der Horoskope für eine sehr gute Erziehungshilfe hält«, schrieb mir die in der Einleitung zitierte Zeitungsredakteurin, die ich meinerseits wegen ihres vernichtenden Artikels zum Thema Astrologie für Kinder kritisiert hatte. Warum die Wissenschaft die Astrologie bekämpft wie einst die Kirche die Aufklärung, ist ein spannendes Thema, das hier jedoch nicht erörtert werden soll. Jedenfalls kann die Wissenschaft nicht als Richterinstanz für die Astrologie herangezogen werden. Die Astrologie enthält nach meiner Erfahrung ein Urwissen der Menschheit, das nicht zufällig genau dieses komplexe System geschaffen hat. Wer mit einer solchen Erklärung Schwierigkeit hat, sollte es einfach ausprobieren und eigene Erfahrungen machen. Dazu gehört nicht mehr als ein gewisses Maß an Offenheit und Unvoreingenommenheit. Ich kenne viele, die sich als Skeptiker der Astrologie genähert haben und tief beeindruckt wurden, wie viel Weisheit dies System enthält.

So kann es eine große Chance sein, diese Weisheit in die Erziehung der Kinder einfließen zu lassen. Wie oben erwähnt, geht es nicht darum, irgendjemanden auf irgendetwas festzulegen. Vielmehr geht es darum, potentielle Stärken und positive Anlagen, aber auch potentielle Schwierigkeiten und Gefährdungen des Kindes zu erkennen. Die einen zu fördern und den anderen vorzubeugen ist eine ureigene erzieherische Aufgabe.

Am Anfang steht der Mond

Astrologie für Kinder folgt eigenen Prinzipien

In einer sehr auf Selbsterfahrung ausgerichteten astrologischen Ausbildungsgruppe des Münchner Astrologen Erich Bauer wurden wir während der Krebs-Zeit aufgefordert, uns in eine typische Situation der frühen Kindheit hineinzuversetzen und sie nachzuerleben. Sogleich hatte ich dazu ein einprägsames Bild vor meinem inneren Auge. Ich sah mich in der Küche der elterlichen Wohnung zwischen Kochtöpfen auf dem Boden sitzen. In meinen Händen hatte ich die dazugehörigen Deckel, mit denen ich auf die Töpfe einhämmerte – als ob ich frühzeitig für eine Schlagzeugerkarriere üben wollte. In Ermangelung von Töpfen mit Deckeln musste ich in der Astrologiegruppe mit anderen Gegenständen vorlieb nehmen. Dabei landete ich am Ende bei einem Sitzkissen. Während ich immer tiefer in meine Kindheit zurückging, spürte ich, wie meine Energie, meine Kraft, aber auch meine Wut immer stärker wurden. Am Ende schlug ich mit dem Sitzkissen so heftig auf den Boden, dass die Nähte platzten und sich der Inhalt im Raum verteilte. Nie zuvor hatte ich eine solche Kraft in mir gespürt.

Dieses Erlebnis hat mich so beeindruckt, dass ich meine Mutter danach gefragt habe, was sie über meine frühkindlichen Schlagzeugeraktivitäten in Erinnerung hat. Für sie war das Geschehen noch ausgesprochen lebendig und sie bestätigte, was ich in der Gruppe erlebt hatte: dass ich mit großer Inbrunst und einer unbändigen Kraft häufig auf die Töpfe eingeschlagen habe, bis die Emaille abgesprungen war. Ein Familienerbe oder -thema kann es nicht sein, denn niemand unter meinen vier nachfolgenden Geschwistern hat ein ähnliches Engagement entfaltet. Für eine Persönlichkeit mit eher nüchterner Steinbock-Sonne und einem frühreif-vernünftigen Jungfrau-Aszendenten sind derartige Energieausbrüche ziemlich überraschend; in meinem erwachsenen Alltag kommen sie denn auch kaum vor. Der Schlüssel zu ihnen ist mein Mond, der im Widder steht und zudem noch die Skorpionkraft des achten Hauses besitzt.

Der Mond rückt in den Mittelpunkt der Deutung

Wie im ersten Kapitel beschrieben, wird die Sonne in der Astrologie durch den Kreis dargestellt, das Symbol für den reinen Geist. Niemand wird Kindern absprechen, geistige Wesen zu sein, doch was gemeinhin darunter verstanden wird, ist bei Kinder noch nicht sonderlich ausgeprägt: Bewusstsein vom eigenen Ich und der persönlichen Identität, Klarheit in Zielen und Strategien, Willenskraft, Rationalität. Kinder begegnen der Welt anders. Sie reagieren emotional, spontan, impulsiv, unberechenbar und scheinbar unlogisch; alles Qualitäten, die eher der Seele zugeordnet werden. Die wiederum wird durch den geöffneten, empfangenden Kreis dargestellt, das Mondsymbol.

Das Symbolische ist nie zufällig. Für die Deutung beim Kind spielt in der Tat der Mond die zentrale Rolle. Dazu jedoch noch eine notwendige Klarstellung. Um die Persönlichkeit – egal ob Kind oder Erwachsener – in ihrer Ganzheit zu erfassen, reichen weder der Mond noch die Sonne. Die allgemein gängige Behauptung »Ich bin Widder« oder »Ich bin Waage« bedeutet nichts anderes als »Meine Sonne steht im Widder« oder »in der Waage«. Zwar ist sie die grundlegende Energie, aber wenn zum Beispiel eine Feuerzeichen-Sonne im 12. Haus steht, das die Energien der Fische und des Neptuns trägt, dann wundert sich die astrologisch halbgebildete Umwelt bisweilen, warum die Person nicht dynamischer und energischer auftritt und stattdessen häufig so verträumt erscheint. Wirklichen Aufschluss über die Persönlichkeit kann nur das gesamte Horoskop geben.

Das gilt natürlich genauso für Kinder. Es ist jedoch ausgesprochen spannend zu sehen, was passiert, wenn Mond statt Sonne in den Mittelpunkt der Deutung gerückt wird.

Der Mond als Himmelskörper und als Symbol

Im ersten Kapitel wurde der Mond als das urweibliche Prinzip dargestellt. Nun wird er als prägender Planet für das Kind in den Mittelpunkt gerückt. Das mag vordergründig überraschend erscheinend, wenn nicht sogar verwirrend und widersprüchlich.

Die Bedeutung des Mondes als weiblicher Gegenpol zur männlichen Sonne – die deutsche Sprache ist eine der wenigen, die diese Zuordnung anders vornimmt – ist weit verbreitet. Zahllose Mythen, Geschichten und literarische Werke stellen diese Polarität sogar als Kampf um die Vorherrschaft zwischen den beiden Prinzipien dar; in der christlich-abendländischen Kultur versinnbildlicht als Kampf zwischen den hellen, guten, patriarchalen Sonnen-Kräften und den dunklen, bedrohlichen, matriarchalen Mond-Kräften.[6]

Mond und Sonne in den Mythen

Eines der letzten großen europäischen Völker, die dem Mond noch eine besondere Stellung zugeschrieben haben, waren die Kelten: »Es scheint, dass die Sonne weder in der Mythologie noch in der Dichtkunst das lebensspendende Bild erhält; der Tag hat keine sakrale Wertigkeit. Es ist das Gestirn der Nacht, das hier seit undenklichen Zeiten als Lebensquell und Verheißung der ewigen Wiederkehr verehrt wird, während das Tagesgestirn, der Seelengeleiter, den Zusammenhang aller Lebenszyklen nicht zu demonstrieren vermag. Wir wohnen damit einer Inversion der anerkannten Werte bei: Bei den Kelten ist es der Mond, der das Leben bedeutet; die Sonne bedeutet Tod«[7], schreibt Lancelot Lengyel.

Weniger bekannt, aber im Bewusstsein der Alten nicht weniger weit verbreitet, ist die Polarität von männlicher Sonne und weiblicher Erde. Dabei tritt der Mond als dritte Kraft auf, die beide verbindet. In außereuropäischen Kulturen ist diese Idee bis heute lebendig, so in der indianischen, chinesischen und indischen.

■ *Ein sehr schönes Beispiel dafür liefert die indische Mythologie. Dort symbolisiert der Gott Rama den Mond. Rama ist eine Imanation von Vishnu (siehe auch Seite 34). Wie der Mond repräsentiert er das Leben, das immer wieder neu entsteht. In einer Überlieferung kommt er auf die Erde, um seine entführte Frau Sita zu suchen. Ihr Name bedeutet Furche. Als er endlich wieder mit ihr vereint ist, vollzieht Rama, der Mond, die symbolischen Befruchtung, indem er wie ein Pflug Furchen in den Acker zieht. In die Furchen wird der (Reis-)Same eingepflanzt, um zu reifen.* ■

Im Chinesischen wird die Polarität von männlicher Sonne (oder Himmel) und weiblicher Erde im Yin-Yang-Prinzip dargestellt, das auch in Deutschland immer populärer wird. Dabei steht Yang für die männlichen und Yin für die weiblichen Kräfte. Auch viele nordamerikanische Indianervölker kennen die Tradition von Vater Sonne und Mutter Erde, während der Mond sich der geschlechtlichen Polarität entzieht.

Bei der Frage nach der Zuordnung des Mondes in der Mythologie gibt es letztlich nicht nur eine Wahrheit, wie der rationale Geist, die Sonne, es gern hätte. Der Mond kann durchaus das weibliche Prinzip des Empfangens und Gebärens symbolisieren. Viele Traditionen betrachten mit demselben Recht jedoch die Erde als weiblichen Gegenpol zur männlichen Sonne. Das sind nur verschiedene Betrachtungsweisen. Insofern ist es kein Widerspruch, den Mond als Schlüssel zur Deutung eines Kinderhoroskops heranzuziehen. Er dient damit als Vermittler zwischen den polaren Kräften der Sonne und der Erde.

Der Mond als Himmelskörper

Bevor die astrologische Symbolik des Mondes und ihre Deutung näher betrachtet werden sollen, ist es nützlich, einen kurzen Blick darauf zu werfen, wie wir ihn mit unseren Sinnen wahrnehmen und was die Naturwissenschaft über ihn weiß. Aufgabe der Symbolik ist es dann, die Wahrnehmung auf eine andere Ebene – man kann sie höher oder tiefer nennen – zu übertragen und die Analogie für die Astrologie zu suchen.

Das Offenkundigste am Mond ist der Wandel. Der trifft zwar für alle anderen Himmelskörper auch zu, doch bei keinem sonst ist er mit dem bloßen Auge innerhalb so kurzer Zeiträume wahrzunehmen. Nicht eine Nacht und nicht einen Tag hat der Mond dieselbe Form oder dieselbe Position am Himmel. Seine vier Phasen – Neumond, zunehmender Mond, Vollmond und abnehmender Mond – gehören seit jeher zu dem Prägnantesten, was die Menschen am Himmel wahrgenommen haben. Deshalb basierten viele alte astrologische Systeme auf dem Mondzyklus. Dies hat sich jedoch bei der Zeitmessung als unpraktisch erwiesen, da seine Phasen der menschlichen Wahrnehmung unrhythmisch erschienen. Die Zurückdrängung der matriarchalen Kulturen durch Völker mit einem patriarchalen Herrschaftssystem tat ihr Übriges, um den Mondkalender im Laufe der Zeit weitgehend durch den Sonnenkalender zu ersetzen. Gänzlich vergessen ist der Rhythmus des Mondes indes nicht. Gerade in der jüngsten Zeit feiert er eine erstaunliche Renaissance, vor allem in der ökologischen

Landwirtschaft und in anderen Bereichen, die eng mit der Natur verbunden sind.

Ein anderes Mondphänomen besteht darin, dass er keine eigene Lichtquelle besitzt. Er reflektiert stattdessen das Licht, das er von der Sonne empfängt. Dadurch leuchtet er, ohne zu wärmen. Er nimmt aber noch mehr als das Sonnenlicht auf. Da der Mond in etwa einem Monat den Tierkreis durchwandert, tritt er während dieser relativ kurzen Epoche mit allen anderen Planeten in Konjunktion. Er empfängt also auch andere Einflüsse viel häufiger als jeder andere Himmelskörper und steht damit in einem ständigen Austausch.

Bei seinem Umlauf empfängt er nicht nur; er gibt darüber hinaus seine Energie weiter. Das nehmen wir auf der Erde vor allem anhand der Gezeiten wahr, aber auch bei vielen anderen Phänomenen, die mit Wasser zu tun haben. Auch der Menstruationszyklus von Frauen ist ursprünglich vom Mond bestimmt.

Ebbe und Flut entstehen durch die Beeinflussung der Schwerkraft der Erde. Alle Gestirne üben Einfluss auf die Schwerkraft der Erde aus, doch die Heftigkeit hängt stärker von deren Entfernung als von deren Masse ab. Die Schwerkraftwirkung der Gestirne nimmt mit dem Quadrat der Entfernung ab, das bedeutet, ein Himmelskörper, der doppelt so weit von der Erde entfernt ist wie ein anderer, übt einen um das 2^2-fache geringeren Einfluss aus; ein fünfmal so weit entferntes Gestirn spüren wir 5^2-mal weniger. Aufgrund der geringen Distanz erleben wir deshalb die Schwerkraftwirkung des Mondes mehr als doppelt so stark wie die der Sonne, obwohl die Sonne eine um knapp dreimillionenmal größere Masse besitzt. Dort, wo der Mond im Zenit steht, dem höchsten Punkt seiner Umlaufbahn, ist seine Kraft am größten, demgegenüber im Nadir am geringsten.

Kind und Mond

Gibt es zwischen diesen Fakten und der Entwicklung eines Kindes eine Analogie, die eine entsprechende astrologische Zuordnung rechtfertigt? Der stete Wandel hat viel mit dem natürlichen kindlichen Verhalten zu tun. Es ist offenkundig und ganz wertfrei festzuhalten, dass sich die Menschen mit zunehmendem Alter schwerer tun mit Wandel, mit Neuem. Das beginnt auf der körperlichen Ebene, doch auch geistig steht zunehmendes Alter nicht gerade für wachsende Flexibilität, Spontaneität und Risikobereitschaft. Spätestens mit der beruflichen Etablierung wird in der Regel der Besitzstand geschätzt und gewahrt.

Astrologisch entfalten dann die transsaturnischen Planeten ihre Wirkung, die sich sehr langsam und kaum merklich bewegen. Beim Kind ist die Neigung, an bestimmten Strukturen oder Gewohnheiten festzuhalten, nicht so ausgeprägt. Natürlich gibt es Unterschiede, etwa bei einem Kind mit Stier- oder mit Widder-Mond, aber allgemein ist es im beständigen Wandel, der sich auch hier schon auf der körperlichen Ebene zeigt.

Der Mond steht für den Wandel

Es mag im Zusammenhang mit der Analogie zum Kinderhoroskop provozierend klingen, dass der Mond leuchtet, ohne zu wärmen. Kann ein Kind mit seinem Lächeln nicht mehr Wärme verbreiten als irgendwer oder irgendetwas sonst? Auch dazu lohnt sich zunächst ein Blick in die Mythen.

■ *In der antiken Mythologie finden wir zum einen die Mondgöttin Selene (römisch Luna). Sie beeinflusst die Gefühle und das Liebesleben. Zeus und Pan begehrten und verführten sie. Diese Tradition wurde jedoch von einer anderen zurückgedrängt, die eher den reinen, wenn nicht unterkühlten Aspekt des Mondes betont. Dessen Personifizierung ist die Jagdgöttin Artemis (römisch Diana), die*

Zwillingsschwester des Sonnengottes Apollon. Artemis' Heimat sind die Wälder. Sie hat sich bewusst für die Jungfräulichkeit entschieden, die sie gegen alle Annäherungsversuche vehement verteidigt. Keuschheit und eine kühle Distanz sind wichtige Werte für sie. Wer sich darüber hinwegsetzen wollte, hatte die Konsequenzen zu tragen, so der Jäger Aktaion. Er sah sie nackt baden. Damit er sich nicht damit würde brüsten können, ihre Nacktheit gesehen zu haben, verwandelte Artemis ihn in einen Hirsch. Ein ähnliches Bild ist auch in der christlichen Kultur mit der reinen und keuschen Jungfrau Maria entstanden, die häufig mit Mondattributen dargestellt und an die Stelle alter Mondgöttinnen getreten ist. Artemis und andere Mondgottheiten sind demnach ein Gegenpol zu der Liebesgöttin Aphrodite bzw. Selene. ■

Hier beginnt die Analogie zum Kindsein. Die Frage, ob und in welcher Form Kinder eine eigene Sexualität haben, soll in diesem Buch nicht näher diskutiert werden. Sicher kann sie nicht völlig verneint werden, doch ist ihre Sexualität grundlegend anders als die der Erwachsenen und sie muss vor jedem Übergriff geschützt werden. Kinder haben in ihrer Sexualität viel von den Eigenschaften der Mondgöttin Artemis: Reinheit, Unschuld, Arglosigkeit sowie eine nicht im moralischen Sinn gemeinte Keuschheit. Interessanterweise ist Artemis auch die Beschützerin der Neugeborenen und der Kinder. Insofern ist das Bild des Mondes mit seiner distanzierten Kühlheit eine passende Analogie für die Sexualität des Kindes. Für den Erwachsenen ist beides letztlich nicht zu erfassen, weder der geheimnisvolle, kühle Schein des Mondes noch die Sexualität des Kindes. Er tut gut daran, beides sich selbst zu überlassen.

Ebbe und Flut, Geben und Nehmen

Analogien gibt es auch auf der Ebene des Empfangens und Gebens. Als junger Erdenbürger mit weniger Erfahrung ist ein Kind mehr als Erwachsene darauf angewiesen, Eindrücke und Anregungen zu empfangen, um daran zu wachsen, um eine Orientierung zu erhalten. Voraussetzung für die Fähigkeit, empfangen zu können, ist Offenheit – wie der geöffnete Kreis des Mondsymbols. Doch jeder, der Umgang mit Kindern hat, weiß, dass ein Kind nicht nur empfängt. Es gibt auch, nicht allein Zuneigung und Wärme, wenn es lächelt; es beeinflusst seine Umgebung auf vielfältige Weise. Das geschieht zumeist in recht subtiler Form und die Resultate zeigen sich bisweilen erst mit einer gewissen zeitlichen Verzögerung. Dazu ein Beispiel im Umgang mit meiner Tochter Eleonore.

In meiner eigenen Kindheit spielten Märchen keine große Rolle. Meine Eltern waren damit in Anspruch genommen, in sehr bescheidenen materiellen Verhältnissen fünf Kindern eine liebevolle Entwicklung und gute Ausbildung zu ermöglichen. Auch während meiner Schulzeit oder als ich danach auf eigenen Füßen stand, kam ich nie ernsthaft mit Märchen in Verbindung. Es blieb bei einem sehr oberflächlichen Kontakt, ohne wirklichen Zugang. Ich hielt sie lange für banale Geschichten, mit denen man allenfalls Kindern die Zeit vertreiben kann.

Meine Tochter Eleonore interessierte sich frühzeitig für Märchen. Ich ließ mich darauf ein und begann, ihr welche vorzulesen. Daraus wurde allmählich mehr als ein Zeitvertreib. Nach und nach erkannte ich den tieferen Sinn und die Weisheit, die unter der Oberfläche darin enthalten ist und gerade Erwachsenen eine wichtige Hilfe sein kann.

Lilith, die dunkle Seite des Mondes

Eine Überlegung noch zu der dunklen Seite des Mondes, auch als Schwarzmond bezeichnet. Mythologisch wird er mit Lilith und Hekate in Verbindung gebracht, und nach der ersten benennt ihn die Astrologie. Astronomisch ist der schwarze Mond ein Punkt auf der Umlaufbahn des Mondes. Diese elliptische Bahn hat zwei Brennpunkte, einen markiert die Erde, den anderen Lilith. Es ist gleichzeitig der erdfernste Punkt der Mondbahn, auch Apogäum genannt.

■ *Mythologisch ist Lilith die erste Frau von Adam, bisweilen gilt sie sogar als seine Mutter. Sie wurde nicht aus seiner Rippe geschaffen, sondern als gleichberechtigte Partnerin aus derselben Erde. Die Konkurrenz zwischen beiden war von Beginn an groß. Sie entzündete sich vor allem an der Frage der Sexualität. Beide bestanden darauf, bei der Vereinigung oben zu liegen. Weil niemand nachgeben wollte, verließ Lilith das Paradies. Der Gott Jahwe schickte Engel aus, die sie zur Umkehr bewegen sollten, doch Lilith ließ sich nicht umstimmen. Sie wurde zur Herrscherin der Nacht.* ■

Lilith repräsentiert somit die Angst einflößenden Seiten des Nachtgestirns. Sie ist mächtig und sucht die Menschen mit Vorliebe im Schlaf heim. Sie kann böse Träume schicken oder den Schlaf rauben. Ihre ständige Anwesenheit geht auf die Dauer selbst starken Menschen an die Substanz. Auch dazu lässt sich eine Analogie zu Kindern ableiten. Es gibt Eltern, die regelrecht Angst vor der unbändigen Macht ihrer Kinder haben, selbst wenn sie ihnen physisch weit überlegen sind. Solche Kinder können etwa durch exzessives Schreien den Schlaf und die Nerven rauben. Das Horoskop kann auch in solchen Fällen ein Schlüssel zu einem friedvolleren Umgang sein.

Insgesamt hat die Zuordnung des Mondes als zentrales Gestirn für das Kind also eine gute Basis. Die Rolle der anderen persönlichen Planeten, vor allem Merkur und Venus, sowie für die Heranwachsenden der Mars, soll keinesfalls gering geschätzt werden. Darauf wird im übernächsten Kapitel näher eingegangen. Wie offenbart sich nun aber die Mondqualität in den einzelnen Zeichen?

Mit dem Mond durchs Horoskop

Der Wandel der Mondqualität in den zwölf Zeichen

Die Sonne symbolisiert im Horoskop das Bewusstsein vom Selbst, die Persönlichkeit, den Geist, aus dem heraus wir in der Welt aktiv werden. Der Mond steht für den emotionalen Bereich, die Welt der Gefühle und das Unbewusste. Dieser Bereich ist in der Öffentlichkeit eher verpönt, vor allem bei Männern.

Die vorherigen Kapitel haben deutlich gemacht, dass der Mond beim Kind auch das Handeln bestimmt, weil ein Kind aus dem Gefühl heraus agiert. Insofern symbolisiert der Mond die Einheit von Fühlen und Handeln, die offenkundig die ersten Jahre prägt und dann allmählich weiteren Planetenprinzipien Platz macht.

In der kindgerechten Astrologie ist es deshalb angemessen, den Ausdruck des Mondes in den zwölf Tierkreiszeichen darzustellen. Genau wie bei den weit verbreiteten Charakterisierungen der Sonne, dem so genannten Sternzeichen, sind die nun folgenden Ausführungen archetypische Muster: wie etwa die Widder-Energie oder die Jungfrau-Energie in ihrer reinen Form auf den Gefühlsplaneten Mond wirkt. Die Aussagen können nicht wie ein Rezept auf ein konkretes Kinderhoroskop übertragen werden, denn sie erfassen nicht das ganze Kind, das den Mond im entsprechenden Zeichen oder Haus hat. Auch bei einem Kind kann nur die Deutung des gesamten Horoskops Aufschluss über die Persönlichkeit geben.

Mond im Widder

Der Widder taucht in zahlreichen antiken Mythen auf, wenn es um Abenteuer, Kampf und Gefahren geht. Die griechischen Königskinder Helle und Phrixos flohen auf einem Widder mit einem goldenen Fell (Vlies) nach Asien, weil sie auf Geheiß ihrer Stiefmutter dem Zeus geopfert werden sollten. Ihre wirkliche Mutter, die Wolkennymphe Nephele, hatte den Widder geschickt, der sie durch die Luft davontrug. Als sie über die Meerenge flogen, die Europa von Asien trennt, stürzte Helle ab. Der Ort ist noch heute als Hellespont bekannt. Phrixos landete sicher in Kolchis am Schwarzen Meer. Als Dank für seine Rettung opferte er das goldene Vlies in einem Hain des Kriegsgottes Ares. Dort bewachte es ein Feuer speiender Drache.

Bald darauf machte sich der Held Jason aus dem griechischen Iolkos auf, das goldene Vlies des Widders zu erobern. Sollte es ihm gelingen, hätte er Anspruch auf den Thron von Iolkos. Die Argonauten, eine Gruppe antiker Helden, begleiteten Jason. Nach vielen Abenteuern erreichten sie schließlich den Areshain. Dort eroberten sie mit Hilfe von Medea, einer zauberkundigen Prinzessin, das begehrte Fell. Medea wurde Jasons Frau und begleitete ihn. Nach vielen Rückschlägen und mit immer neuer Energie erreichten die Argonauten am Ende Kolchos. Das eigentliche Ziel, den Königsthron, verfehlte Jason allerdings. Zunächst verließ er Medea, die ihn aus mehreren Gefahren gerettet hatte, dann wurde er von einem Brett seines Schiffes erschlagen. ■

Kampf, Mut, Kühnheit, Forscherdrang, Gefahren, Abenteuer und bisweilen Gewalt werden mit dem Zeichen Widder in Verbindung gebracht. Was aber hat ein Kind mit solchen Themen zu tun? Eltern, deren Kind den Mond im Widder hat, haben vermutlich eine Vorstellung davon.

Ein Kind mit Widdermond ist aufgeweckt, impulsiv, initiativ, eigensinnig, laut und wer sich darauf einlässt, mag seine Lebendigkeit weniger anstrengend als ansteckend finden. Mit einem Widder-Mond-Kind kann auch die Erwachsenenwelt wieder zu einem Abenteuer werden, können neue Horizonte gemeinsam entdeckt werden. Das Kind besitzt einen ausgeprägten Ehrgeiz und misst schon frühzeitig gern mit anderen seine Kräfte. Dabei fällt es ihm schwer, Niederlagen einzustecken. Es kann dann schnell beleidigt sein. Überhaupt tut sich ein Kind mit dem Mond im Widder schwer damit, sein Kindsein zu akzeptieren. Es möchte schnell groß werden und sucht gern den Kontakt zu älteren Kindern.

Seine Energie mag die Umwelt erstaunen und den Eltern manchen Nerv rauben. In der Regel benötigt es erheblich weniger Ruhe als andere Kinder in seinem Alter. Warum auch ruhen? Schließlich gibt es so viel Neues zu entdecken, zu erobern, zu erforschen, auszuprobieren. Sich auszuruhen, wie langweilig!

Wenn sich einem Kind mit Mond im Widder Hindernisse in den Weg stellen, stürmt es gern mit dem Kopf voran dagegen an, selbst wenn es sich um eine harte Betonwand handelt. Hat es sich dabei Hörner geholt, statt das Hindernis aus dem Weg zu räumen, dann ist die Gefahr groß, dass es aufgibt und sich ein neues Betätigungsfeld sucht. Das mag in manchen Fällen sinnvoll sein, kann aber auch zur Flucht werden, wenn es sich zum prägenden Verhaltensmuster entwickelt. Geduld und Strategie sind nicht seine Stärke.

In seinen Gefühlsäußerungen reagiert das Kind heftig. Es kann seinen Empfindungen spontan Ausdruck verleihen, sehr herzlich, ja überwältigend sein. Es liebt theatralische Inszenierungen, die umso dramatischer sind, je mehr Wasserelemente sich noch in seinem Horoskop finden. Seine Begeisterung kann aber auch ebenso schnell abklingen, wie sie aufgebraust ist. Letztlich fällt es dem Widder-Mond-Kind schwer, sich richtig einzulassen.

Von Eltern und Erziehern benötigt das Kind Unterstützung, um Ausdauer entwickeln zu können. Dabei können Puzzle- oder andere Geduldspiele eine wertvolle Hilfe sein. Das Kind wird sich dazu leichter motivieren lassen, wenn ein Preis lockt, der seinen Ehrgeiz anstachelt. Dabei sollten die Ansprüche nicht allzu niedrig sein, damit es motiviert ist, auch dann weiterzumachen, wenn der Anfangsimpuls erlahmt.

Zur erzieherischen Verantwortung gehört es ebenso, dem Kind behutsam nahe zu bringen, dass zu einem aktiven Leben manchmal Phasen der Ruhe und Entspannung gehören. Wenn die Begeisterungsfähigkeit zur bloßen Hektik verkommt, besteht die Gefahr, dass es zu einem hyperaktiven Kind wird. Solange sich die Ungeduld, der Eigensinn und der Drang zur Aktivität in vertretbaren Grenzen halten, tun Eltern gut daran, das Kind so sein zu lassen, wie es ist. Ein Widder-Mond-Kind benötigt eine etwas längere Leine. Wenn es sich zu sehr reglementiert fühlt, kann es schnell trotzig reagieren und sich verschließen.

Mond im Stier

Der Stier spielt in zahlreichen Mythen eine wichtige Rolle. Der griechische Göttervater Zeus selbst verwandelte sich in einen wunderschönen weißen Stier, als er die phönizische Prinzessin Europa begehrte. Kaum hatte sich die Ahnungslose auf seinem Rücken niedergelassen, erhob er sich und floh mit ihr nach Kreta. Dort offenbarte Zeus ihr seine wahre Gestalt und nahm sie als Liebhaberin. Einer der Söhne dieser Verbindung war Minos, der spätere König von Kreta. Seine Brüder begehrten jedoch auch den Thron. Der Meeresgott Poseidon half ihm, sich gegen sie durchzusetzen. Dafür wollte Minos ihm ein würdiges Opfer bringen. Poseidon ließ daraufhin einen makellosen Stier aus dem Meer entsteigen. Als Minos ihn sah, war er so angetan davon, dass er ihn für sich behalten wollte. Diese Treulosigkeit konnte Poseidon nicht verzeihen. Er veranlasste, dass sich Minos' Frau Pasiphae in den Stier verliebte. Pasiphae beauftragte in der Not ihrer Gefühle den Handwerker Daedalos, ihr eine hohle Kuh zu bauen. Darin verbarg sie sich und ließ sich von dem Stier besteigen. Aus der Vereinigung entstammte Minotauros, ein Ungeheuer mit dem Oberkörper eines Stiers und einem menschlichen Unterleib, das Menschenopfer verlangte. Um die Kreter vor ihm zu schützen, baute Daedalos ein Labyrinth für ihn. Dem Helden Theseus gelang es schließlich mit Hilfe von Minos' Tochter Ariadne, den Minotauros zu besiegen. ■

Das genießerische, gemütliche Kind

Die Mythen lehren, dass schon die antiken Griechen mit dem Stier Schönheit, Genuss und Sinnlichkeit verbunden haben. Ein Kind mit dem Mond im Stier wird der Welt deshalb viel Behaglichkeit, Ausgeglichenheit und Sinn für Schönheit entgegenbringen. Die Eltern werden sich von ihm kaum überanstrengt fühlen. Eher werden sie sich über seine Ruhe, seine Gelassenheit sowie seine frühe Fähigkeit wundern, die angenehmen Seiten des Lebens zu genießen. Für das Stier-Mond-Kind wird es darüber hinaus kaum etwas Schöneres geben, als mit Muße zu essen. Die Nahrungsaufnahme dient nicht nur dazu, die körperlichen Bedürfnisse zu befriedigen, sondern die Welt über die Sinne wahrzunehmen. Im Laufe der Zeit entwickelt es ein sicheres Gespür für Ästhetik und für das, was gut und teuer ist. Wenn das Einkommen oder die Einstellung der Eltern dem keine engen Grenzen setzen, fühlt sich das Kind mit dem Mond im Stier in einer solchen Umgebung ausgesprochen wohl. In seiner äußeren Erscheinung wirkt das Kind vermutlich recht robust und gut geerdet.

Grenzen sind für ein Stier-Mond-Kind ein wichtiges Thema. Es bekommt frühzeitig ein Gefühl dafür, wann es sich gegenüber der Umwelt abgrenzen muss. Übertritt jemand sein Revier, ist es mit der Gemütlichkeit rasch vorbei. Wenn es sich wirklich bedroht fühlt, wird es seine Grenzen mit einer Heftigkeit verteidigen, die ihm kaum jemand zugetraut hätte. Eine andere Art, sich zu wehren, besteht darin, auf stur zu schalten und seine Umgebung auf diese Art zu strafen.

An der großen, weiten Welt wird das Kind mit dem Mond im Stier zunächst wenig Interesse entwickeln. Sie zu erforschen könnte ja mit Anstrengung verbunden sein, während es daheim so gemütlich ist. Ist diese Neigung besonders ausgeprägt, kann es geistig träge und zu einem typischen Spätentwickler in Kindergarten und Schule werden. Auch körperliche Anstrengungen wie etwa im Sport liebt das Kind nicht sonderlich.

In seinen Gefühlsäußerungen ist das Stier-Mond-Kind eher abwartend. Es benötigt Zeit, um sich wirklich einzulassen. Spontane Gefühlsausbrüche dürften selten sein. Sofern es sich allerdings eingelassen hat, dann ist es verbindlich, treu und verlässlich. Selbst wenn es Menschen lange nicht sieht, bewahrt es sie in seinem Herzen. Gern drückt es seine Zuneigung durch körperlichen Kontakt aus.

Für die Eltern besteht die Herausforderung darin, das Kind mit dem nötigen Einfühlungsvermögen bisweilen anzuspornen und anzutreiben, insbesondere im Hinblick auf körperliche Aktivitäten. Das funktioniert am besten im Zusammenhang mit Belohnungen in Form der Dinge, die es besonders schätzt. Das ist beim Stier-Mond-Kind in erster Linie das Materielle. So könnte es zum Beispiel ein Spiel sein, die Freunde oder die Großeltern mit dem Fahrrad statt mit dem Bus zu besuchen und dann den gesparten Fahrpreis selbst zu kassieren, auch wenn es eine Monatskarte hat und gar nicht zahlen muss. Es geht ja um den Anreiz. Ebenso dürfen Aktivitäten im Haushalt oder im Garten, die über den üblichen Rahmen der Mithilfe hinausgehen, bei einem Stier-Mond-Kind mit einer kleine Extra-Anerkennung bedacht werden. Allerdings sollte es nicht überfordert werden. Wenn es stur wird, läuft im wahrsten Sinne des Wortes gar nichts mehr.

Unverantwortlich ist es, den Willen des Kindes durch körperliche Überlegenheit zu brechen, wenn es sich einmal einer Herausforderung entzieht. Da das Kind im Innern nicht so robust ist, wie es nach außen erscheinen mag, hinterlässt das tiefe Wunden.

Mond in den Zwillingen

Das Tierkreiszeichen erhielt seinen Namen von den Zwillingen Kastor und Polydeukes (lat. Pollux). Ihre Mutter war die Spartanerkönigin Leda, eine der vielen Frauen, die vom Göttervater Zeus begehrt wurden. In einer Nacht, in der sie bereits mit ihren Ehemann König Tyndareos geschlafen hatte, kam auch noch Zeus in Form eines Schwans zu ihr. Polydeukes hatte Zeus zum Vater und war unsterblich, Kastor stammte von Tyndareos ab und gehörte zu den Sterblichen. Trotz der unterschiedlichen Väter und ebenso unterschiedlicher Fähigkeiten waren beide unzertrennlich. Polydeukes zeichnete sich durch Gelassenheit und überlegtes Handeln aus; Kastor durch ungestümes Vorwärtsdrängen. Polydeukes war ein außergewöhnlicher Faustkämpfer; Kastor ein hervorragender Reiter. Alle Abenteuer unternahmen sie gemeinsam, so die Teilnahme an der Fahrt der Argonauten, die zu den Mythen um den Widder gehört. Als sie heiraten wollten, gerieten sie mit ihren Vettern Idas und Lynkeus in Streit, denn sie beanspruchten deren Bräute. Bei dem Kampf wurde Kastor von einem Pfeil durchbohrt. Polydeukes rächte seinen Bruder und tötete seine Vettern, doch war er untröstlich über den Verlust von Kastor. Zeus erlaubte ihnen deshalb, gemeinsam die Hälfte der Zeit in der Unterwelt und die andere Hälfte im Götterhimmel zu verbringen. Zudem verewigte er sie als Sternbild am Himmel. ■

Das wissensdurstige, neugierige Kind

Ein Kind mit Zwillinge-Mond offenbart frühzeitig etwas von der Vielseitigkeit, die Kastor und Polydeukes nachgesagt wird. Es dürfte seine Eltern häufig dadurch verblüffen, mit welcher Neugierde es der Welt begegnet, wie lernbegierig, aufnahmebereit und kommunikativ es ist. Es lernt früh sprechen und lesen, denn dadurch ist es selbständig in der Lage, sich mitzuteilen bzw. sich Neues anzueignen. Um den Wissensdurst zu löschen, liest es gern auch mehrere Bücher gleichzeitig. Ortswechsel machen einem solchen Kind nicht viel aus. Sie sind im Gegenteil willkommen, um sich mit Neuem vertraut zu machen.

Dem Zwillinge-Mond-Kind ist der Kontakt mit anderen Kindern sehr wichtig. Je größer die Familie ist, desto wohler fühlt es sich. Ist es ein Einzelkind, lässt es sich von den Eltern gern einmal »abgeben«, und auch für eine Krabbelgruppe ist es leicht zu begeistern. Allerdings sollten die Kontakte Neuigkeiten bereithalten, sonst werden sie schnell langweilig. Ein Zwillings-Mond-Kind ist im Allgemeinen sehr anpassungsfähig. Wenn sich die Eltern die Mühe machen, ihm zu erklären, warum diese oder jene Unannehmlichkeit gerade unvermeidlich ist, wird es sich in der Regel darauf einlassen.

In seinen Gefühlsäußerungen wirkt das Kind eher etwas spröde und distanziert. Es ist nicht gerade ein typisches Kuschelkind, auch wenn die Eltern das bedauern mögen. Wenn es allzu sehr umsorgt wird, fühlt es sich leicht eingeengt und entzieht sich. Die Emotionalität bezieht bald den Verstand mit ein. Wenn es sich ausdrücken und mitteilen darf, wenn es sich verstanden und akzeptiert fühlt, dann kann es am leichtesten seine Gefühle entfalten.

Die Eltern sind dort gefordert, wo das Zwillinge-Mond-Kind angesichts der Offenheit, mit der es der Welt begegnet, Schwierigkeiten bekommt, sich auf eine Sache zu konzentrieren und etwas zu Ende zu bringen. Diese Fähigkeit kann gar nicht frühzeitig genug auf spielerische Art gefördert werden. Lange Leseabende sind eine gute Methode, um seine Ausdauer zu üben; Geduldspiele sind schon eine größere Herausforderung. Tut sich das Kind außerordentlich schwer, bei einer Sache zu bleiben, eignen sich einfache Meditations- oder Konzentrationsübungen. Die können etwa darin bestehen, sich mit dem Kind abends kurz vor dem Schlafengehen vor eine Kerze zu setzen und gemeinsam eine Zeit lang nur den Feuerschein anzuschauen. Wichtig ist dabei, die Übung kontinuierlich auszuführen. Und sie beschränkt sich natürlich nicht nur auf das Zwillinge-Mond-Kind, sondern kann für alle Kinder ein schönes Ritual zum Abschluss des Tages sein.

Mond im Krebs

Das Tierkreiszeichen Krebs spielt in der griechischen Mythologie eher eine Nebenrolle. Eigene Mythen ranken sich nicht darum, es erscheint jedoch in den zwölf Arbeiten, die Herakles zu erfüllen hat. Eine davon lautet, die Lernäische Hydra zu erlegen, eine Wasserschlange mit zahllosen Hundeköpfen. Die oberste Göttin Hera, die dem Herakles feindlich gesonnen war, weil er einer der zahlreichen Affären ihres Ehemannes Zeus entstammte, schickte dem Ungeheuer einen Riesenkrebs zur Unterstützung. Er biss Herakles in die Ferse, doch der Held zerschmetterte ihn daraufhin mit einem Fußtritt. Hera verewigte den Krebs als Dank für seinen Einsatz als Sternbild am Himmel. Dort führt ein er recht unscheinbares Dasein und ist nur in klaren Nächten ohne Mondschein zu erkennen. ■

Das sensible, schüchterne Kind

So unscheinbar wie das Sternbild am Himmel oder der Krebs in den mythischen Geschichten tritt häufig auch das Kind mit dem Mond im Krebs auf, ja es fällt vielleicht am ehesten durch seine

Unauffälligkeit auf. Ein Krebs-Mond-Kind drängt sich nicht in den Vordergrund, es zieht nicht die Aufmerksamkeit der Umgebung durch spektakuläre Aktivitäten auf sich. Dagegen entwickelt es ein ausgeprägtes Bedürfnis nach Geborgenheit und Zurückgezogenheit im Kreis der vertrauten Familie. Die große, weite Welt erscheint ihm vermutlich viel zu groß und zu bedrohlich. Auch hat es meist wenig Interesse, seine körperlichen Kräfte mit anderen zu messen.

Wer sich indes auf ein Krebs-Mond-Kind näher einlässt, wird bald seine Besonderheiten entdecken; seine hohe Sensibilität, sein Gespür für Stimmungen, seine Ahnung von allem, was unausgesprochen im Raum steht. Einem Krebs-Mond-Kind kann niemand etwas vorheucheln. Es achtet nicht so sehr auf das, was andere sagen, es achtet auf die unbewussten Botschaften, auf das, was mitschwingt und vielleicht etwas ganz anderes vermittelt als Worte. Darüber hinaus verfügt ein Kind mit Mond im Krebs über eine ausgeprägte Phantasie. Es fällt ihm leicht, in andere Welten einzutauchen.

So sind auch seine Gefühlsäußerungen ausgesprochen intensiv. Es entwickelt ein großes Bedürfnis nach Nähe, Wärme und Geborgenheit. Wenn ihm eine solche Umgebung geboten wird, hat es sein Glück gefunden, und es wird der Umwelt gegenüber seine tiefen Gefühle offenbaren. Kuscheln und Körperkontakt liebt es im Allgemeinen sehr.

Die Eltern sind herausgefordert, darauf zu achten, dass aus dem sensiblen Kind kein Sensibelchen wird, das bei atmosphärischen Störungen in der Umgebung schnell sein Gleichgewicht verliert. Auch auf Krebs-Mond-Kinder warten im Leben Herausforderungen, die mutig und bestimmt angegangen werden müssen. Eine hohe Sensibilität allein ist noch keine Garantie, diese auch zu bestehen. Die Bindung an die Familie oder an das Gefühl der frühen Kindheit kann so ausgeprägt sein, dass notwendige Reife- und Ablösungsprozesse nur mit tatkräftiger Unterstützung der Eltern gelingen. Kinder mit dem Mond im

Krebs halten gern an der Vergangenheit fest. Wenn sie Loslassen nicht frühzeitig gelernt haben, werden sie auch noch als Erwachsene darin eine Herausforderung sehen, der sie lieber aus dem Weg gehen.

Ein Abenteuerspielplatz kann in den ersten Jahren ein ebenso schönes Übungsfeld sein wie ein Kindersportverein, in dem es nicht so sehr auf die Leistung ankommt, sondern auf die Freude an der Bewegung. Für die Heranwachsenden ist es wichtig, das wohlige Zuhause auch einmal zu verlassen und an einem Zeltlager oder einem Aufenthalt im Schullandheim teilzunehmen oder etwa eine Radtour von Jugendherberge zu Jugendherberge zu unternehmen. Sanfter Druck der Eltern ist dabei nicht nur legitim, sondern vermutlich unvermeidlich.

Mond im Löwen

Das Tierkreiszeichen des Löwen hat seinen Ursprung in den Geschichten von Herakles und seinen zwölf Aufgaben. Im Gegensatz zum Krebs trumpft der Löwe dort mächtig auf. Herakles musste als erste seiner Aufgaben den Löwen von Nemea besiegen. Dieser Löwe war ein kraftstrotzendes und Furcht erregendes Raubtier. Er terrorisierte die Bewohner der Stadt, weil er ständig neue Menschenopfer forderte. Mit Waffen war ihm nicht beizukommen, denn er war unverwundbar. Herakles zerschmetterte sein Schwert und seine Keule an dem Fell der Bestie, ohne Spuren zu hinterlassen. Am Ende blieb dem Helden nur seine eigene, subjektive Körperkraft. Es gelang ihm, den Löwen mit seinen Armen zu erwürgen. Daraufhin häutete er ihn mit dessen eigenen Krallen. Das Fell nahm er als Mantel und den Schädel als Helm. Somit verleibte er sich die Kräfte des Löwen ein. Zeus jedoch, der die Macht des Löwen schätzte, erhob den Getöteten zu einem Sternbild am Himmel. ■

Das selbstbewusste, spielerische Kind

Das Kind mit dem Mond im Löwen übernimmt gern die Rolle des Königs der Tiere, ohne jedoch so zu enden wie in der Geschichte von Herakles. Schon früh spürt es die Kraft und den Mut des Löwen. Es findet sich einfach gut und betrachtet die ganze Welt als große Spielwiese, auf der es selbst natürlich die Hauptrolle spielt. Das macht es mit solch unbekümmerter Selbstverständlichkeit und Selbstsicherheit, dass kaum jemand sein Verhalten als anmaßend auffassen und ihm böse sein könnte.

Löwe-Mond-Kinder haben tatsächlich eine einzigartige Ausstrahlung. Sie wirken ebenso energisch und zielstrebig wie bedacht und überlegt. Es ist nicht das heftige, lodernde Feuer des Widders, das in ihnen brennt, sondern das wärmende Feuer des Herdes. Bisweilen können sie sogar ein wenig gemächlich oder träge erscheinen, doch sollte niemand ihre Energie unterschätzen. Wie jeder König reagieren sie bei Kritik schnell eingeschnappt. Das kann von der Umgebung als Überheblichkeit aufgefasst werden.

Als Mittelpunkt einer jeden Gemeinschaft lässt sich ein Kind mit dem Mond im Löwen gern verwöhnen und beschenken. Dabei ist ihm der äußere Schein häufig am wichtigsten. Was schön aussieht und glitzert, fasziniert des Kind, auch wenn der materielle Wert gar nicht groß sein mag. Etwas Unscheinbares passt nicht zu einem Löwe-Mond-Kind, auch wenn es noch so wertvoll ist.

In seinen Gefühlsäußerungen ist es ebenfalls fordernd und großzügig. Fühlt es sich genügend beachtet, fällt es ihm leicht, seinen Gefühlen Ausdruck zu verleihen. Dabei legt es Wert auf große Gesten und, wenn es angebracht erscheint, auch auf Theatralik. Hat ein Löwe-Mond-Kind jemandem seine Zuneigung geschenkt, ist es beständig und treu.

Die Eltern sind gefordert, dem Kind möglichst spielerisch beizubringen, dass es im Leben nicht nur Spielwiesen gibt, sondern zum Erwachsenwerden auch gehört, Verantwortung zu übernehmen. Das Kind sollte zum Beispiel mit kleinen, regelmäßigen Aufgaben betraut werden, die einem Löwen nicht unbedingt besonders liegen. Dazu zählen etwa Tisch decken oder beim Abwasch helfen. Wenn es die gewissenhaft erfüllt, sollte mit Lob nicht gespart werden. Ebenso ist aber auch Kritik angebracht, sofern es sich den Aufgaben mutwillig entzieht. Kritik anzunehmen muss es lernen, sonst kann es recht einsam werden. Zudem würden die Eltern ihrer Verantwortung nicht gerecht, wenn sie dem Löwejungen die Erfahrung vorenthalten, manchmal nicht im Mittelpunkt zu stehen. Je früher es das lernt, desto schmerzloser geschieht es. Eine Möglichkeit dazu ist der rechtzeitige Kontakt mit älteren Kindern, die es kaum zulassen werden, von Kleineren in den Schatten gestellt zu werden – egal wo der Mond steht.

Mond in der Jungfrau

Mit dem Tierkreiszeichen Jungfrau werden machtvolle Göttinnen in Verbindung gebracht. Die bekannteste unter ihnen ist Demeter, die griechische Fruchtbarkeitsgöttin. Sie herrschte über die Jahreszyklen und trug als Symbol eine Weizenähre in der Hand. Die Menschen gedachten ihrer ganz besonders im Spätsommer, wenn die goldenen Getreideähren geerntet wurden. Ohne sie war für die antiken Griechen das Leben auf der Erde nicht denkbar. Den Männern hat sie das Pflügen beigebracht, den Frauen das Getreidemahlen und Brotbacken. Besonders verbunden war sie mit ihrer Tochter Persephone. Als Persephone von Hades, dem Gott der Unterwelt, im Zusammenspiel mit Zeus geraubt wurde, ließ Demeter vor Trauer über den Verlust die Erde verdorren. Zeus musste fürchten, dass die Menschen aussterben und ihm dann keine mehr Opfer gebracht würden. Er verhandelte deshalb mit Hades

über die Rückkehr der Persephone. Auf ihrem Weg zurück zu ihrer Mutter aß Persephone jedoch von einem Granatapfel, dem Symbol der Ehe. Damit war sie auch an Hades gebunden. Sie verbrachte seitdem zwei Drittel des Jahres über der Erde bei ihrer Mutter und den Rest unter der Erde bei ihrem Ehemann. Demeter musste akzeptieren, dass der Platz ihrer Tochter ebenso in der Unterwelt war; dass zur Fruchtbarkeit auch die Kargheit gehört. ■

Das verantwortungsbewusste, frühreife Kind

Ähnlich wie Demeter übernehmen Kinder mit dem Mond in der Jungfrau gern Verantwortung. Dem, was Kindheit eigentlich ausmacht, scheinen sie wenig abgewinnen zu können, die spielerische Leichtigkeit des Löwe-Mondes fehlt ihnen ebenso wie die verträumte Schüchternheit des Krebs-Mondes. Den Eltern mag es bisweilen unheimlich erscheinen, wie reif sie trotz ihres tatsächlichen Alters bereits auftreten. Ihr Interesse an Verantwortung und Arbeit ist nicht nur vordergründig. Wenn sie sich nützlich machen können, sind sie ganz in ihrem Element. Sie entwickeln erstaunliche praktische Fähigkeiten und Organisationstalent. Außerdem sind sie gewissenhaft, anpassungsfähig und guten Argumenten gegenüber immer aufgeschlossen. Auf Kritik an ihren gewissenhaften Aktivitäten können sie allerdings sehr sensibel und verletzlich reagieren.

Bei alledem kommt ihnen ihr Verhalten nicht besonders bemerkenswert vor. Es liegt ihnen fern, sich viel auf ihre rege Betriebsamkeit einzubilden. Allzu deutliches Lob ist ihnen eher peinlich, doch darf die Umgebung im Stillen anerkennen, wie nützlich sie sind. Niemals kämen sie auf die Idee, sie würden ihre Kindheit verpassen. Sie machen doch einfach, was getan werden muss.

In seinen Gefühlsäußerungen ist das Jungfrau-Mond-Kind zurückhaltend und nüchtern. Spontane Ausbrüche sind ihm eher fremd. Wie alles in ihrem Leben sind auch die Emotionen einem gewissen Pragmatismus untergeordnet. Wenn es sich einmal eingelassen hat, ist es eine treue und zuverlässige Seele.

Die Verantwortung der Eltern besteht darin, den Eifer der Jungfrau-Mond-Kinder keinesfalls auszunutzen und sie gezielt als frühe Haushaltshilfen einzusetzen. Die Kinder müssen lernen, dass es Bestätigung nicht nur gibt, wenn sie sich nützlich machen. Regelmäßige Spielabende, an denen sich auch die vernünftigen Erwachsenen beteiligen, sind dafür ein gutes Feld. Darüber hinaus sollten sie – notfalls mit sanftem Druck, auf den diese Kinder leicht reagieren – immer wieder angehalten werden, sich auf Spiele mit Gleichaltrigen einzulassen, bei denen es um nichts anderes geht als um das Spiel.

Mond in der Waage

Als einziges Zeichen des Tierkreises ist die Waage kein Lebewesen, sondern ein Gegenstand. Sie markiert den Beginn des Herbstes, wenn sich die Länge der Tage und der Nächte genau die Waage halten.

Die Astrologie bringt den Mythos von Eros und Psyche mit dem Zeichen der Waage in Verbindung. Dabei geht es um Schönheit, Liebe und eine vollkommene Beziehung, die nach langen Entbehrungen und Irrwegen gefunden wird: Die Königstochter Psyche war so schön, dass selbst die Göttin Aphrodite eifersüchtig auf sie wurde. Deshalb beauftragte sie ihren Sohn Eros, Psyche zu töten. Der war allerdings auch so überwältigt von ihrem Anblick, dass er sich selbst mit dem Pfeil berührte, der in allen Menschen die Liebe entfacht. Er entführte sie in seinen Palast, wo sie sich jede Nacht liebten, ohne dass Psyche ihn erblicken durfte und eine Ahnung davon bekam, wer ihr Liebhaber war. Irgendwann wollte sie ihn jedoch kennen lernen. Sie zündete eine Ölkerze an und schaute in das Gesicht des schlafenden Gottes der Liebe. Dabei tropfte etwas Öl auf Eros' Schulter. Er wachte auf und bemerkte, dass Psyche ihn erkannt hatte. Darauf verschwand Eros und mit ihm der Palast. Psyche fand sich auf einem einsamen Felsen wieder. Nach vielen entbehrungsreichen Aufgaben, die ihr Aphrodite auferlegte, hatte die Göttin schließlich ein Einsehen. Sie versöhnte sich mit der schönen Rivalin und ließ die Liebe zwischen ihr und ihrem eigenen Sohn zu. Eros und Psyche konnten sich nun bewusst begegnen. ■

Offenkundig handelt es sich bei der Mythologie der Waage um ein Erwachsenenthema. Dennoch hat natürlich auch dies Zeichen seine Bedeutung für den Mond des Kindes und das tritt unter der Oberfläche zu Tage.

Das ausgeglichene, ästhetische Kind

Nichts liebt ein Waage-Mond-Kind mehr als Harmonie und Schönheit in seiner Umgebung und nichts bereitet ihm mehr Schmerzen, als wenn diese Harmonie fehlt, wenn Streit, Anspannung oder Chaos herrschen. Dann wird ein Waage-Mond-Kind alles daran setzen, die Harmonie wiederherzustellen. Mit seinem großen diplomatischen Geschick und seinem ausgeprägten Charme mag es dabei einigen Erfolg haben. Auch im Umgang mit anderen Kindern fühlt es sich ganz in seinem Element, wenn es vermitteln und schlichten kann, wo immer es dies für nötig erachtet. Das Kind mit dem Mond in der Waage versteht gar nicht, warum andere sich streiten müssen, da es doch für jedes Problem eine Lösung gibt, wenn man lange genug sucht. Ähnlich schlimm wie im Streit zu leben ist nur noch das Gefühl, im Kontakt mit den anderen abgeschnitten zu sein. Das Kind braucht den Austausch in der Gruppe, das Gefühl dazuzugehören. Dafür nimmt es sich selbst gern zurück.

Sein Bedürfnis, sich mit anderen im direkten Wettstreit zu messen, ist gering. Bei Gemeinschaftsaufgaben wird es darauf achten, dass alle einbezogen sind. Wenn sich Eltern und Erzieherinnen ihm einmal entziehen, empfindet es das als schlimme Strafe. Einem Waage-Mond-Kind fällt es auch schwer, sich zu entscheiden. Für etwas zu sein bedeutet gleichzeitig, gegen etwas zu sein, und damit könnten sich andere verletzt fühlen.

Nicht nur in den zwischenmenschlichen Beziehungen sehnt sich das Waage-Mond-Kind nach Harmonie. Schönheit und Ästhetik müssen auch die äußere Umgebung prägen, damit es sich wohl fühlen kann. Unordentlichkeit kann es nicht ausstehen. Ähnlich wie das Kind mit dem Mond im Stier entwickelt es frühzeitig einen Sinn für die passende Kleidung. Es möchte häufig etwas Neues tragen. Das darf gern vom Flohmarkt oder aus dem Secondhandladen stammen, solange es noch etwas hermacht. Insofern belasten Waage-Mond-Kinder den Familienetat nicht ganz so nachhaltig wie Kinder mit dem Mond im Stier.

In seinen Gefühlsäußerungen reagiert das Kind bisweilen etwas unklar und kopfgesteuert. Die Zuneigung der andern ist ihm sehr wichtig, doch bei dem Versuch, es allen recht zu machen, fehlt manchmal die Intensität gegenüber einer konkreten Bezugsperson. Charmant zu flirten fällt ihm leichter, als sich wirklich fallen zu lassen. Der körperliche Kontakt spielt für das Kind mit dem Mond in der Waage keine so große Rolle, um seinen Gefühlen Ausdruck zu verleihen. Ein Schmusekind ist es bei allem Bedürfnis nach Harmonie nicht.

Die Eltern sind gefordert, dann einzuschreiten, wenn das Waage-Mond-Kind seine ausgleichende Art übertreibt und sich dort einmischt, wo es gar nicht angemessen oder erwünscht ist. Streit auf dem Spielplatz oder im Kindergarten ist unvermeidlich und für die Entwicklung eines gesunden Selbstbewusstseins ebenso unverzichtbar. Ein Kind, das dies nicht akzeptieren kann, bewirkt womöglich genau das, was es auf keinen Fall will. Es wird selbst zum Stein des Anstoßes. Auch im Hinblick auf die eigene Durchsetzungsfähigkeit ist es wichtig, einmal eine Auseinandersetzung auszuhalten, statt sich zu entziehen.

Wenn sich das Kind in seiner Entscheidungsunlust schnell in eine »Ist-doch-egal«-Haltung flüchtet, kann es mit kleinen

Anreizen gefordert werden, einen klaren Entschluss zu fassen, etwa zwanzig Pfennig (oder mehr, je nach Alter) Abzug vom Taschengeld, wann immer der Satz herausrutscht, und vielleicht das Doppelte, wenn er einen Tag nicht zu hören ist. Andere Möglichkeiten wären z.B. mehr Mithilfe im Haushalt (Mülleimer runtertragen) oder Ähnliches. Das motiviert das Kind, aufmerksam und klar gegenüber seinen Bedürfnissen zu werden.

Mond im Skorpion

Das Tierkreiszeichen Skorpion steht mythologisch in enger Verbindung mit dem triebhaften Jäger Orion, der ebenso lüstern wie jagdgierig war. Auf seinen Wanderungen stellte er sich in den Dienst von König Oinopion auf Chios. Der versprach Orion seine Tochter Merope zur Frau, falls er die Insel von den wilden Tieren befreien würde. Als sich der König nicht an das Versprechen hielt, vergewaltigte Orion Merope. Daraufhin ließ ihn der König blenden. Mit Hilfe des göttlichen Schmiedes Hephaistos erlangte er sein Augenlicht jedoch wieder. Sofort sann er auf Rache, die sich gegen die gesamte Natur richtete. Aus Sorge, er könne in seiner unbeherrschten Blindheit alle Tiere vernichten, schuf die Mondgöttin Artemis, die Hüterin der Jagd, einen riesigen Skorpion, der Orion mit einem Biss tötete. Eine andere Version besagt, dass Orion sogar Artemis vergewaltigen wollte und die Göttin deshalb den Skorpion entstehen ließ. Jedenfalls wurde der triebhafte Jäger von dem Tier zur Strecke gebracht, das selbst als eines der ältesten und triebhaftesten gilt. Aufgrund ihrer mythologischen Feindschaft sind die Sternzeichen Skorpion und Orion nie gleichzeitig am Himmel zu sehen. ■

Die Themen des Skorpions treten in der Mythologie deutlich zu Tage. Es geht um Macht, Betrug, Rache, Triebe und Tod. Tatsächlich dürfte kein Kind eine größere Herausforderung für die

Eltern sein als das Kind mit dem Mond im Skorpion. Bereits sehr früh wird es sich für Themen interessieren, die viele Erwachsene lieber verdrängen, für Fragen nach Tod und Sterben, nach Sexualität, wie Leben gezeugt wird und vergeht; kurz, alles, was mit Tabus belegt ist, erscheint ihm besonders reizvoll.

Das grenzgängerische, intensive Kind

Skorpion-Mond-Kinder können aber auch im Alltag bohrend sein, immer noch tiefer in eine Sache eindringen, immer noch mehr Fragen stellen, ohne sich darum zu kümmern, ob es den Eltern zu viel wird. Das Bohren kommt ihnen keinesfalls penetrant oder aufdringlich vor, sondern erscheint ihnen als ganz natürlich, schließlich können Sachen nur dann vollständig erfasst werden, wenn man ihnen wirklich auf den Grund geht.

Kinder mit dem Mond im Skorpion haben einen sicheren Instinkt für Macht. Dabei benötigen sie keine großen Gesten wie der Löwe. Sie schätzen die subtile Art der Machtausübung, gegen die sich die Umwelt nur schwer wehren kann. Ein offener Wettstreit der Kräfte erscheint ihnen dagegen nicht reizvoll. Stoßen sie auf Widerstand, der sich mit ihren vertrauten Methoden nicht brechen lässt, können sie recht destruktiv werden. Sofern sie an ihre eigenen Grenzen gebracht werden, ist die Zerstörungswut vermutlich nicht nur subtil, sondern sehr handfest-konkret.

In seinen Gefühlsäußerungen ist das Skorpion-Mond-Kind intensiv und gern theatralisch. Spürt das Kind, dass es von seiner Umgebung wirklich akzeptiert wird, kann es sich ganz fallen lassen. Wenn es seine Zuneigung jemandem schenkt, dann geschieht es heftig. Genauso heftig kann auch seine Abneigung sein.

Die Eltern sehen sich vor die schwierige Aufgabe gestellt, das richtige Maß darin zu finden, sich auf das Kind einzulassen und Grenzen zu ziehen. Keinesfalls sollten die Fragen und Themen des Skorpion-Mond-Kindes immer unterdrückt werden, nur weil es den Eltern unangenehm oder anstrengend ist. Bekommt das Kind andauernd signalisiert, wie sehr sein Interesse andere peinlich berührt, dann besteht die Gefahr, dass die Themen ins Unterbewusste abgedrängt werden und dort ein gefährliches Eigenleben führen.

Die Eltern müssen allerdings darauf achten, dass die skorpionischen Themen den Alltag des Kindes nicht so sehr bestimmen, dass es sich darin verliert. Zeiten der spielerischen Unbedarftheit sollten gezielt in den Tagesablauf eingebaut werden. Vor dem Abendessen mit Papa oder Mama herumzubalgen und herumzualbern wird dem Kind gewiss gut tun. Auch der Kontakt mit einem Löwe-Mond-Kind kann dabei sehr inspirierend sein.

Mond im Schützen

Die Mythen des Tierkreiszeichens Schütze handeln von den Kentauren, Wesen mit dem Oberkörper eines Mannes und dem Unterkörper eines Pferdes. In der Mythologie symbolisieren sie die Vielschichtigkeit eines Charakters. Sie repräsentieren die triebhafte, unbewusste Welt der Tiere sowie die durch Geist und Bildung erhöhte, bewusste Welt der Menschen. Dadurch galten sie als unberechenbar. Chiron steht für diejenigen unter ihnen, die sich durch hohe Bildung und die Sehnsucht nach spiritueller Erkenntnis auszeichneten. Er war ein Lehrender und Lernender, der beständig sein Wissen erweitert hat. Die meisten Kentauren aber waren unbeherrscht und streitsüchtig, sie tranken und wandten Gewalt an. In ihrer blinden Kampfeswut zogen sie gegen Helden wie Herakles jedoch zumeist den Kürzeren.

Eine andere Version sieht den Satyr Krotos als Urbild des Tierkreiszeichens Schütze. Die Satyren sind menschenähnliche Wesen mit einem Pferdeschweif und Bocksbeinen. Der kluge Krotos hat die Kunst des Bogenschießens erfunden. Er war unter den neun

Musen aufgewachsen, denn er war der Sohn ihrer Amme. Den Satyren werden ähnlich ambivalente Eigenschaften zugeschrieben wie den Kentauren. Sie konnten zivilisiert und verantwortungsvoll, aber auch triebhaft und hemmungslos sein. ■

Das weltoffene, optimistische Kind

Wenn den Kindern mit dem Mond im Schützen eine entsprechende Umgebung geboten wird, fällt es ihnen leicht, auf ihre Art die Eigenschaften des Chiron zu entwickeln. Für sie ist die Welt das Spannendste, was es überhaupt gibt. Sie können sich nur schwer vorstellen, dass es irgendwo Grenzen für ihren Forschungsdrang geben soll. Dabei fasziniert sie nicht nur das, was sie sehen oder hören. Sie wollen frühzeitig wissen, welcher Sinn sich hinter all dem verbirgt, was sie mit den Sinnen wahrnehmen. Das bezieht auch früh religiöse und ethische Themen mit ein.

Ihre Umgebung kann sich von ihren Fragen bisweilen überfordert fühlen; nicht deshalb, weil sie Tabus betreffen wie beim Kind mit dem Mond im Skorpion, sondern weil der Wissensdurst einfach unermesslich ist.

Doch selbst wenn sie nicht auf alles eine Antwort bekommen, bremst sie das in ihrem Elan gewöhnlich nicht. Es wird sich schon irgendwann noch einmal eine Antwort finden lassen oder jemand wird auftauchen, der mehr weiß. Letztlich sind Schütze-Mond-Kinder nicht zu erschüttern und unheilbar optimistisch. Gleichzeitig sind sie recht rastlos. Ihr Ruhebedürfnis ist nicht sehr ausgeprägt. Es gibt nun einmal so viel zu entdecken und zu erforschen, da reichen vierundzwanzig Stunden am Tag ohnehin kaum aus. Ruhen ist so gesehen reine Zeitverschwendung.

Da das Kind ein frühes Verständnis dafür entwickelt, dass alles einen tieferen Sinn hat, kann es Ungerechtigkeit nur schwer akzeptieren, denn die ist in seinem Weltbild nicht vorgesehen. Darauf reagiert es zunächst mit Unverständnis, im Laufe des Wachstumsprozesses mit zunehmendem Widerstand.

In seinen Gefühlsäußerungen ist das Schütze-Mond-Kind gern leidenschaftlich, ja bisweilen pathetisch. Seine Empfindungen sind immer großartig und etwas sehr Besonderes. Begegnet ihm ein anderes Kind oder eine Erziehungsperson nicht mit einer ähnlichen Intensität, kann es schnell enttäuscht werden. Auf Emotionen, die es als oberflächlich empfindet, lässt sich das Kind lieber nicht ein.

Die Eltern sollten ähnlich wie beim Skorpion den natürlichen Forschungsdrang des Schütze-Mond-Kindes nicht bremsen, nur weil er ihnen zu anstrengend oder lästig ist. Gemeinsam Bildbände, Kinderatlanten oder eine Fernsehsendung über fremde Völker anzuschauen und die neuen Welten erklärt zu bekommen wird es sehr schätzen. Findet das Kind keine Resonanz für sein Interesse an der Welt, kann die daraus resultierende Enttäuschung in Zynismus umschlagen. Es kann dann sehr verletzend werden.

Wichtig ist darüber hinaus, dem Kind frühzeitig und einfühlsam zu vermitteln, dass die Erde nicht das Paradies ist, das es sich wünscht, und nicht jede Ungerechtigkeit beseitigt werden kann. Wenn es dafür kein Verständnis bekommt, kann aus dem idealistischen Schütze-Mond-Kind ein ideologisch-fanatischer Erwachsener werden, der genau zu wissen meint, was gut für andere ist.

Wenn die Eltern schließlich den Eindruck haben, dass die enthusiastische Schütze-Energie Raubbau mit den Kräften des Kindes treibt, dann ist es angemessen, sanft für etwas mehr Ruhe zu sorgen. Dabei dürfen die Vorlieben des Kindes zielgerichtet ausgenutzt werden. Vermutlich wird es sich gern auf Entspannungsübungen einlassen, wenn sie zum Beispiel aus der östlichen Tradition stammen. Yoga oder autogenes Training wird heute bereits für Kinder angeboten. Dann dient sogar noch die Entspannung dazu, seinen Horizont zu erweitern.

Mond im Steinbock

Die Symbolik des Steinbocks verbindet Erde und Wasser, Materie und Gefühl. Am Himmel erscheint das Sternbild als ein Wesen mit dem Kopf und den Vorderbeinen einer Ziege sowie einem Fischschwanz. Der Psychoanalytiker C. G. Jung schreibt dazu: »Die Sonne steigt wie eine Ziege auf den höchsten Berg und ist in der Tiefe des Meeres wie ein Fisch.« Bisweilen wird in der Ziege das Einhorn gesehen, ein altes Symbol für die höheren Welten, nach denen sich der Steinbock sehnt.

Die antike Mythologie bringt den Steinbock mit dem Gott Pan in Verbindung. Er ist ein Sohn des Hermes und zählt zu den Satyren, die Bockshörner und -füße haben. Da seine Mutter entsetzt über seinen Anblick davonlief, zogen ihn Nymphen auf. Pan hütete Schafe und Ziegen und war ein begnadeter Musiker. Gleichzeitig trieb ihn seine Lüsternheit zu den Nymphen, die wegen seines Aussehens zumeist in pan-ischer Furcht die Flucht ergriffen. Als die Nymphe Syrinx ihm nicht mehr entkommen konnte, bat sie die Götter, in Schilf verwandelt zu werden. Daraus schuf Pan sein bekanntestes Instrument, die Pan-Flöte. ■

Das selbstgenügsame, skeptische Kind

Die Energie des Steinbocks strebt immer nach oben. Er will hoch hinaus. Ein Kind mit dem Mond im Steinbock entwickelt früh diesen Ehrgeiz. Deshalb mag es häufig gar nicht wie ein Kind wirken. Es zeigt vermutlich wenig Interesse am bloßen Spiel um des Spieles willen. Darin ähnelt es der Jungfrau, doch seine Art sich auszudrücken ist eine andere. Statt der Gemeinschaft im Kleinen zu dienen, entzieht es sich ihr zunächst, um später im Großen zu wirken. Es fühlt sich wohl, ja geradezu geborgen, wenn es allein und sich selbst genüge ist. Für die Außenwelt mag es dadurch verschlossen erscheinen. Sein Verhalten hat jedoch nichts mit Überheblichkeit zu tun. Das Kind fürchtet nur, viele Außenkontakte könnten es davon abhalten, sich auf das Wesentliche im Leben zu konzentrieren.

Die Ansprüche des Steinbock-Mond-Kindes sind ausgesprochen hoch. Zunächst stellt es sie an sich selbst, doch auf die Dauer nimmt es auch die Umwelt nicht davon aus. Bei der Erfüllung der Ansprüche gibt sich das Kind nicht mit leichtfertigen oder einfachen Lösungen zufrieden. Allem, was nicht mit Mühe verbunden ist, begegnet es mit einer gewissen Skepsis. Körperliches Kräftemesse in den für ein Kind angemessenen Arten schätzt es weniger. Was soll es schon nützen, wenn man schneller laufen kann als die anderen?

Wenn die Umgebung sich von den Ansprüchen überfordert fühlt und das Kind dafür selbstbewusst zurückweist, fühlt es sich leicht darin bestätigt, dass es nur mit sich allein zufrieden sein kann. Kinder mit dem Mond im Steinbock können recht einsam, stur und bockig sein. Eigene Fehler zuzugeben fällt ihnen schwer – insbesondere vor anderen. Umso sicherer ist ihr Gespür für die Fehler der anderen.

In seinen Gefühlsäußerungen ist das Steinbock-Mond-Kind zurückhaltend, bedacht und nüchtern. Wenn es schon Gefühle zeigt, dann muss es auch einen Nutzen davon haben. Hat es sich einmal auf ein anderes Kind oder eine Bezugsperson eingelassen, ist es treu und verlässlich. Es wird auch in schwierigen Situationen dazu stehen und immer seine Hilfe anbieten, wenn es notwendig ist.

Grundsätzlich sind die Eltern gut beraten, das Bedürfnis des Steinbock-Mond-Kindes nach Alleinsein ernst zu nehmen und ihm Raum zu geben. Gleichzeitig müssen die Eltern erspüren, wann sich das Steinbock-Mond-Kind tatsächlich überfordert. Ungeachtet seiner inneren Stärke wird ihm die Erfahrung nicht erspart bleiben, dass es nicht alle Ansprüche erfüllen kann. Wenn es dann sich selbst oder andere dafür anklagt und sich immer mehr zurückzieht, sind die Eltern dringend gefragt, die weichen Seiten im Kind zu unterstützen. Auch das spielerische

Potential muss vermutlich gezielt gefördert werden, weil das Kind von selbst nur schwer darauf kommt. Ähnlich wie beim Skorpion-Mond-Kind ist es in der Hinsicht hilfreich, wenn sich auch die Erwachsenen nicht scheuen, ihre eigenen verspielten oder gar albernen Seiten zu zeigen.

Mond im Wassermann

In diesem Sternbild am Himmel sahen die Menschen der Antike einen Mann, der Wasser aus einem Krug gießt. Nach einer Tradition handelt es sich dabei um den Trojaner Ganymed, dem Mundschenk der Götter. Seine Aufgabe war es, die Unsterblichen mit Nektar aus seinem Krug zu verwöhnen. Eine andere Tradition sieht im Sternbild Wassermann den göttlichen Schmied Hephaistos. Er war ein recht schrulliger Mann, der äußerlich eher abschreckend wirkte. Er hinkte und galt als sehr hässlich. Das hinderte ihn nicht, ausgerechnet Aphrodite zu heiraten, die Göttin der Schönheit und der Liebe. Seinen körperlichen Mangel glich er durch sein hohes handwerkliches Können aus. Wenn ihm jemand den Respekt versagte, reagierte er unversöhnlich, so auch gegenüber seiner Ehefrau, die ein intensives Liebesverhältnis mit dem Kriegsgott Ares pflegte. Um die beiden vorzuführen, konstruierte er ein goldenes Netz, das beim Liebesakt über sie fiel und sie gefangen hielt. Daraufhin ließ er alle anderen Götter kommen, die sich über den Anblick köstlich amüsierten. Erst durch die Vermittlung des Meeresgottes Poseidon war er bereit, die auf frischer Tat Ertappten wieder freizulassen. ■

Das freiheitsliebende, extravagante Kind

Ähnlich wie Hephaistos ist ein Kind mit dem Mond im Wassermann ein ganz eigener, unverwechselbarer Typ. Da es gern etwas Besonderes sein möchte, entwickelt es früh eine Neigung zu allem, was extravagant ist, sei es in der Kleidung, in Gedanken oder im Umgang mit anderen. Sein Anspruch ähnelt dem des Kindes mit Mond im Löwen, doch will es nicht allein im Mittelpunkt stehen. Es tut sich gern mit Gleichgesinnten zusammen oder sucht den Kontakt zu größeren Kindern, die es bewundern kann.

Normen und Regeln mag das Kind mit dem Mond im Wassermann nicht, es sei denn, die Gruppe hat sie selbst aufgestellt und sie leuchten ihm ein. Sein Freiheitsdrang ist sehr ausgeprägt. Deshalb fällt es ihm schwer, in Normen und Regeln überhaupt einen Sinn zu finden, wo doch allerorten die große Freiheit herrschen kann. Erwachsene mit autoritären Erziehungsidealen mögen Wassermann-Mond-Kinder leicht als frech und ungehorsam abqualifizieren. Sie selbst wird das überraschen, denn ihr Freiheitsdrang erscheint ihnen als das Natürlichste auf der Welt und sie haben nicht die Absicht, damit jemanden zu verletzen oder vor den Kopf zu stoßen. Wenn die Gemeinschaft, in der das Kind sich wohl fühlt, sich jedoch in übertriebener Weise von anderen abgrenzt und nur noch die eigenen Gesetze gelten lässt, kann daraus elitärer Dünkel und Arroganz erwachsen.

Beim Kräftemessen mit anderen ziehen Kinder mit dem Mond im Wassermann den geistigen Wettstreit vor. Für die körperliche Ebene und ihre Bedürfnisse interessieren sie sich nicht besonders. Überhaupt erscheint ihnen die konkrete, materielle Welt fremd. Sie ist nicht ihr Zuhause. Dagegen sind sie fasziniert von allem, was mit Technik und Fortschritt zu tun hat. Ungewöhnliche Erfindungen oder Konstruktionen, die nicht einmal einen praktischen Nutzen haben müssen, lassen ihr Herz höher schlagen.

In seinen Gefühlsäußerungen reagiert das Kind recht kopfgesteuert. Es fällt ihm schwer, sich wirklich einzulassen. Emotionalität mag ihm verdächtig erscheinen, weil sie doch der großen Freiheit zu widersprechen scheint. Unter Gleichgesinnten erscheinen ihm Gefühle am ehesten vertretbar, weil dort jeder die Freiheit achtet. Auch innigen Körperkontakt und Schmusen wird es eher einengend erleben und nicht sonderlich genießen.

Die Verantwortung von Eltern und Erziehungspersonen besteht darin, dem Kind in seinem Drang nach Freiheit und Besonderheit mit viel Verständnis Grenzen zu setzen, damit es nicht jede Orientierung verliert. Gerade in den höheren geistigen Welten, in denen sich das Kind mit dem Mond im Wassermann so gern aufhält, benötigt es Struktur und Halt. Dafür bekommt es ein Gefühl, wenn es die Eltern sehr konkret begleiten. Ein Familienausflug ins Planetarium, ein Abend unter dem Sternenhimmel, Lesestunden mit Fantasybüchern – selbst wenn die Kinder längst lesen können – oder auch eine große Bereitschaft zum Gespräch und Austausch sind Mittel dazu. Darüber hinaus sollten die Eltern bei den Heranwachsenden im Auge behalten, in welchen Kreisen sie sich bewegen. Ein elitärer und überheblicher Gruppendünkel könnte die Schattenseiten des Wassermannes fördern.

Mond in den Fischen

Das Sternbild am Himmel zeigt zwei in verschiedene Richtungen schwimmende Fische, deren Schwanzflossen durch ein Band miteinander verbunden sind. Das Zeichen geht auf die Babylonier zurück. Sie sahen darin Oannes, den Gott der Weisheit, der jeden Morgen als Fisch aus dem Meer auftauchte, um die göttlichen Lehren zu den Menschen zu bringen.

In der griechischen Mythologie werden die Fische mit Aphrodite in Verbindung gebracht. Die Göttin der Schönheit und der Liebe befand sich einmal auf der Flucht vor dem Ungeheuer Typhon, das die Erdmutter Gaia in ihrem Zorn auf die Götter gehetzt hatte.

Aphrodite verbarg sich mit ihrem Sohn Eros am Ufer des Euphrat im Schilf. Da schwammen zwei Fische herbei und brachten die beiden in Sicherheit. Einer anderen Version zufolge verwandelten sich Aphrodite und Eros in zwei Fische, um Typhon zu entkommen. Durch das Band sind sie auf immer miteinander verbunden. ■

Das mitfühlende, schwer greifbare Kind

Neben den Kindern mit dem Mond im Krebs sind die Kinder mit dem Mond in den Fischen die »unauffälligsten«. Sie halten sich allerdings nicht unbedingt im Hintergrund, weil sie schüchtern sind, sondern weil sie wie der Fisch im Wasser gern abtauchen und dann nicht greifbar sind. Ihr Seelenleben ist sehr intensiv, ihre Phantasie ebenso ausgeprägt. Es fällt ihnen leicht, sich vorzustellen, dass die Welt, in der sie leben, nicht alles ist. Von dem, was die Grenzen des sinnlich Wahrnehmbaren überschreitet, fühlen sie sich magisch angezogen. Meditation und Mystik können sie vermutlich frühzeitig viel abgewinnen. Dabei besteht allerdings die Gefahr, dass sie sich den Anforderungen der materiellen Welt entziehen, weil die schwer und anstrengend sein können, während in ihrer Phantasie und in ihren Traumreisen alles so schön leicht und bunt ist.

Kindern mit dem Mond in den Fischen kann niemand etwas vormachen, auch darin ähneln sie den anderen Wasserzeichen. Sie spüren jede Stimmung im Raum, sie verstehen jedes unausgesprochene Wort, sie ahnen jeden Gedanken. Ihre hohe Sensibilität macht sie zu sehr mitfühlenden Kindern, die auch am Schmerz anderer Anteil nehmen, egal, ob es sich um Kinder oder Erwachsene handelt. Dadurch sind sie beliebt, doch fällt es ihnen häufig schwer, sich zum rechten Zeitpunkt zurückzuziehen. So schwanken sie zwischen den Extremen, gänzlich vereinnahmt zu werden oder abzutauchen.

In ihren Gefühlsäußerungen sind sie ausgesprochen intensiv. Sie können sich tief einlassen und fallen lassen, doch droht einmal mehr die Gefahr, sich in den Emotionen zu verlieren. In ihrer Zuneigung sind sie nicht sehr wählerisch. Ihr Herz steht in der Regel allen offen, denn letztlich sind ja alle eins.

Für Eltern und Erziehungspersonen ist es eine verantwortungsvolle Aufgabe, diesen Kindern ein Gefühl für Grenzen zu vermitteln, ihnen zu helfen, auch einmal Nein zu sagen, ohne sich gleich vollständig zu entziehen, und einen eigenen Standpunkt zu vertreten, auch wenn die Umgebung anderer Meinung ist. Die Kinder benötigen eine klare Orientierung und klare Regeln im konkreten Alltag, in dem sich Fische-Mond-Kinder schwerer tun als alle anderen. Konsequenz in der Erziehung ist für sie so dringend wie das tägliche Brot. Das muss jedoch mit viel Liebe vermittelt werden und der Botschaft, dass sie immer angenommen sind. Sonst reagieren sie schnell verletzt. Unterstützung erhalten die Fische-Mond-Kinder auch, indem sie zu regelmäßigen, vielleicht sogar banal erscheinenden Aufgaben im Alltag herangezogen werden. Schaffen sie es, die Schulaufgaben oder die verabredete Mithilfe im Haushalt an einem Stück zu erledigen, ohne in Träume abzuschweifen, dann ist eine kleine Belohnung angemessen, denn für Fische-Mond-Kinder ist das nicht selbstverständlich.

An dieser Stelle noch einige Gedanken zum Thema Sucht und Drogen. Die Astrologie bringt unter anderem die Fische, bzw. das analoge 12. Haus sowie den Planeten Neptun mit diesem Thema in Verbindung, denn dabei geht es letztlich um die Flucht aus der Welt, um Grenzerfahrung und -verschiebung. Das heißt natürlich nicht, dass ein Fische-betontes Kind zwangsläufig auf eine Suchtkarriere hinsteuert. Jede Festlegung oder jede Panikmache in der Richtung widerspricht der modernen Astrologie, die der Willensfreiheit des Menschen großen Raum gibt.

Dennoch kann es für Eltern mit Fische-betonten Kindern ratsam sein, das Thema im Auge zu behalten, um rechtzeitig mögliche Gefahren erkennen und ihnen entgegentreten zu können. Professionelle Hilfe etwa bei der Drogenberatung sollte im

Zweifelsfall frühzeitig aufgesucht werden. Bei Fische-betonten Kindern ist falsche Zurückhaltung an der Stelle nicht angemessen. Wie bei allem, was mit Fischen zu tun hat, sind letztlich klare Grenzen, Strukturen und Orientierungen der beste Schutz davor, die Energie in ihrer unerlösten Form auszuleben.

Andere Hinweise auf das Thema Sucht können Aspekte von Saturn zu Uranus oder Pluto sein. Dabei wird Saturn, der die Grenzen setzt, von den anderen Planeten beeinflusst, die ähnlich wie Neptun Grenzen einreißen oder Grenzerfahrungen suchen.

Die Sonne – Kein Raum für das »Sternzeichen«?

Wer sich oberflächlich mit der Astrologie befasst, wird von seinem Kind vielleicht nur das »Sternzeichen« kennen, also das Zeichen, in dem zur Zeit seiner Geburt die Sonne stand. In den vorhergehenden Kapiteln wurde ausgeführt, warum dies Zeichen in den ersten Lebensjahren keine so prägende Rolle spielt. Im Laufe der Kindheit entwickeln sich jedoch auch die Persönlichkeitsanteile, die mit der Sonne verbunden werden.

Für patriarchale Hochkulturen wie die Ägypter, Babylonier, Perser oder Maya war die Sonne das wichtigste kosmische Symbol. Sie erhoben das Zentralgestirn zur höchsten Gottheit am Himmel. Der König galt als ihr Repräsentant auf der Erde, eine Vorstellung, die bis in die Neuzeit hinein das menschliche Bewusstsein geprägt hat.

■ *In der griechischen Mythologie verkörperten zwei Götter das Sonnenprinzip: Helios und Apollon, der Zwillingsbruder der Mondgöttin Artemis. Helios entstammt der älteren Überlieferung, um ihn ranken sich weniger Geschichten. Er lenkte jeden Tag einen Wagen mit vier feurigen Rossen von seinem Palast im Osten über den Himmel zu seinem Palast im Westen, angekündigt von Eos, der Morgenröte. Da er alles sah und hörte, wurde er bei Eiden als Zeuge angerufen.*

Weit mehr als Helios genoss Apollon die Verehrung der Menschen. Seine Domäne war die Kunst, vor allem die Musik, das Heilwissen, die Weissagung und das Bogenschießen. Apollon war ein Sohn von Göttervater Jupiter. Als Kind wurde er mit Nektar und Ambrosia genährt, eine Götternahrung, die ewige Jugend und Schönheit verleiht. Er erfand das Spiel der Laute und Leier, die sein Bruder Merkur für ihn gebaut hatte. Ungeachtet seiner musischen Begabung war Apollon ein patriarchaler Gott. Er setzte sich vehement für die Vorherrschaft des männlichen Prinzips ein; wenn es sein musste, auch für die dunklen Seiten wie Krieg, Gewalt und Rache.

Frauen und junge Männer, die er ebenfalls begehrte, gingen ihm lieber aus dem Weg, denn in seinen Ansprüchen konnte er verzehrend sein – so wie die Sonne für Sterbliche kaum zu ertragen ist, wenn sie ungehindert strahlt. Man muss sich vor ihr schützen.

Apollon geweiht war das Orakel von Delphi. Vor dem Eingang stand der Leitspruch »Erkenne dich selbst«. Im Inneren lautete die Fortsetzung: »Damit du Gott erkennst!« Das charakterisiert treffend die von der Sonne im Horoskop gestellte Aufgabe. ■

Die Sonne ist das Symbol für die Lebenskraft, das Bewusstsein sowie die Identität schlechthin. Für das Horoskop des Erwachsenen ist sie das Kernstück seiner Persönlichkeit. Seine Aufgabe ist es, das durch die Stellung der Sonne im Zeichen und Haus angelegte Potential zur Entfaltung zu bringen. Die Sonne steht darüber hinaus für den Willen, den Geist und das Prinzip, das aktiv etwas gestalten möchte.

Kinder wachsen in die Themen der Sonne erst hinein

Natürlich verfügt auch ein Kleinkind über Lebenskraft, aber offenkundig muss es in die anderen Themen der Sonne erst hineinwachsen. Sich selbst und Gott zu erkennen zählt nicht zu den Aufgaben eines Kindes. Zu welcher Zeit die Herausforderungen der Sonne ins Bewusstsein des Kindes treten, ist in der Astrologie umstritten. Manche gehen bereits von einigen Monaten oder einem Jahr aus, wenn das Kind beginnt, die Umwelt bewusst zu erfassen und sich zu ihr in Beziehung zu setzen. Das sind aus meiner Sicher allerdings eher die Themen des Merkur (dazu mehr im folgenden Kapitel). Ein unbestrittener Schritt ist das Alter von sechs bis sieben Jahren, wenn das Kind in die Schule kommt. Dann kann es nicht mehr allein aus dem Gefühl und den Bedürfnissen heraus leben. Es muss lernen, sich gegenüber anderen zu behaupten und abzugrenzen – ein wichtiger Schritt für die Entwicklung der Persönlichkeit. Ein weiterer Meilenstein ist der Beginn der Pubertät. Zu der Zeit drängen sich die Fragen nach der eigenen Identität, nach dem Standpunkt in der Welt wie nie zuvor auf und sie führen zu mancher tiefen Krise. Daran kann die Persönlichkeit wachsen und reifen. Mit dem Eintritt ins Erwachsenenalter sollte dieser Prozess abgeschlossen sein. Dann hat die Sonne bei einer natürlichen Entwicklung ihren Platz im Zentrum des Horoskops eingenommen.

Merkur, Venus, Mars

Die nächsten Entwicklungsstufen

Ebenso wenig wie das so genannte Sternzeichen, das Zeichen, in dem die Sonne steht, einen erwachsenen Menschen vollständig charakterisiert, sagt der Mond alles über ein Kind. Schon bald integriert es die anderen persönlichen Planeten Merkur, Venus und Mars. Weitere Planeten zu integrieren bedeutet übersetzt für den Entwicklungsweg, weitere Fähigkeiten zu entdecken und sich nutzbar zu machen. Wie und mit welchen Schwerpunkten das im Einzelfall geschieht, offenbart die Stellung der Planeten im Horoskop. Dieser Prozess vollzieht sich über die gesamte Kindheit bis zum Erwachsenwerden und beinhaltet immer wieder auch Schritte zurück. Das heißt etwa, Mars-Eigenschaften, die in einer bestimmten Phase integriert werden, können im Verlauf der Entwicklung vorübergehend in den Hintergrund treten und erst später wieder aufgegriffen werden.

Merkur oder: Wie trete ich in Kontakt mit der Welt?

Wenn ein Kind aus der rein emotionalen Inbesitznahme der Welt herauswächst, entwickelt es zunächst die Merkur-Eigenschaften. Es nimmt die Umwelt wahr, es differenziert zwischen bekannten und unbekannten Personen, es lernt sich auszudrücken, zu sprechen, zu kommunizieren. Merkur steht für den ersten Schritt aus dem intuitiven Erfassen der Welt hinaus, auch wenn der Mond weiterhin dominant bleibt. Merkur will die Welt begreifen. Das geschieht im Kleinkindalter häufig ganz konkret. Das Kind macht sich mit neuen Objekten vertraut, indem es sie mit den Händen erfasst und in den Mund führt. Da dort über den Geschmackssinn hinaus viele Nerven liegen, bekommt es somit eine konkrete Vorstellung von den Dingen.

Merkur will die Welt begreifen

Mit der Integration der Energien, für die Merkur steht, verliert das Kind seine Unbedarftheit, aus der Sicht mancher Erwachsener vielleicht sogar die spezielle Art der Liebenswürdigkeit, die nur Kleinkindern zugeschrieben wird. Die Mythologie zeigt jedoch, dass es auch anders gehen kann.

■ *Der mythologische Merkur (griechisch Hermes) war bereits als Kleinkind äußerst verschlagen und dabei dennoch so liebenswürdig, dass ihm niemand böse sein konnte. Merkur war der Sohn des Jupiter und der Titanin Maia. Schon unmittelbar nach seiner Geburt nahm er regen Anteil an der Welt. In der Wiege war es ihm entschieden zu langweilig. Er kletterte hinaus und baute aus einem Schildkrötenpanzer die erste Leier. Anschließend raubte er seinem Halbbruder, dem Sonnengott Apollon, fünfzig Rinder. Dabei ging er sehr geschickt vor. Er umwickelte die Hufe mit Sträuchern, führte die Herde rückwärts an den Schwänzen weg und als er alle versteckt hatte, legte er sich wieder in die Wiege. Gegenüber seinem Halbbruder spielte er den Ahnungslosen, doch wurde er verraten und musste deshalb vor Jupiter erscheinen. Bei der Gelegenheit stahl er Apollon auch noch den Bogen. Der Göttervater trug ihm auf, die Tiere zurückzugeben. Um das zu verhindern, spielte Merkur dem Sonnengott auf der Leier vor und bot sie ihm zum Tausch an. Apollon war von dem Instrument so begeistert, dass er sofort zustimmte. Als Merkur sogar noch den Bogen herausrückte, wurden die beiden unzertrennliche Freunde.*

Jupiter war ausgesprochen beeindruckt davon, wie flink, verschlagen, wortgewandt und diplomatisch sein Sohn war. Er machte ihn deshalb zu seinem Boten. Geflügelte Sandalen und ein von zwei Schlangen umgebener Heroldstab wurden Merkurs wichtigste Attribute. Reisende, Kaufleute, Handwerker, Spieler und Diebe verehrten ihn besonders.

Eine weitere Aufgabe von Merkur war es, die Toten in die Unterwelt zu begleiten. Er war der Einzige, der das Reich des Pluto betreten und auch wieder verlassen durfte. ■

Das Kind entwickelt die Merkur-Eigenschaften verstärkt mit der Einschulung. Denken, Überlegen, Vorausplanen, Zusammenhänge geistig erfassen und Intellektualität ganz allgemein beanspruchen immer mehr Raum. Bis zur Pubertät gehen die Mond- und Merkur-Qualitäten Hand in Hand. Während der Pubertät ist es spannend zu beobachten, wie diese recht unterschiedlichen Qualitäten die Heranwachsenden hin und her reißen und dabei manche persönliche Krise auslösen. Auf der einen Seite der kühl-überlegene, frühreife Merkur-Typ, der alles im Griff haben will, und auf der anderen Seite der emotionale, anlehnungsbedürftige und bisweilen aufgelöste Mond-Typ, der in frühkindliche Verhaltensweisen zurückzufallen scheint. Nicht nur die Heranwachsenden selbst, auch die Eltern kommen mit den Extremen kaum zurecht – sofern sie sich die Entwicklung nicht sehr bewusst machen. Sie müssen sich vergegenwärtigen, dass beide Planeten ihr Recht fordern. Das ist die natürliche Entwicklung, wie sie in der Astrologie zum Ausdruck kommt.

Nach der Pubertät werden die Mond-Qualitäten immer mehr in den privaten Bereich verdrängt. Die Sonne beginnt zu strahlen und geht mit dem Merkur eine Verbindung ein, die beiden vertrauter ist als der Kontakt mit dem Mond; so wie in der antiken Götterwelt Merkur mit Apollon eng verbunden war und nicht mit den Mondgöttinnen.

Venus oder: Was bin ich mir wert?

Wenn die ersten Schritte getan sind, um sich mit den Merkur-Eigenschaften vertraut zu machen, folgt als Nächstes die Integration der Venus-Qualitäten. Sie scheint vom Wesen eines Kindes weiter entfernt, denn in der Mythologie ist ihr nicht einmal eine Kindheit vergönnt.

■ *Venus (griech. Aphrodite) war die Göttin der Liebe, der Fruchtbarkeit und der Schönheit. Ihr Beiname »die Schaumgeborene« weist auf ihre Geburt hin. Der Titan Saturn (griech. Kronos) hatte auf Geheiß seiner Mutter Gaia seinen Vater Uranus entmannt und die Geschlechtsteile ins Meer geworfen. An der Stelle bildete sich Schaum und daraus entstand die ausgewachsene Venus in voller Schönheit. Nichts fehlte ihr. Ihre Anmut übertrug sie gleich auf ihre Umgebung. Als sie vom Wasser ans Land trat, erblühten Blumen unter ihren Füßen.*

Venus war mit Vulcanus (griech. Hephaistos) verheiratet, dem Gott des Feuers und der Schmiedekunst. Vulcanus war einerseits hässlich und hinkend, andererseits aber ein überaus geschickter Kunstschmied. Eine solche Verbindung befriedigte Venus nicht. Sie verkörperte das sinnlich-leidenschaftliche Ideal. Deshalb suchte sie sich mit Vorliebe feurige Liebhaber wie den Kriegsgott Mars. Ihre Leidenschaft ließ sie auch an allen Kämpfen und Intrigen der Götterwelt teilhaben. Sie war keinesfalls die naive, unbedarfte Schönheit, die das heutige Venusbild bisweilen vermittelt. Wer sie verehrte, konnte sich auf ihre Unterstützung verlassen; wer sich ihr jedoch widersetzte oder ihre Liebe verschmähte, wurde unerbittlich bestraft. Sie war eine Göttin, die wertete und bewertete. ■

Das, was die Merkur-Fähigkeiten aufgenommen haben, wird von der Venus einer Wertung unterzogen: »Kann man das essen?« – »Schmeckt das?« – »Was kann ich damit machen?« Solche Fragen machen deutlich, welche wichtige Rolle die Venus für die kindliche Entwicklung spielt, auch wenn sie selbst keine Kindheit hatte. Venus-Eigenschaften treten beim Kind, lange bevor es eigene Entscheidungen artikulieren kann, in Erscheinung. Beim Essen ist es am offenkundigsten. Sobald die Nahrungsaufnahme über das Stillen hinausgeht, das dem Mond zugeordnet ist, kommt Venus ins Spiel. Sie hat Vorlieben und Abneigungen; etwas schmeckt gut und anderes weniger. Der Geschmack bezieht bald auch die Kleidung mit ein. Dabei zeigt sich nach meiner Erfahrung früh, dass die Venus-Eigenschaften bei Mädchen ausgeprägter zum Vorschein kommen. Wenn Mädchen – vielleicht zum Schrecken der Eltern – bereits im Kleinkindalter einen großen Eigensinn bei der Auswahl der Kleidung an den Tag legen und ein besonderes Bedürfnis entwickeln zu gefallen, dann ist das nicht unbedingt ein Hinweis auf eine verfehlte Erziehung, die das Mädchen hat eitel werden lassen.

Es kann auch mit einer prägnanten Venus-Stellung im Horoskop zusammenhängen. Die daraus möglicherweise resultierenden Konflikte werden entschärft, wenn die Eltern das Verhalten als persönlichen Charakterzug akzeptieren. Gleiches gilt für Vorlieben und Abneigungen beim Essen. Dem Kind unnötigerweise etwas aufzuzwingen kann ein früher Angriff auf sein Selbstwertgefühl sein, denn es wird ihm dann immer schwer fallen, dem zu vertrauen und zu dem zu stehen, was es spürt.

Über die Venus im Horoskop erhalten wir auch Auskunft darüber, wie das Kind seiner Kreativität und Ästhetik Ausdruck verleiht, auf welche schöpferischen Impulse es anspricht und wie es sie umsetzt. Mit einer stark gestellten Venus werden Mädchen wie Jungen frühzeitig kreativ sein, werden mit Farben spielen, modellieren oder andere Wege finden, ihr künstlerisches Talent auszudrücken. Auch das sollte keinesfalls unterdrückt werden, vielleicht weil sich pragmatisch-zielgerichtete Eltern daran orientieren, dass Kunst in der Schule nur eine untergeordnete Rolle spielt und die Noten dabei zumeist weniger gelten. Sie beschneiden damit nicht nur die künstlerischen Fähigkeiten des Kindes. Wird die natürliche Kreativität in den ersten Jahren gefördert, entsteht eine Basis für ein gesundes Selbstwertgefühl, denn dadurch gewinnt das Kind Vertrauen zu seinen gestalterischen Fähigkeiten – eine wichtige Voraussetzung für Erfolg in allen Lebensbereichen.

Venus-Qualitäten sind für Mädchen und Jungen wichtig

Vollends zum Durchbruch kommt Venus während der Pubertät, wenn Mädchen und Jungen ihre geschlechtsspezifischen Rollen annehmen. Dann ist offenkundig, wie viel vertrauter Mädchen mit den Venus-Qualitäten umgehen. Die Stellung der Venus ist der Schlüssel für ihre Identität als Angehörige des weiblichen Geschlechts.

Bei jungen Männern gehört viel Sensibilität dazu, Venus-Eigenschaften zu spüren und zu entwickeln. Das sollte von den Eltern besonders gefördert werden. Schließlich geht es bei Venus auf der allgemeinen Ebene – wie der Mythos lehrt – nicht um eine geschlechtsspezifische Zuordnung, sondern um das Thema Selbstwert. Was tut mir gut? Wo entwickele ich ein Gefühl dafür, dass ich etwas wert bin? Nur wenn die Basis für das Selbstwertgefühl gelegt ist, kann auch Selbstbewusstsein entwickelt werden. Ist die Venus – und damit das Selbstwertgefühl – unterentwickelt, reduziert sich das Selbstbewusstsein häufig auf äußere Rituale in einer Gruppe Gleichgesinnter, was bisweilen an Bushaltestellen, auf Parkbänken oder in der Diskothek zu beobachten ist.

Mars oder: Wie setze ich mich durch?

Als letzten der persönlichen Planeten integriert das Kind den Mars.

■ *Mythologisch scheint Mars (griech. Ares) dem Kind noch fremder als die Venus, denn er war der Gott des Krieges. Er erschien zumeist auf einem Streitwagen, der von zwei Pferden mit den Namen Schrecken und Furcht gezogen wurde. Seine Leidenschaft war der wilde, ungezügelte Kampf mit viel Blutvergießen. Er war kein Stratege, der mit einem taktischen Plan in den Kampf zog, sondern der Hitzkopf mit roher und unbändiger Kraft. Auch außerhalb des Schlachtfeldes war er aufbrausend, streitsüchtig und leidenschaftlich, was sich nicht zuletzt in zahlreichen Liebesaffären niederschlug. Bei Göttern und Menschen war er deshalb nicht sehr beliebt. Kultische Verehrung wurde ihm wenig zuteil.* ■

Im Kleinkindalter tritt die Mars-Energie zum ersten Mal auf, wenn das Kind aus eigener Kraft ein Ziel erreichen will. Das beginnt mit dem Krabbeln, wenn es den Impuls hat, sich auf etwas hinzubewegen und das ungeachtet aller Widrigkeiten auch durchsetzt. Eine besonders marsische Phase ist das Zahnen. Dann spürt das Kind, wie mit Schmerz und Gewalt etwas zum Durchbruch kommt, das nicht aufgehalten werden kann, und am Ende, wenn alles überstanden ist, das eigene Potential erheblich erweitert.

Auch die Trotzphase, Wutausbrüche und Nein-Sagen werden dem Mars zugeordnet. Die konkrete Stellung im Horoskop verrät viel darüber, wie intensiv ein Kind diese Phasen durchlebt und welche Möglichkeiten die Umwelt hat, damit zurechtzukommen und extreme Auswirkungen abzumildern.

Der Mars steht für Tatkraft

Wenn die kriegerischen Marsbilder einmal beiseite gelassen werden und ihr darunter liegender symbolischer Gehalt ins Zentrum rückt, dann kann ein Kind gar nicht früh genug beginnen, seine Mars-Qualitäten zu entwickeln. Die Eltern sollten dem keine Hindernisse in den Weg legen, sonst besteht die Gefahr, dass die unbewussten, unkontrollierten Aspekte in den Vordergrund drängen. Direkte Gewaltanwendung ist eine der möglichen Formen. Zudem betrachtet Mars Hindernisse als besondere Herausforderung.

Beim Mars geht es darum, Tatkraft zu entwickeln und auf Ziele hinzuarbeiten, sich durchzusetzen, auch in einer Umgebung, die nicht immer wohlgesonnen ist. In der Pubertät entwickeln vor allem die heranwachsenden Männer die Mars-Eigenschaften. Das fällt ihnen umso leichter, je bewusster sie bereits die Venus-Eigenschaften integriert haben, also ein gutes Selbstwertgefühl besitzen. Ist das nicht der Fall, besteht die Gefahr, dass der Mars in seiner unbewussten – manche Astrologen sprechen auch von der unerlösten – Seite gelebt wird. Dann tritt der Angeber, der Macho oder gar Brutalo auf, der meint, rohe Gewalt oder zumindest ein aufgeblasenes Gockelgehabe sei das beste Mittel, Eindruck zu machen und sich zu behaupten.

Für heranwachsende Frauen gilt Ähnliches. So, wie es eine anspruchsvolle erzieherische Aufgabe ist, Venus-Eigenschaften beim Jungen zur Entfaltung zu bringen, so ist es ebenso wichtig, Mars-Eigenschaften bei Mädchen zu fördern, ihnen nahe zu bringen, ihre Interessen zu verteidigen und nicht beim ersten Widerstand aufzugeben, ihren eigenen Willen zu stärken und sie anzuspornen, sich durchzusetzen. Auch bei jungen Frauen ist ein gesundes Selbstwertgefühl – die gut entwickelte Venus – eine gute Voraussetzung, um die Mars-Qualitäten zu entwickeln.

Im Gesamtzyklus des Lebens dominiert die Mars-Phase mit dem einundzwanzigsten Lebensjahr, wenn die relativ behütete Zeit im Elternhaus in der Regel vorbei ist und Männer und Frauen gefordert sind, sich mit Tatkraft und Energie ihren Platz im Leben zu erkämpfen. Haben Frauen die Mars-Energien in ihrem Horoskop nicht entwickelt, besteht eine weit verbreitete Art der Kompensation darin, sie auf den Partner zu projizieren. Das heißt, sie suchen sich einen Partner, der besonders tatkräftig, selbstbewusst oder aggressiv auftritt. Viele Paare sind dafür ein geradezu klassisches Beispiel.

Mars und Venus sollten gleich stark entwickelt sein

Zum Schluss von Venus und Mars noch ein Gedanke zu der Diskussion darüber, was am geschlechtsspezifischen Verhalten anerzogen und was angeboren ist. Offenkundig tun sich Mädchen während der gesamten Kindheit mit den typischen Venus-Qualitäten ausgesprochen leicht. Ebenso offenkundig legen Jungen bereits im frühen Alter typische Mars-Qualitäten an den Tag. Ich kenne viele Eltern mit einem hohen emanzipatorischen Anspruch, die versuchen, gegen diese Wesenszüge anzugehen. Das Ergebnis ist in nahezu allen Fällen ernüchternd und frustrierend. Offensichtlich hat ein als Mädchen geborenes Kind andere Schwerpunkte und andere Voraussetzungen als ein Kind, das als Junge geboren ist. Das festzustellen ist weder antiquiert noch patriarchal gefärbt. Eine sexistische Wertung liegt vor, wenn die Mars-Eigenschaften als besonders wertvoll und die Venus-Eigenschaften als weniger wichtig erachtet werden. Dass eine patriarchale Gesellschaft eine solche Wertung aufstellt, liegt in der Natur der Sache. Die Astrologie tut es nicht. Aus dem oben Gesagten ergibt sich notwendig, dass beide Planetenenergien ihren gleichberechtigten Platz in einer ganzheitlichen Persönlichkeit – egal ob Frau oder Mann – beanspruchen. Ja, sie bedingen sich gegenseitig. Die Astrologie kann eine großartige Hilfe sein, das Bewusstsein dafür bereits in der Kindheit zu wecken.

Der Einfluss der Elemente

Die Schwierigkeit einer jeden astrologischen Abhandlung besteht darin, die allgemeinen Erkenntnisse auf ein konkretes Horoskop zu übertragen. Wie sich die Energien von Merkur, Venus und Mars (sowie aller anderen Planeten) im Einzelnen äußern, kann nur in einer unmittelbaren Beratung erfasst werden. Die Stellung in den Zeichen, in den Häusern sowie die Aspekte zu den anderen Planeten ergeben das individuelle Gesamtbild. Die allgemeine Darstellung der Planeten mit ihrer Prägung in den zwölf Zeichen bekommt leicht etwas von einem Rezeptbuch. Beim Mond wurde das vorgenommen, weil er die

Basis für das Verständnis des Kindes ist. Jedoch reicht es im Weiteren nicht, einfach nachzuschlagen, wie Merkur, Venus oder Mars gefärbt sind, und sich so die eigene Arbeit mit dem Horoskop zu ersparen. Um nun einen besseren Eindruck von dieser sehr spannenden »Arbeit« zu vermitteln und konkret zu zeigen, wie sich die unterschiedliche Färbung der persönlichen Planeten auswirkt, werden sie im Folgenden in den Elementen dargestellt. Wie die spezielle Prägung der Planeten Merkur, Venus und Mars aussehen kann, soll anhand dreier prominenter Beispiele verdeutlicht werden. Das ist gleichzeitig eine Aufforderung an alle, die sich mit dem Horoskop eines Kindes – und dem eigenen – befassen, selbst zu schauen und zu kombinieren, welche Elemente im betreffenden Geburtshoroskop vorherrschen, statt lediglich abzufragen, was die Planeten in den einzelnen Zeichen bedeuten.

Merkur in den Elementen

Feuermerkur

Die Zeichen Widder, Löwe und Schütze bilden das Feuerelement. Steht der Merkur dort, begegnet das Kind der Welt ausgesprochen wach und interessiert. Der Drang zu forschen und Neues auszuprobieren bricht sich frühzeitig Bahn; ebenso wichtig ist die Kontaktaufnahme mit anderen Kindern. Dabei können allerdings Enthusiasmus und Desinteresse nahe beieinander liegen. Eine neue Bekanntschaft in der Krabbelgruppe oder auf dem Spielplatz, die gestern noch für Begeisterung gesorgt hat, kann heute schon fast vergessen sein. Für Eltern mag ein solches Verhalten schwer nachvollziehbar sein; für den Feuermerkur ist es ganz natürlich und sollte ohne Bewertung akzeptiert werden.

Beim Lernen ist der Feuermerkur in der Regel leicht zu begeistern. Sich Neues anzueignen und damit seinen vertrauten

Horizont zu überschreiten ist für ihn eine großartige Erfahrung. Schon im Kleinkindalter kann die Welt gar nicht groß genug sein. Hinter jedem Erlernten tut sich immer wieder Neues auf und noch etwas und noch etwas. Wie spannend doch das Leben ist! Wenn das Kind das Schulalter erreicht hat und die Merkureigenschaften stärker das Gesamtbild prägen, verblüfft der Feuermerkur durch seine Schlagfertigkeit, Spontaneität, Aufgeschlossenheit und Gradlinigkeit.

Die Gefahren, denen sich der Feuermerkur ausgesetzt sieht, bestehen in Atemlosigkeit, Kurzatmigkeit, Ungeduld, Rechthaberei und Besserwisserei. Wenn er mit all seinem Enthusiasmus nicht bald Resultate erzielt oder die Umwelt seine geistigen Leistungen und schöpferischen Ideen nicht entsprechend würdigt, kann schnell Enttäuschung aufkommen und eine große Lustlosigkeit macht sich breit. Der Feuermerkur fordert viel von den Eltern. Sie tun gut daran, sich auf diese Herausforderung einzulassen und dem Kind gleichzeitig auf spielerische Art beizubringen, dass manchmal auch ein langer Atem und Strukturen wichtig sind, um das Ziel zu erreichen.

Erdmerkur

Der Merkur in den Erdzeichen Stier, Jungfrau und Steinbock wirkt auf den ersten Blick eher unauffällig. Seine Art, mit der Umwelt in Kontakt zu treten und sich Neues anzueignen, ist wenig spektakulär, aber grundsolide. Von allen Elementen ist bei ihm das Bedürfnis am ausgeprägtesten, über direktes Greifen die Welt zu be-greifen. Wahrnehmung, Aneignung von Neuem geschieht am leichtesten über den Umgang mit möglichst konkreten materiellen Dingen.

Der Erdmerkur interessiert sich frühzeitig dafür, welchen Nutzen das neu erworbene Wissen hat. Bringt es ihn weiter, ist das die größte Motivation, den einmal begonnenen Weg fortzusetzen. Wenn Sprechen also hilft, sich den Eltern besser verständlich zu machen, dann ist das ein guter Grund, Sprechen zu üben. Wenn Lesen hilft, unabhängig von den Erwachsenen interessante Informationen aufzunehmen, dann ist das ein guter Grund, sich im Lesen zu üben. Der Erdmerkur wird nicht ganz so leicht und schnell Neues aufnehmen wie der Merkur im Feuer- oder Luftzeichen, doch das, was er sich aneignet, geschieht gründlich. Deshalb kann er sich auf das einmal erworbene Wissen verlassen und im Umgang damit entwickelt er zumeist ein gutes Selbstvertrauen.

Im Kontakt mit der Welt mag sich der Erdmerkur zunächst schwerer tun. Die neuen Eindrücke, die anderen Kinder oder Menschen scheinen ihn manchmal zu überfordern. Deshalb entwickelt er vermutlich ein größeres Bedürfnis nach Rückzug. Die Eltern können jedoch sicher sein, dass er sich damit nicht entzieht, sondern sich nur Raum nimmt, um seine Eindrücke zu verarbeiten. Hat er sich für einen bestimmten Kontakt entschieden, ist damit die Basis für eine solide Freundschaft gelegt. Die mangelnde Begeisterungsfähigkeit, die der Erdmerkur im Vergleich mit dem Feuermerkur ausstrahlen mag, hat nichts mit fehlender Hingabe an eine Sache oder einen Partner zu tun.

Der Erdmerkur läuft allerdings Gefahr unterschätzt zu werden, weil er langsamer agiert. Das kann negativ bewertet werden in einer Gesellschaft, in der alles möglichst schnell gehen muss. Die Herausforderung für die Eltern besteht darin, sich in Geduld zu üben und dem Kind auch dann die Zeit für seine Erfahrungen zu geben, wenn andere Kinder scheinbar schon weiter sind. Nachhaltig gefördert wird das Kind, wenn es den Eltern gelingt, seine Begeisterung für eine Sache zu entfachen, statt etwas einzufordern.

Luftmerkur

Im Luftelement fühlt sich Merkur besonders zu Hause. Dazu gehören die Zeichen Zwillinge, Waage und Wassermann. Der Luftmerkur nimmt alle Anregungen aus der Umgebung gern auf. Er wird vermutlich früh und leicht mit dem Sprechen beginnen. Rasch erweitert er seinen Wortschatz und drückt sich differenziert und originell aus. Nicht nur beim Erwerb der Sprache erweist sich der Luftmerkur als wissensdurstig und neugierig. Auch was die Welt sonst noch zu bieten hat ist spannend und interessant. Anderen begegnet er offen und freundlich. Er verfügt zumeist über ein diplomatisches Geschick, das er einsetzt, um Meinungsverschiedenheiten zu schlichten und Differenzen auszugleichen.

Der Schulbeginn ist für den Luftmerkur eine großartige Gelegenheit, sich neues Wissen anzueignen. In der Regel wird er zu den besonders wachen, interessierten Schülern gehören, mit denen es Lehrer relativ leicht haben. Auch das Interesse an Technik und neuen Erfindungen dürfte recht ausgeprägt sein.

Die Gefahr für den Luftmerkur besteht in Oberflächlichkeit und Kurzatmigkeit. Wenn Sachverhalte komplizierter werden und sich Lernerfolge nicht gleich einstellen, kann es schwer für ihn werden, die nötige Ausdauer aufzubringen. Ihn darin zu unterstützen ist eine wichtige Verantwortung für die Eltern. Im Kontakt mit anderen tritt er manchmal zu nachgiebig auf. Vor allem der Merkur in der Waage, aber auch in den Zwillingen will es gern allen recht machen. Auch dann zu der eigenen Meinung zu stehen, wenn die Umgebung sie nicht teilt, ist für einen jungen Luftmerkur nicht einfach.

Wassermerkur

In den Wasserzeichen Krebs, Skorpion und Fische wird Merkur nicht so schnell wahrgenommen wie im Feuer- und Luftelement. Dem Wassermerkur fällt es dann leicht, in Kontakt mit der Welt zu treten und Neues aufzunehmen, wenn er gefühlsmäßig damit in Einklang steht. Ohne eine emotionale Basis lässt sich der Wassermerkur nur schwer auf das Lernfeld Leben ein. Fühlt er sich jedoch daheim, in der Krabbelgruppe, im Kindergarten oder in der Schule geborgen und verbindet ihn ein herzliches Verhältnis zu den Eltern oder Erziehungspersonen, dann hat der Wassermerkur die richtige Umgebung, um seinen Horizont zu erweitern. Er zeichnet sich durch eine lebendige Phantasie aus. Sie ermöglicht es ihm schon früh, aus Begriffen und Erklärungen Bilder zu entwickeln und die Welt dadurch zu begreifen. Das, was sich der Wassermerkur einmal angeeignet hat, gehört zu seinem Wissensschatz. Es ist gefühltes, vielleicht sogar gelebtes Wissen. Oberflächlichkeit ist seine Sache nicht.

Die Gefahr für den Wassermerkur besteht darin, sich dem Lernen zu entziehen, wenn die emotionalen Umstände nicht ideal sind. Niemand kann Kindern die Umgebung immer so gestalten, dass sie sich wohl fühlen. Es mag Klassenkameraden oder auch Lehrer geben, die unsensibel auf die Anforderungen eines Wassermerkurs reagieren. Zudem haben selbst achtsame Eltern das Recht, einmal nicht ausgeglichen und gut gelaunt zu sein. Wenn er sich dann verweigert und dieses Kindheitsmuster prägend wird, kann er sich um wichtige Lernerfahrungen bringen. Aufgabe der Eltern und Erziehungspersonen ist es, der überzogenen Emotionalität bei der Wissensaufnahme zu begegnen und dem Kind die Erfahrung zu vermitteln, dass sich Lernen und Kontakteknüpfen auch dann lohnen, wenn die Stimmung nicht ganz wie gewünscht ist.

Wie sich ein stark gestellter Merkur im Kindesalter auswirken kann, zeigt das Beispiel des Dalai Lama, des religiösen und weltlichen Oberhaupts der Tibeter. Sein Merkur steht in den Zwillingen, die Häuserstellung ist unbekannt, denn es kursieren unterschiedliche Geburtszeiten über ihn, die eine genaue Berechnung unmöglich machen. Als Kind wurde er getrennt von seiner Familie von Mönchen erzogen. Sie legten großen Wert darauf, ihn in die geistige Tradition des Buddhismus einzuführen, und diese Schule war hart. Dabei gelang es seinen Erziehern jedoch nicht, die durch den Luftmerkur ausgeprägte Neugierde an weltlichem Wissen und technischen Dingen zu unterdrücken. Seine Biografin Mary Craig schreibt darüber: »Er studierte eifrig eine kleine Zeitung namens *Tibet Mirror* ... Ganz besonders interessierte ihn der Verlauf des Zweiten Weltkrieges. Er liebte die Abbildungen der Panzer, Lastwagen, Jeeps und Flugzeuge. Als die britische Handelsmission von seiner Begeisterung erfuhr, schickte sie ihm die Hefte der *Illustrated London News* und die Illustrierte *Life* ... Kundun (Anm.: Bezeichnung für den Dalai Lama) beschloss daher, im Selbstunterricht Englisch zu lernen. In den Magazinen des Potala (Anm.: sein Winterpalast) hatte er kistenweise modrige Schulbücher gefunden, mit denen er nun büffelte.

Seine Wissensdurst richtete sich nicht nur auf Bücher. Schon immer hatten ihn Maschinen interessiert, und die Abbildungen in den Illustrierten gaben seiner Phantasie zusätzliche Nahrung ... Dann erinnerte er sich der zwei alten Autos, ... die im Norbulingka (Anm.: sein Sommerpalast) vor sich hinrosteten. Er versicherte sich der Hilfe eines jungen Tibeters, der in Indien Autofahren gelernt hatte. Sie benutzen einen der beiden Austins als Ersatzteillager und brachten damit den zweiten wieder in Gang ...«[8]

Venus in den Elementen

Feuervenus

Venus symbolisiert, wie bereits ausgeführt, die Werte und Vorlieben, die wir entwickeln, darunter den Selbstwert, und zwar beim Mann ebenso wie bei der Frau. Ein Kind mit Venus in einem Feuerzeichen (Widder, Löwe, Schütze) entwickelt früh eine leidenschaftliche Vorstellung von dem, was es mag, und es lehnt mit der gleichen Inbrunst das ab, was es nicht mag. Die Feuervenus liebt die Theatralik. Bekommt sie einmal nicht, was sie will – sei es beim Essen, bei der Kleidung oder beim Spielzeug –, dann initiiert sie gern ein kleines Drama. Zum Glück ist sie aber in der Regel nicht nachtragend. Wenn die Eltern noch über die Ursache des Gefühlsausbruchs nachdenken, kann sich die Feuervenus womöglich gar nicht mehr daran erinnern.

In der Kleidung und im künstlerischen Ausdruck fällt die Feuervenus gern auf. Sie liebt kräftige Farben und Extravaganz. Dabei entwickelt sie frühzeitig ihren eigenen Geschmack, der die Umgebung in Bewunderung versetzt. Sie genießt es, im Mittelpunkt zu stehen; es gehört zu ihrer Identität.

Den Eltern obliegt es, hier das richtige Maß zu finden. Wenn die Feuervenus, die vielleicht noch besonders kreativ und begabt ist, permanent bewundert wird und im Mittelpunkt steht, kann ein gesundes Selbstwertgefühl in Arroganz und Überheblichkeit umschlagen, insbesondere bei der Venus im Löwen. Dann ist es für die Person schwierig, befriedigende Beziehungen einzugehen oder überhaupt das Publikum zu finden, das sie aus ehrlicher Überzeugung heraus bewundert. Für Eltern mit einem emanzipierten Erziehungsanspruch könnte es verlockend erscheinen, einer ausgeprägten Feuervenus ständig eine Bühne zu bieten. Sie müssen sich jedoch vergegenwärtigen, dass jedes übersteigerte Planetenprinzip die Gesamtentwicklung der Persönlichkeit hemmt.

In der Pubertät drückt die Feuervenus ihre Zuneigung selbstbewusst, spontan und offen aus. Trifft sie damit auf Gleichgesinnte, kann schnell eine leidenschaftliche Verbindung entstehen, die großen Raum für Kreativität und schöpferische Impulse bietet. Hat der oder die Auserwählte indes eine andere Betonung der Elemente, etwa viel Wasser oder Erde, kann ein solch offensives Verhalten eher Angst und Rückzug hervorrufen.

Der Feuervenus fällt es schwer, ihr eigenes Verhalten zu relativieren. Wieso sollten andere nicht genauso empfinden wie sie? Auch hier ist es die Aufgabe von Eltern und Erziehungspersonen, der Feuervenus rechtzeitig deutlich zu machen, dass nicht alle Menschen gleich empfinden, ohne dabei ihr Vertrauen in die eigenen Gefühle zu untergraben.

Erdvenus

Die Erdvenus (Stier, Steinbock, Jungfrau) tritt in der Außenwelt unscheinbarer auf als die Feuervenus. Allerdings weiß auch sie sehr gut, was sie will. Das beginnt bereits bei der Nahrungsaufnahme. Was die Erdvenus einmal lieb gewonnen hat, möchte sie immer wieder genießen. In dem, was sie nicht mag, ist sie ebenso klar. Sie wird es nicht mit feuriger Theatralik ablehnen, aber durchaus entschieden. Auch wenn die Erdvenus kein Drama um ihre Abneigungen macht, sollten die Eltern die Signale erkennen und akzeptieren, um eine gute Basis für das Selbstwertgefühl der/des Heranwachsenden zu legen.

Bei Kleidung und Spielzeug ist die Erdvenus vermutlich nicht ganz so wählerisch, der Umgang mit ihr also nicht ganz so nervenaufreibend. Überhaupt entwickelt die Erdvenus frühzeitig einen gewissen Pragmatismus. Geschätzt wird, was konkrete Resultate zeigt. Ein goldenes Glitzerkostüm mag schön aussehen, aber davon lässt sich eine Erdvenus nicht blenden. Wahrscheinlich trägt es sich ganz unbequem. Im Stier entwickelt die Venus ein hohes Maß an Ästhetik und Sinn für Schönheit, doch braucht sie kein großes Publikum, um ein Gespür für den eigenen Wert zu bekommen.

In der Pubertät benötigt die Erdvenus Zeit, um Zuneigung ausdrücken zu können, wenn auch das Interesse am Gegenüber ausgeprägt sein kann. Sie mag nach außen sogar gehemmt und verschlossen erscheinen und kurze Abenteuer ablehnen. Verbindlichkeit und Ernsthaftigkeit sind wichtige Voraussetzungen bei jedem näheren Partnerkontakt. Auch hier geht der Stier wieder einen eigenen Weg. Zwar schätzt die Stiervenus Zuverlässigkeit und Treue, doch ebenso liebt sie die Körperlichkeit, um ihren Gefühlen Ausdruck zu geben. Findet sie ein entsprechendes Gegenüber, kann sie ein besonders Maß an Sinnlichkeit und Zärtlichkeit entwickeln.

Dagegen benötigt ein Kind mit Venus in Jungfrau oder Steinbock von den Eltern nicht erst in der Pubertät bisweilen einen Anstoß, um die venusischen Fähigkeiten zum Ausdruck zu bringen. Die Neigung zum nüchternen Pragmatismus ist in beiden Zeichen groß. Das ist eine schlechte Basis für die Göttin der Liebe, der Ästhetik und des Selbstwerts. Doch auch bei diesen Kindern gehört die Venus zur Gesamtpersönlichkeit und will beachtet werden.

Luftvenus

Die Venus in den Luftzeichen (Zwillinge, Waage, Wassermann) bevorzugt andere Gebiete als die Feuer- und Erdvenus, um ein Gefühl für Selbstwert, Ästhetik und Zuneigung zu entwickeln. Entscheidend für die Luftvenus sind die Kontakte zu anderen Kindern oder Erwachsenen. Hier wählt sie frühzeitig aus, auf wen sie sich einlässt und wen sie ablehnt. Für die Luftvenus ist Kommunikation unverzichtbar. Wenn sie ihren Vorlieben – egal in welchem Bereich – verbal Ausdruck verleiht, sollten die Eltern immer ein offenes Ohr dafür haben. Der Luftvenus reicht es nicht, ein bestimmtes Gefühl für etwas entwickelt zu haben; sie muss es mitteilen können, sonst fehlt ihr etwas und das beeinträchtigt ihr Selbstwertgefühl. Weniger luftbetonten Eltern mag das seltsam erscheinen, doch ist es wichtig, die eigenen Verhaltensweisen zu relativieren. Genau das fällt einer Luftvenus recht leicht. Sie kann sich schon früh vorstellen, dass andere Kinder andere Vorlieben haben und nicht alle gleich sind.

In der Pubertät wird die Luftvenus mit viel Neugierde und Offenheit auf das Gegenüber zugehen, doch der Kontakt mag lange auf einer eher oberflächlichen Ebene stehen bleiben oder vom Kopf gesteuert sein. Bevor die Luftvenus eine wirkliche Wahl trifft, möchte sie ausprobieren und experimentieren. Das fällt ihr nicht schwer, denn sie versteht es, charmant und unterhaltsam zu sein. Sich wirklich einzulassen ist jedoch eine Herausforderung, der sich die Luftvenus das ganze Leben ausgesetzt sieht. Ein Gegenüber, das das verdient, muss hohe Ansprüche erfüllen und Widersprüche ertragen können. »Halt mich, aber rühr mich nicht an« ist ein Motto der Venus in den Zwillingen. Und der Partner sollte auch nach rationalen Erwägungen eine gute Partie sein.

So leicht es der Luftvenus fällt, andere zu beeinflussen, so leicht lässt auch sie sich aufgrund ihrer kommunikativen Art und ihres Verständnisses für andere selbst beeinflussen. Eltern, die rigide Vorstellungen von Richtig und Falsch oder Gut und Schlecht haben, könnten sich verleiten lassen, dem Kind frühzeitig die eigenen Wertvorstellungen aufzunötigen. Das erspart schließlich viele Konflikte. Sie werden gewiss auf weniger Widerstand stoßen als bei einer Feuer- oder Erdvenus; der Entwicklung ihres Kindes tun sie damit jedoch keinen Gefallen. Auch eine offene und verständnisvolle Luftvenus benötigt einen Rahmen, in dem sie die eigenen Werte entfalten kann. Sonst fällt es im Erwachsenenalter schwer, Selbstwertgefühl zu entwickeln. Sie läuft dann Gefahr, sich in ihrem Selbstwert über die Meinung der anderen zu definieren.

Wasservenus

In den Wasserzeichen (Krebs, Skorpion, Fische) benötigt die Venus viel Sensibilität, um sich der eigenen Werte bewusst zu werden. Das Kind empfindet sehr tief. Nahrung, Kleidung, Spielzeug oder was ihm sonst begegnet sind nie nur Nahrung, Kleidung oder Spielzeug. Immer geht es auch darum, sich der Gefühle der anderen zu vergewissern und den eigenen Gefühlen Ausdruck zu verleihen. Beim Essen ist es wichtig, die Liebe der Mutter oder des Vaters zu spüren und nicht nur das Hungerbedürfnis zu stillen. Wenn das Essen mit viel Liebe zubereitet wird, dann schmeckt der Wasservenus beinah alles. Im Kontakt mit anderen Kindern ist die Wasservenus wählerisch, denn sie entscheidet nur aufgrund ihrer Gefühle. Trifft sie auf ein Kind, das einsam ist und niemanden zum Spielen hat, wird sich ihr Mitgefühl regen und sie wird sich vielleicht deshalb darauf einlassen; eine Basis für eine Freundschaft ist das jedoch nicht. Aufgrund der hohen Ansprüche an die emotionale Übereinstimmung macht sich die Wasservenus das Leben bisweilen schwer. Hat sie jedoch einmal Freundschaft geschlossen, ist auf sie Verlass, und sie kann eine außergewöhnliche Intensität entwickeln.

Damit sich die Wasservenus bei der Entwicklung ihrer eigenen Werte nicht zu sehr von der Außenwelt abhängig macht, benötigt sie frühzeitig Orientierung und Unterstützung. So kann sie lernen, auf die eigene Stimme zu hören und ihr zu vertrauen.

In der Pubertät entwickelt die Wasservenus große Sehnsucht nach einem Gegenüber. Doch hat sie häufig Schwierigkeiten, sich konkret auf jemanden einzulassen. Sie ist stets in Versuchung, Bilder eines Traumprinzen oder einer Traumfrau zu entwerfen. Wenn sie den konkreten Partner daran misst und es ihr nicht gelingt, zwischen Traum und Wirklichkeit zu unterscheiden, läuft sie Gefahr, im Alltag enttäuscht zu werden. Die Desillusionierung kann dazu führen, sich immer mehr in einer Traumwelt zu verlieren. Dann sind die Eltern und Erziehungspersonen gefordert, ihr die Illusionen vor Augen zu führen und sie wieder mit der Realität in Kontakt zu bringen. Wenn es der Wasservenus jedoch gelingt, den Traumpartner konkret zu finden, dann ist sie äußerst hingebungsvoll, intensiv und leidenschaftlich.

Eine permanente Herausforderung für Eltern eines Kindes mit Wasservenus besteht darin, ihm etwas von der »Leichtigkeit des Seins« zu vermitteln. Die Gefühlsbetonung und die Intensität, mit der die Wasservenus dem Leben begegnet und das eigene Wertesystem aufbaut, lässt häufig wenig Raum für einen spielerischen Umgang mit den Dingen des Alltags. Es hilft der Wasservenus deshalb sehr, wenn sie frühzeitig lernt, hin und wieder aus der Leichtigkeit heraus zu leben.

Das jüdische Mädchen Anne Frank war in ihrem kurzen, tragischen Leben dabei, die Venus-Qualitäten auf besondere Art zu entfalten. Die Venus stand bei ihr im Stier. Kurz vor ihrem dreizehnten Geburtstag musste sich ihre Familie in einem Amsterdamer Hinterhaus vor den deutschen Besatzungstruppen verstecken. Nach über zwei Jahren, kurz vor der Befreiung von den Nazis, wurde die Familie verraten und in die Vernichtungslager deportiert, wo Anne im März 1945 starb. In dem inzwischen weltberühmten »Tagebuch der Anne Frank« beschreibt sie, wie sie die Zeit in dem Versteck erlebte. Dazu gehört auch eine schonungslos offene Schilderung der neuen Empfindungen, die durch die Pubertät in ihr ausgelöst wurden. Sie dokumentiert die Sinnlichkeit der Stier-Venus, die dazu noch in der Nähe des MC steht, sowie die Neugierde der erwachenden Zwillinge-Sonne: »Ich würde Peter gern fragen, ob er weiß, wie ein Mädchen eigentlich aussieht. Ein Junge ist von unten, glaube ich, nicht so kompliziert gestaltet wie ein Mädchen. Auf Fotos und Abbildungen von nackten Männern kann man doch sehr gut sehen, wie die aussehen, aber bei Frauen nicht ...

Ist es nicht für jedes Mädchen wichtig, wenn sie den ersten Kuss bekommt? Nun, bei mir ist es auch so ... Gestern Abend um acht saß ich mit Peter auf seiner Couch. Schon bald legte er seinen Arm um mich ... Er drückte mich fest an sich, meine Brust lag an seiner, mein Herz klopfte. Aber das war noch nicht alles. Er ruhte nicht eher, bis mein Kopf auf seiner Schulter lag und der seine darauf. Als ich mich nach ungefähr fünf Minuten etwas aufrichtete, nahm er meinen Kopf in die Hände und zog ihn wieder an sich. Oh. Es war so herrlich! Ich konnte nicht sprechen, der Genuss war zu groß ...«[9]

Mars in den Elementen

Feuermars

In den Feuerzeichen (Widder, Löwe, Schütze) ist der Mars zu Hause, das heißt, dort kann sich seine Energie am leichtesten entfalten. Der Feuermars wird bereits als Kleinkind beim Krabbeln, Laufen sowie in der Trotzphase seine Kraft zeigen. Er verlangt viel Bewegung und entwickelt großen Ehrgeiz, ein einmal gestecktes Ziel zu erreichen. Das Zahnen dürfte heftig, aber nicht allzu langwierig sein, ebenso die Reaktionen in der Trotzphase. Energische Wutausbrüche verschwinden häufig so schnell, wie sie gekommen sind, und der kleine Feuermars ist dabei nicht nachtragend. Auch im Kindergarten- und Schulalter tritt der Feuermars zielstrebig auf, doch ist Ausdauer nicht seine Stärke. Ein Ziel, das nicht aus einem spontanen Impuls oder mit einem kurzen, heftigen Energieeinsatz erreicht werden kann, wird für den Feuermars bald uninteressant. Das kann in der Schule zu Problemen führen. Deshalb ist es für die Eltern angebracht, frühzeitig auf spielerische Art die Ausdauer des Feuermars zu fördern.

In der Pubertät könnte der Feuermars zu einem typischen Macho, oder einer Macha, werden. Seine energische, manchmal auch rücksichtslose Art, seine Interessen zu verfolgen, wird auf genauso viel Bewunderung wie Ablehnung stoßen. In der Phase ist es wichtig zu lernen, dass auch ein noch so dynamischer Feuermars nur eine Stimme in dem Gesamtorchester Persönlichkeit ist. Wer das nicht verstanden hat, läuft Gefahr, immer heftigere, möglicherweise gewaltsame Mittel einzusetzen, wenn ihm Widerstand entgegengesetzt wird, statt einmal die Merkur-Qualitäten zu aktivieren und sich mit Diplomatie durchzusetzen. Zudem ist es spätestens in dieser Phase wichtig, Ausdauer zu entwickeln, damit er auch langfristige Ziele erreichen kann.

Tritt der Mensch mit einem Feuermars schließlich selbständig ins Leben, verfügt er über viel Tatkraft, eine gute Grundlage für Erfolg in Beruf und Privatleben, sofern er gelernt hat, sein großes Energiepotential kontrolliert einzusetzen.

Erdmars

Der Mars in den Erdzeichen (Stier, Jungfrau, Steinbock) wirkt unauffälliger als der Feuermars. Schon im Kleinkindalter tritt er bedächtiger auf, lässt sich mehr Zeit mit dem Krabbeln und Laufen und durchlebt die Trotzphase vermutlich weniger heftig. Hat er sich jedoch einmal eine Fähigkeit angeeignet, übt er sie beharrlich und verbessert sich ständig. Auch das Zahnen zieht sich vermutlich lange hin.

Der Ehrgeiz des Erdmars ist weniger offenkundig, aber tief im Innern nicht weniger ausgeprägt. Seine ruhige Art sollte deshalb nicht unterschätzt werden. Wenn die Umwelt seine Grenzen dauernd übertritt, kann er explodieren – und das dann viel nachhaltiger und nachtragender als der Feuermars.

In der Schule eignet sich der Erdmars das Wissen auf seine zurückhaltende, aber beharrliche Art an. Wenn er den Stoff verstanden hat, treibt ihn nicht der Impuls, es gleich allen kundzutun. Bei der nächsten Klassenarbeit werden die anderen schon sehen, wo er steht, und sich vielleicht wundern.

Ein solches Verhalten prägt auch die Pubertät. Der Erdmars tritt eher schüchtern und bedächtig auf und mag sogar spröde wirken. Die Rolle des feurigen Eroberers ist ihm fremd. Doch er weiß in der Regel, was er will. Wenn er ein Gegenüber findet, das sich nicht von großspurigem Auftreten blenden lässt, sondern die nüchternen, zuverlässigen Erdeigenschaften zu schätzen weiß, kann daraus eine tragfähige Partnerschaft werden, denn Treue schätzt der Erdmars sehr.

Lernen muss er vor allem, dass es bisweilen nicht reicht, nur das Richtige zu wollen. Hin und wieder ist er auch gefordert, mit seinem Können nach außen zu treten, seine Fähigkeiten zu verkaufen. Sonst darf sich der Erdmars nicht wundern, wenn andere die Nase vorn haben. Eltern eines Kindes mit einer solchen

Mars-Position sollten darauf achten, dass es nicht übertrieben bescheiden und zurückhaltend auftritt, sondern es darin unterstützen, sich selbstbewusst nach außen darzustellen.

Luftmars

Der Mars in den Luftzeichen (Zwillinge, Waage, Wassermann) entwickelt seine ganz eigene Art sich durchzusetzen. Kraftanstrengung beim Krabbeln oder Laufenlernen zählt nicht zu seinen großen Leidenschaften. Vermutlich wird er sich mit beidem Zeit lassen. Auch die Trotzphase wird er nicht so exzessiv durchleben wie der Mars in den anderen Elementen. Dagegen wird er früh entdecken, dass Ziele mit verbalen Mitteln leichter und schneller erreicht werden können als mit Körperkraft. Somit entwickelt er einen gesunden Ehrgeiz beim Erlernen der Sprache und er wird bald wissen, wie diese wunderbare Fähigkeit geschickt eingesetzt werden kann.

Im Gegensatz dazu dürfte der Ehrgeiz, seine körperlichen Kräfte mit anderen zu messen, nicht so ausgeprägt sein. Kann er aber seine geistige Stärke unter Beweis stellen, scheut er so schnell keinen Vergleich. Für den kleinen Luftmars sind dabei Spiele wie Memory ein schönes Übungsfeld. Streit mit Spielkameraden oder Ärger mit Erwachsenen geht er lieber aus dem Weg. Bei Meinungsverschiedenheiten kann man mit Diplomatie und einem beschwichtigenden Wort zur rechten Zeit schließlich viel mehr erreichen als mit Wut und Aggression. So erscheint der Luftmars recht frühreif und von dem eigentlichen Archetyp am weitesten entfernt. Dennoch hat er in der heutigen Gesellschaft gute Voraussetzungen, es weit zu bringen.

In der Pubertät wird der Luftmars mit seiner diplomatischen und charmanten Art ein beliebter Partner sein; nur er selbst mag wenig Neigung zeigen, sich allzu fest zu binden. Seine Leichtigkeit kann dann in Unverbindlichkeit umschlagen. Dem Luftmars reicht es gewöhnlich nicht, mit seiner geistigen Brillanz nur einer Partnerin oder einem Partner zu imponieren. Das

Publikum darf gern etwas größer sein und häufig wechseln. Dabei steht eine feste Bindung eher im Wege. Die Eltern eines Kindes mit Luftmars sollten ihm frühzeitig einen Eindruck davon vermitteln, dass es erstrebenswert sein kann, sich tiefer auf eine Aufgabe oder ein Ziel einzulassen.

Wassermars

Der Mars in den Wasserzeichen (Krebs, Skorpion, Fische) ist von allen der intensivste. Ihm wird sich vermutlich früh die Erfahrung einprägen, dass alles, was im Leben angestrebt wird, mit Schmerzen verbunden ist. Das Zahnen tut sehr weh, Krabbeln und Laufen sind anstrengend, aber die Umwelt verlangt es ja. Der Wassermars wird zumindest in der Kleinkindphase viel auf die Anregungen der Eltern und Erzieher geben. Dem, was von außen erwartet wird, kann er sich nur schwer entziehen.

Im freien Wettbewerb mit anderen Kindern, etwa in der Schule oder auf dem Spielplatz, verfügt der Wassermars über schlechte Ausgangsbedingungen. Seine Stärke ist weder die Körperkraft noch die geistige Überlegenheit. Es fällt ihm ebenfalls schwer, mit Nachdruck seine Interessen zu vertreten. Schreien oder gar körperliche Gewalt anzuwenden sind nicht seine bevorzugten Mittel. Deshalb wird er – ähnlich wie der Erdmars – leicht unterschätzt.

Bekommt er jedoch die richtige Unterstützung aus der erwachsenen Umgebung, wird er etwas sehr Wertvolles entdecken: seine großen seelischen Kräfte. Die sind im Kindesalter, das den Mars archaischer im körperlichen Kräftemessen lebt, noch nicht gefragt. Sie sind allerdings ein großes Potential, das ab der Pubertät zur Reife gebracht werden kann. Wenn der Wassermars Möglichkeiten findet, seine Qualitäten zu entfalten, dann ist er tiefgründig, empfindsam, leidenschaftlich, geheimnis- und phantasievoll. Solche Qualitäten werden zumeist erst auf den zweiten Blick erkannt, dann aber umso mehr geschätzt. In der Pubertät steht der Wassermars für die sprichwörtlichen stillen Wasser, die bekanntlich tief sind. Einmal mehr spricht das Partner und Partnerinnen an, die sich nicht von großen Worten und Gesten blenden lassen. Findet ein Wassermars indes keinen Zugang zu seiner Kraftquelle, erscheint er unentschlossen, antriebsschwach und unfähig sich durchzusetzen.

James Dean war ein herausragender Vertreter des Mars-Prinzips. Bei ihm stand der Planet der Tatkraft im Löwen. Sein dynamisches und rasantes Auftreten passt dazu ebenso wie seine Extravaganz und seine Vorliebe für schnelle Autos. Mit fünfzehn erhielt er sein erstes Moped und damit machte er die Umgebung unsicher, sogar die Tiere auf der Weide. Ein Abenteuer der Pubertät, das ihm besonders in Erinnerung geblieben ist, hat er einmal in einem Interview geschildert: »Ich hielt auf die Kühe zu und jagte ihnen einen höllischen Schrecken ein. Sie rasten davon, dass ihre Euter schwabbelten und sie literweise Milch verloren.«[10] Später spielten sich seine Abenteuer – ganz Löwe – auf der großen Bühne Hollywood vor einem Millionenpublikum ab. Dazu kommt beim Mars im Löwen noch eine Besonderheit: Der Löwe repräsentiert die ungestüme Jugend, in der es scheinbar keine Grenzen, keine Gesetze und keine Verantwortung gibt. James Dean hat immer die Rolle des jugendlichen Helden etwas außerhalb der Gesetze und Normen gespielt. Er ist aus der Löwe-Phase nicht herausgewachsen, um zur Reife zu gelangen. Als alten Mann hätte man sich ihn kaum vorstellen können. Allerdings hat dazu auch die Filmindustrie beigetragen. Sie wollte ihn nur in dieser Rolle und nicht als reifen Mann sehen. Es ist müßig, darüber zu spekulieren, ob er gezwungen war, sich dem anzupassen, oder ob er sich vollkommen damit identifiziert hat. Abgelegt hat er die Rolle jedenfalls nicht. Stattdessen starb er mit Vierundzwanzig in seinem Porsche bei einem spektakulären Autounfall, der Anzeichen eines Selbstmordes trug. Der Löwe-Mars wollte nicht erwachsen werden.

Zum Abschluss des Kapitels sei noch einmal betont, dass hier Archetypen beschrieben wurden, keine konkreten Personen. Die genaue Auskunft darüber, wie sich Merkur, Venus und Mars äußern, kann nur das individuelle Horoskop geben. Neben der Häuserstellung sind auch die Aspekte zu anderen Planeten sowie das Gesamtbild verantwortlich. Wer etwa den Mars im Stier hat – also im fixen Erdzeichen –, darüber hinaus aber stark vom Feuerelement und der kardinalen Qualität geprägt ist, mag als dynamische Gesamtpersönlichkeit erscheinen, die im Gegensatz zu den oben beschriebenen Eigenschaften eines Erdmars steht. Das spricht jedoch nicht gegen die Typologisierung; es spricht nur dagegen, sie ungefiltert auf eine konkrete Person zu übertragen.

Drachenschwanz, IC und AC

Schlüsselpunkte zum Kinderhoroskop

Neben dem Mond und den persönliche Planeten prägen drei Schnittpunkte das Verhalten eines Kindes im besonderen Maße. Es handelt sich bei ihnen nicht um sichtbare Himmelskörper, sondern um errechnete Positionen auf dem Tierkreis. Sie werden als Schnittpunkte zweier Achsen ermittelt.[11]

Im Gegensatz zu den Planeten repräsentieren die Schnittpunkte keine bestimmte Energie-Qualität, deren Deutung auf die antike Mythologie zurückgeht. Sie zeigen bestimmte Themen an (z.B. Vergangenheit, Herkunft, Beruf) und erhalten durch ihre Stellung in den Zeichen und Häusern ihre persönliche Färbung. Der bekannteste Schnittpunkt ist der Aszendent (AC). Er spielt in jedem Horoskop eine wichtige Rolle. Speziell für Kinder kommen der so genannte Drachenschwanz und der IC (Imum Coeli) hinzu.

Der Blick in die Vergangenheit

Drachenschwanz ist die dem chinesischen Horoskop entliehene, poetische Beschreibung für den absteigenden Mondknoten. Beim aufsteigenden und absteigenden Mondknoten handelt es sich um die Schnittpunkte zwischen der Bahn der Erde um die Sonne sowie der Bahn des Mondes um die Erde. Die Punkte liegen einander genau gegenüber. Die Verbindung zwischen ihnen wird als Mondknotenachse bezeichnet. Die Grundlage für die Berechnung der Mondknoten ist die Bahn der Erde um die

Sonne, die wir als scheinbare Bahn der Sonne um die Erde wahrnehmen und Ekliptik nennen. Der Mond zieht nicht dieselbe Bahn, sondern ist der Ekliptik gegenüber um 5° 9′ geneigt. Dadurch schneidet seine Bahn die Ekliptik zweimal. Überquert der Mond sie von Süden nach Norden, spricht die Astrologie vom aufsteigenden oder nördlichen Mondknoten; bei der entgegengesetzten Bewegung handelt es sich um den absteigenden oder südlichen Mondknoten.

Absteigender Mondknoten

Die chinesische Astrologie sieht in der Mondknotenachse einen Drachen, denn immer, wenn Neumond oder Vollmond nahe dieser Achse liegt, gibt es eine Sonnen- bzw. Mondfinsternis. Somit verschlingt der Drache, eines der mächtigsten Tiere der chinesischen Mythologie, die Sonne bzw. den Mond. Der aufsteigende Mondknoten heißt Drachenkopf, der absteigenden Drachenschwanz.[12]

Die Mondknotenachse bewegt sich rückwärts durch den Tierkreis. Für einen Umlauf benötigt sie mehr als achtzehn Jahre. Etwa alle eineinhalb Jahre wechseln die Mondknoten also das Zeichen. Was macht diese recht kompliziert klingende Berechnung eines Punktes auf der Ekliptik so wichtig für das Kinderhoroskop? Es sind die Themen, die mit dem absteigenden Mondknoten verbunden werden.

Der absteigende Mondknoten symbolisiert die individuelle Vergangenheit. Das gilt bereits für ein Kind, das an Lebensjahren noch keine bedeutende Vergangenheit aufweist. Deshalb bleibt viel Raum für die Interpretation – wie es der Berliner Astrologe Markus Jehle einmal formuliert hat: »Die Mondknoten sind der Börsenplatz der Astrologie. Nirgendwo wird so viel spekuliert wie bei der Deutung der Schnittstellen von Sonnen- und Mondbahn.«[13]

Die esoterische Astrologie bringt die karmische Vergangenheit, das heißt frühere Leben, mit dem absteigenden

Mondknoten in Verbindung. Inzwischen ist die in den asiatischen Religionen weit verbreitete Vorstellung, wonach ein Individuum nicht nur einmal auf der Erde lebt, sondern sich in einem Kreislauf von Wiedergeburt befindet, auch in der abendländischen Welt nicht mehr ganz fremd. Dennoch ist der Glaube an Reinkarnation keine Bedingung, um den Mondknoten in die Deutung eines Kinderhoroskops einzubeziehen. Ohne einen solchen Hintergrund steht der absteigende Mondknoten für die Erfahrungen im Mutterleib, denn niemand bestreitet heute ernsthaft, dass ein Embryo wesentliche emotionale Prägungen erhält; oder für die Erfahrungen in den ersten Lebenswochen und -monaten, wenn das Kind noch überwiegend unbewusst lebt.

Vertrautes gibt Sicherheit

Welche Erklärung jeder Einzelne mit dem absteigenden Mondknoten auch verbindet, unbestritten ist, dass dort vertraute Energien, Verhaltensmuster und Orientierungen angesiedelt sind; eben unsere Vergangenheit. Er kennzeichnet auch den Weg des geringsten Widerstandes, denn mit Vertrautem fällt der Umgang leicht. Die Qualität des Drachenschwanzes ist so selbstverständlich, dass dann die Gefahr besteht, uns immer wieder an ihr festzuhalten, wenn wir uns vor neuen Herausforderungen unsicher fühlen. Dabei leuchtet ein, dass ein Kind, das ständig neuen Anregungen und Lernaufgaben ausgesetzt ist – wir haben nie so viel gelernt wie in unseren ersten drei Lebensjahren –, gern bei dem Zeichen und dem Haus des absteigenden Mondknotens Sicherheit sucht. Für die Umwelt mag das Verhalten übertrieben oder aufgesetzt erscheinen, weil sie sich nicht vorstellen kann, dass ein kleiner Erdenbürger bestimmte Verhaltensmuster so sicher beherrscht. Wenn Eltern so etwas begegnet, kann ein Blick auf den absteigenden Mondknoten der Schlüssel zum Verständnis sein.

Alte Themen und vertraute Umgebung

Die Schweizer Astrologin Verena Bachmann hat für den Umgang des Kindes mit dem absteigenden Mondknoten ein passenden Bild gefunden: »Diesem Modell vergleichbar wäre das Erleben eines Menschen nach dem Erwachen von einem intensiven Traum. In den ersten Minuten kann noch kaum unterschieden werden, welche Realität nun die wirkliche ist, beide sind lebendig und scheinen real. Reaktionen auf Umweltreize oder andere Menschen erfolgen oft nach dem Muster des vorhergegangenen Traumes. Mit der Zeit dringt dann die Alltagsrealität mehr und mehr ins Bewusstsein, und die Traumwelt mit ihren Gefühlen und Bildern rückt in den Hintergrund, auch wenn sie bei aufwühlenden Träumen oft unbewusst noch lange nachwirkt. Analog zu diesen ersten Minuten nach dem Erwachen könnte man die ersten Jahre eines Kindes sehen. Welche Inhalte und Qualitäten der noch nachwirkende ›Traum‹ besitzt, darüber gibt der absteigende Mondknoten Auskunft.«[14]

Häuser- und Zeichenstellung sind für den Drachenschwanz entscheidend

Bei der Deutung sind die Zeichen und Häuser zu beachten. Aufgrund der oben beschriebenen recht langsamen Umlaufzeit prägt ein Zeichen mehr als einen Jahrgang. Die Häuserstellung, die sich etwa alle zwei Stunden ändert, macht die individuelle Färbung aus. Während die Zeichenstellung die jeweiligen Themen der Vergangenheit anzeigt, verweist die Häuserstellung auf die Lebensbereiche oder das äußere Umfeld, wo wir uns sicher fühlen. Nehmen wir als Beispiel eine Position im Steinbock/10. Haus an, wird der absteigende Mondknoten im Zeichen Steinbock das Kind frühzeitig motivieren, Verantwortung zu übernehmen sowie Disziplin und Struktur zu entwickeln. Im zehnten Haus deutet er an, dass es vermutlich wenig Hemmungen in der Öffentlichkeit hat und sich früh konkrete Gedanken über das Berufsleben macht.

Planeten, die Aspekte zum absteigenden Mondknoten aufweisen, spielen im Kinderhoroskop eine wichtige Rolle. Dabei sind vor allem Konjunktion, Trigon und Quadrat bedeutsam. Um welche Themen es sich im Einzelnen handelt, beschreibt die Charakterisierung der Planeten ab Seite 17.

Die unbewusste Wirkung des absteigenden Mondknotens hat auch meine Kindheit geprägt. Er steht bei mir auf 17° 15′ im Zwilling und im 10. Haus. Kommunikation, Öffentlichkeit und Gedanken über den Beruf waren mir also frühzeitig vertraut. Meine Eltern denken bis heute mit Schrecken daran, dass ich ohne Ende reden konnte; nicht nur niveauvoll, Hauptsache, es gab etwas zu sagen. Darüber hinaus hatte ich bereits in meiner frühen Jugend sehr konkrete Vorstellungen davon, dass ich einmal Bücher schreiben, also mit meiner Arbeit an die Öffentlichkeit treten wollte. Das war mir keinesfalls in die Wiege gelegt. Erst als zwölfjähriger Spätstarter konnte ich ein Aufbaugymnasium besuchen, wo ich mich anfangs recht schwer getan habe.

Die sechs Achsen

Keiner der beiden Mondknoten steht nur für sich allein. Sie bilden eine der wichtigsten Achsen im Horoskop. Insofern kann auch keiner der beiden Punkte isoliert gedeutet werden. Es geht immer darum, Drachenkopf und Drachenschwanz gemeinsam zu erfassen.

Pole der Mondknotenachse

Analog zum absteigenden Mondknoten als dem Punkt der Vergangenheit gilt der aufsteigende Mondknoten als der Punkt der

Zukunft. Er ist eine der großen Herausforderungen, denen wir uns im Leben stellen müssen. Da Unbekanntes und neue Themen immer auch mit Ängsten oder Schwierigkeiten verbunden sind, besteht für den Erwachsenen die Gefahr, in die Energie des absteigenden Mondknotens zu flüchten, wenn er sich unsicher fühlt. Was bei einem Kind zum normalen Entwicklungsprozess gehört, kann bei einem Erwachsenen zu Stagnation oder zwanghaftem Verhalten führen. Deshalb wird der absteigende Mondknoten bei Erwachsenen auch mit schwierigen Themen in Verbindung gebracht.

Bei der Deutung der Mondknoten geht es letztlich nicht darum, im linearen Sinne am absteigenden aufzubrechen und nach einem erfüllten Leben beim aufsteigenden anzukommen. Das lineare Denken widerspricht dem astrologischen Geist grundlegend. Stattdessen sollen beide Pole der Mondknotenachse integriert werden. Häuser und Zeichen vom aufsteigenden benötigen jedoch mehr Aufmerksamkeit, weil sie sich in der Regel nicht so leicht integrieren lassen wie der vertraute absteigende. Letzterer verlangt dagegen einen bewussten Umgang, um überkommene Muster abzulegen, statt sie zu wiederholen.

Es lohnt sich, die Thematik der jeweiligen Achsen näher zu betrachten. Bei der Aufteilung bilden immer ein Feuer- und ein Luftzeichen sowie ein Erd- und ein Wasserzeichen ein Paar. Auf den ersten Blick handelt es sich bei den Paaren um Zeichen mit unterschiedlicher Qualität. Ein tieferes Verständnis zeigt allerdings, dass es zwei Aspekte oder Sichtweisen eines Themas sind.

Die Themen der Achsen

Zeichen	Häuser	Thema
Widder – Waage	1. Haus – 7. Haus	Begegnungsachse: Ich und Du
Stier – Skorpion	2. Haus – 8. Haus	Transformationsachse: Festhalten und Loslassen
Zwillinge – Schütze	3. Haus – 9. Haus	Sinnfindungsachse: Kommunikation und Erkenntnis
Krebs – Steinbock	4. Haus – 10. Haus	Verantwortungsachse: Intimität und soziale Anerkennung
Löwe – Wassermann	5. Haus – 11. Haus	Kreativitätsachse: Individualität und Gruppe
Jungfrau – Fische	6. Haus – 12. Haus	Existenzachse: Strukturieren und Auflösen

Mondknoten auf der Begegnungsachse

Steht der absteigende Mondknoten im Widder bzw. im 1. Haus und der aufsteigende in der Waage bzw. im 7. Haus, wird das Kind frühzeitig eine Vorstellung vom eigenen Ich haben und sich in einer Gruppe vermutlich schwer tun. Sich mit anderen zu arrangieren und Kompromisse zu schließen ist eine große Herausforderung.

Ich und Du

Bei der umgekehrten Verteilung fühlt sich das Kind in der Gemeinschaft sehr wohl, egal, ob es Erziehungspersonen oder Gleichaltrige in einer Krabbelgruppe bzw. im Kindergarten um sich hat. Es wird vermutlich recht nachgiebig sein, um von den anderen anerkannt zu werden. Die große Herausforderung besteht darin, die eigenen Interessen kennen zu lernen und dafür einzutreten.

Mondknoten auf der Transformationsachse

Steht der absteigende Mondknoten im Stier bzw. im 2. Haus und der aufsteigende im Skorpion bzw. im 8. Haus, legt das Kind großen Wert darauf, durch vertraute materielle Dinge Sicherheit zu finden. Es mag als kleiner Materialist abgestempelt werden und sollte von Eltern und Erziehungspersonen vorsichtig vermittelt bekommen, dass Sicherheit nicht nur in dem liegt, was es besitzen und ergreifen kann.

Festhalten und Loslassen

Bei der umgekehrten Verteilung hat das Kind ein Gespür für seine Macht. Es wird vermutlich früh einen natürlichen Umgang mit Tabuthemen wie Sexualität oder Tod entwickeln und neugierige Fragen stellen. Damit könnte es seine Eltern erschrecken oder gar überfordern. Statt einer vertrauten äußeren Umgebung sind ihm vertraute Rituale und Muster wichtig. Dagegen muss es das Materielle erst noch zu schätzen lernen.

Mondknoten auf der Sinnfindungsachse

Steht der absteigende Mondknoten in den Zwillingen bzw. im 3. Haus und der aufsteigende im Schützen bzw. im 9. Haus, zeigt das Kind große Kontaktfreudigkeit und Neugierde. Es blüht im

Umgang mit anderen auf und redet vermutlich frühzeitig und gern. Die Herausforderung besteht darin, nicht nur an der Oberfläche zu bleiben, sondern tiefer in Themen einzudringen.

Kommunikation und Erkenntnis

Bei der umgekehrten Verteilung interessiert sich das Kind weit vor der Zeit für Erwachsenenthemen. Es scheint ein tiefes Verständnis für die wesentlichen Fragen des Lebens zu besitzen, könnte dabei aber auch als altklug abgestempelt werden. Die leichten Seiten des Lebens muss es erlernen und auch einsehen, dass nicht jede Kommunikation gleich nach Tiefgang verlangt.

Mondknoten auf der Verantwortungsachse

Steht der absteigende Mondknoten im Krebs bzw. im 4. Haus und der aufsteigende im Steinbock bzw. im 10. Haus, fühlt sich das Kind in der häuslichen Umgebung ausgesprochen wohl. Daraus entfernt es sich nur ungern. Die Bindung an die Mutter dürfte sehr eng sein. Das vertraute Heim zu verlassen und in die Öffentlichkeit zu treten, die dem Kind zunächst in Form von Kindergarten oder Schule begegnet, ist eine besondere Herausforderung.

Intimität und soziale Anerkennung

Bei der umgekehrten Verteilung fühlt sich das Kind in der Öffentlichkeit daheim. Es wirkt früh schon sehr reif und ist gern bereit, Verantwortung zu übernehmen, zum Beispiel indem es auf die jüngeren Geschwister aufpasst. Die Eltern sollten das nicht ausnutzen, sondern dafür sorgen, dass auch ein solches Kind einen geschützten Raum findet, wo es Gefühle zeigen und ganz Kind sein darf.

Mondknoten auf der Kreativitätsachse

Steht der absteigende Mondknoten im Löwen bzw. im 5. Haus und der aufsteigende im Wassermann bzw. im 11. Haus, entwickelt das Kind leicht ein ausgeprägtes Selbstbewusstsein. Es steht gern im Mittelpunkt, lässt sich ebenso gern verwöhnen und betrachtet das Leben als eine große Spielweise, auf der es seine Kreativität entfalten kann. Lernen muss es, sein Potential nicht nur für die Selbstdarstellung einzusetzen, sondern auch in den Dienst einer Gruppe zu stellen.

Individualität und Gruppe

Bei der umgekehrten Verteilung sucht das Kind die Gruppe Gleichgesinnter, die sich von anderen abgrenzt und ihre ganz speziellen Vorstellungen von der Welt entwickelt. Hier gilt die Originalität und Kreativität der Gemeinschaft. Vermutlich werden moderne technische Errungenschaften eine große Anziehungskraft auf das Kind ausüben. Seine Herausforderung besteht darin, sich nicht in der Gruppe zu verlieren.

Mondknoten auf der Existenzachse

Steht der absteigende Mondknoten in der Jungfrau bzw. im 6. Haus und der aufsteigende in den Fischen bzw. im 12. Haus, möchte sich das Kind früh nützlich machen. Es blüht auf, wenn andere ihm Arbeit und Verantwortung übertragen, und wirkt ausgesprochen vernünftig. Dabei muss es jedoch erkennen, dass Arbeit und Geschäftigkeit nicht die gesamte Existenz ausmachen.

Strukturieren und Auflösen

Bei der umgekehrten Verteilung könnte der Eindruck entstehen, als sei das Kind gar nicht richtig von dieser Welt. Es flüchtet gern in seine eigenen Träume und Phantasien. Mit dem konkreten

Alltag, vor allem in der Schule, tut es sich vermutlich schwer. Deshalb ist es die Aufgabe der Eltern, ihm nahe zu bringen, dass ein Leben in der materiellen Existenz Anforderungen stellt, denen es sich nicht entziehen kann.

Imum Coeli: Wo das Familienerbe wirkt

Ähnlich wie der Drachenschwanz hat der IC (Imum Coeli) mit der Vergangenheit zu tun. Während es beim Mondknoten jedoch um das individuelle Erbe geht, zeigt der IC das familiäre Erbe sowie den Raum an, wo wir uns geborgen fühlen.

Übersetzt bedeutet Imum Coeli Himmelstiefe, im übertragenen Sinne auch Mitternachtspunkt. Astronomisch ist er der untere Schnittpunkt von Meridian und Tierkreis. Er steht dem Medium Coeli (MC) – der Himmelsmitte bzw. dem oberen Schnittpunkt von Meridian und Tierkreis – polar gegenüber und seine Position wird vom MC aus bestimmt. Wie bei den anderen Achsen auch wandert der gesamte Tierkreis an einem Tag über den IC.

Als tiefster Punkt des Horoskops symbolisiert der IC den Ort, an dem wir ganz bei uns selbst sind. Er ist unsere Heimat und unsere Herkunft. Dort fühlen wir uns zu Hause, wir spüren die Wurzeln unserer Persönlichkeit, große Intimität, aber auch Verletzlichkeit. Wir können uns fallen lassen, denn niemand sieht es, außer denen, die uns vertraut sind.

Schlafbedürfnis

Als unser Schutzraum hat der IC auch mit dem Schlaf zu tun. Er zeigt beim Kind an, wie ausgeprägt das Schlafbedürfnis ist. Grundsätzlich benötigen Kinder mit dem IC in einem Erd-, Wasser- oder fixen Zeichen den meisten Schlaf, Kinder mit Feuer- oder flexiblem IC den wenigsten. Wenn ein Kind den Eltern also Sorgen bereitet, weil sein Schlafbedürfnis besonders ausgeprägt oder unterentwickelt erscheint und nicht mit den Normen der Schulmedizin übereinstimmt, dann kann der IC die Erklärung dafür liefern und hoffentlich helfen, Gelassenheit zu entwickeln.

Die psychologische Astrologie ordnet dem IC auch das innere Kind zu. Das ist der Bereich in der Seele des Erwachsenen, in dem frühkindliche Prägungen besonders lebendig sind. Viele Therapien versuchen, Verletzungen, die ein Kind erfahren hat, dadurch zu heilen, indem sie dem inneren Kind – das heißt den unerfüllten Bedürfnissen der frühen Kindheit – bewusst Raum geben.

Suche nach Geborgenheit

Hier einige Anregungen, um den unterschiedlichen Bedürfnissen des Kindes nach Geborgenheit auf die Spur zu kommen: Ein Kind mit IC im Widder fühlt sich dort wohl, wo viel passiert und es immer wieder Neues erlebt. Mit IC im Stier fühlt sich das Kind in einer Umgebung von materieller Sicherheit geborgen. Bei einem Zwillinge-IC benötigt das Kind viel Kontakt und Kommunikation, um sich aufgehoben zu fühlen. Der IC im Krebs erfordert ein hohes Maß an Nestwärme. Ein Kind mit IC im Löwen fühlt sich wohl, wenn es im Mittelpunkt steht, bewundert wird und seine Kreativität entfalten kann. Der Jungfrau-IC genießt es, wenn er helfen und Ordnung schaffen kann. Bei einem IC in der Waage vermitteln Schönheit und Ästhetik dem Kind das Gefühl von Geborgenheit. Ein Kind mit Skorpion-IC fühlt sich aufgehoben, wenn es Intensität erlebt sowie Grenzen und Tabus herausfordern kann. Beim einem Schütze-IC empfindet das Kind Vertrautheit, wenn es seinen Horizont erweitern kann, zum Beispiel auf Reisen. Der IC im Steinbock benötigt Struktur und Klarheit, um Geborgenheit empfinden zu können. Der Wassermann-IC fühlt sich in der Gruppe Gleichgesinnter aufgehoben. Ein Kind mit IC in den Fischen taucht am liebsten ab, um sich richtig wohl zu fühlen.

Das Zeichen sorgt in jedem Horoskop für eine bestimmte Prägung des IC; in manchen kommt eine weitere Färbung hinzu, wenn nämlich ein Planet einen Aspekt zum IC bildet. Am stärksten ist die Konjunktion, also ein Planet, der direkt am IC steht, darüber hinaus beeinflussen Quadrat und Trigon den IC. Welche Energien damit im Einzelnen auf den IC einwirken, erläutert die Beschreibung der Planeten ab Seite 17.

Die Rolle der Großfamilie

Der äußere Rahmen, in dem das Kind sein Bedürfnis nach Geborgenheit und Heimat erfährt, ist die Herkunftsfamilie. Sie ist nicht auf die Eltern und Geschwister beschränkt, sondern umfasst auch das, was gemeinhin als Großfamilie, Sippe oder Clan bezeichnet wird.

Meine Tochter Eleonore hat mich gelehrt, wie sehr Kinder von der Familientradition geprägt sind. Bis zu ihrer Geburt hielt ich familiäre Bindungen für nicht sehr bedeutend. Ich hatte kein schlechtes Verhältnis zu dem Familienverband daheim, aber auch kein sonderlich inniges. Ich glaubte, mein Leben sei davon nicht sehr beeinflusst. Gleichzeitig bin ich nie der Versuchung erlegen, für alle Schwierigkeiten meine Eltern oder die Erziehung verantwortlich zu machen. Zum Studium zog ich in eine weit von meinem Heimatort entfernte Stadt. Dort wurde auch Eleonore geboren. Die Besuche daheim waren schon immer rar, daran hat auch die Geburt des Enkelkindes nicht viel geändert. Insofern hatte Eleonore in ihren ersten Lebensjahren erheblich mehr Kontakt mit Freunden aus meiner Umgebung oder mit Eltern ihrer Spielgefährtinnen. Die Quantität des Zusammenseins hat jedoch offenbar keinerlei Einfluss auf die Qualität der Bindungen. Obwohl sie Oma und Opa zunächst nur wenige Male im Jahr gesehen hat, bestand von Beginn an eine Verbindung, die vordergründig nicht zu erklären ist. Dagegen redet sie nicht einmal mehr von anderen Erwachsenen, die in ihren ersten Lebensjahren Teil unseres Alltags waren, inzwischen aber daraus verschwunden sind. Mit ihrem Krebs-Aszendenten tut sie sich schwer, ohne Mama oder Papa außer Haus zu übernachten. Bei Oma und Opa war es nie ein Problem. Inzwischen fordert sie von sich aus, die Ferien dort zu verbringen. Seit dieser Erfahrung habe ich meine Meinung zu den Bindungen innerhalb von Großfamilien grundlegend geändert. Eleonores IC steht übrigens in der Waage. Sie fühlt sich bei Oma und Opa einfach rundherum wohl und geborgen.[15]

Wie spiegeln sich nun Themen einer Großfamilie im Horoskop eines Kindes wider? Der Schlüssel zu den familiären Bindungen ist der IC und das mit ihm beginnende vierte Haus – in jedem Horoskop. Bei einem Kind ist er besonders prägend, weil es seiner Herkunft noch besonders nahe ist. Die Entwicklung ist ähnlich wie beim Mondknoten. Der IC bildet bekanntlich eine Achse mit dem MC. Letzterer zeigt an, was unsere Aufgaben und unsere Themen sind, mit denen wir in die Öffentlichkeit treten wollen, die unser Leben, unsere Verantwortung als Erwachsene prägen. Da das öffentliche Auftreten gemeinhin im Beruf geschieht, stehen der MC und das folgende 10. Haus auch für den Beruf. Wie beim Mondknoten geht es nicht darum, beim IC aufzubrechen und am Ende des Lebens den MC zu erreichen, sondern die Achse mit den beiden Polen zu integrieren. Die Themen der Achsen wie beim Mondknoten beschrieben (siehe Seite 111) gelten auch für IC und MC.

Schlüssel zu familiären Bindungen

Ein weiteres persönliches Beispiel soll verdeutlichen, wie ein Kind mit seinem IC ein Familienthema leben und im günstigen Fall sogar erlösen kann. Mein IC steht auf 10° 22′ im Schützen. Er bildet damit eine Konjunktion zur Sonne meiner Mutter und ein Trigon zur Sonne meines Vaters. Der Schlüssel zu meiner

Quelle der Geborgenheit lautet also, ich fühle mich auf Reisen zu Hause.

Meine Eltern sind gern gereist und interessieren sich für andere Kulturen. Die äußeren Umstände ihres Lebens ließen dafür aber wenig Raum. Der Zweite Weltkrieg hat ihnen die Jugend geraubt und die dort erlittenen Verletzungen meinem Vater eine bessere berufliche Qualifikation. Schließlich erforderte die Versorgung einer siebenköpfigen Familie mit schlecht bezahlter Fabrikarbeit alle Energie. An weite Reisen war nicht zu denken. Mich hat es dagegen schon früh in die Welt getrieben. Zu Beginn war es tatsächlich ein »Getriebenwerden«. Auf meinen ersten Reisen nach Asien kam ich mir eher verloren vor; sie haben mich hingegen meiner Herkunft nahe gebracht. Dennoch ließ mich die unbestimmte Sehnsucht nicht los. Je bewusster ich die Reisen im Laufe der Zeit angetreten habe, desto mehr konnte ich sie genießen, desto mehr wurde mir vor allem die asiatische Welt ein Stück Heimat.

Einige Reisen haben meine Eltern nach dem Ende ihrer beruflichen Tätigkeit noch unternommen, doch hat schließlich auch die Gesundheit den Aktivitäten Grenzen gesetzt. Mancher Traum blieb unerfüllt und dennoch sind sie weit davon entfernt, mit dem Schicksal zu hadern oder sich zu beklagen. Sie denken stattdessen mit Freude an das, was war. Vielleicht fällt ihnen das auch deshalb so leicht, weil sie immer großen Anteil an meinen Reisen und meinen Erfahrungen genommen haben. Dann habe ich mit meinem IC, der sich auf Reisen zu Hause fühlt, das Familienthema erlöst.

Vater und Mutter im Horoskop

IC und MC als Punkte im Tierkreis bieten viel Raum für Interpretationen und Spekulationen, die über die bloße Herkunft bzw. öffentliche Wirkung hinausgehen. Viele Astrologen benutzen diese Achse, um Vater und Mutter im Horoskop des Kindes wieder zu finden. Dabei ist eine grundlegende Unterscheidung notwendig. Einerseits geht es um das konkrete Bild des Kindes von der Person des Vaters oder der Person der Mutter, andererseits um das archetypische innere Vater- bzw. Mutterbild. Wo sich im Horoskop diese Bilder widerspiegeln – ob auf der Ebene der Häuser oder auf der Ebene der Planeten –, ist umstritten.[16]

Neben Vater und Mutter als Personen trägt das Kind archetypische Bilder des mütterlichen und väterlichen Prinzips in sich. Sie müssen mit den konkreten Personen nicht übereinstimmen. Es geht dabei um Muster und deshalb sind viele Astrologen der Ansicht, dass diese Prinzipen auf der Planetenebene zu finden sind, auf der es ebenfalls um archetypische Muster geht.

Der Aszendent

Der Aszendent (AC) spielt bei der Interpretation eines jeden Horoskops eine entscheidende Rolle. Insofern gibt es für das Kinderhoroskop keine spezifische Deutungsebene, wie das etwa beim absteigenden Mondknoten oder dem IC der Fall ist. Doch gerade weil der AC so wichtig ist, soll auch an dieser Stelle kurz auf ihn eingegangen werden. Sein Name kommt vom lateinischen ascendere = aufsteigen. Damit ist das zu einem bestimmten Moment am Osthorizont aufsteigende Zeichen gemeint. Der AC ändert rasch seine Zeichenfärbung. Durch die Drehung der Erde um die eigene Achse steigt durchschnittlich alle zwei Stunden ein neues Zeichen am Osthorizont auf, so dass der gesamte Tierkreis innerhalb eines Tages über den Aszendenten läuft. Der genaue Zeichenwechsel ist auch vom Ort des Betrachters abhängig. Zwei zur gleichen Zeit an unterschiedlichen Orten geborene Personen müssen nicht unbedingt den gleichen AC haben.

Bei der Interpretation ist es bisweilen schwierig, den AC von den Planeten abzugrenzen. Der Astrologe Wolfgang Denzinger beschreibt den AC als »seelisch-geistige Orientierung«[17], die sich von den Energien der Planeten unterscheidet. Um das zu verdeutlichen, entwickelt er folgendes Bild: »Es wäre vergleichbar mit dem Unterschied zwischen einem Fahrzeug (Planeten) und einem Verkehrsschild (Aszendent). Obwohl grundverschieden, kann das Verkehrsschild dem Fahrzeug dazu verhelfen, ohne Irr- und Umwege ans Ziel zu kommen.«

Der Ich-Punkt im Horoskop

Auf jeden Fall symbolisiert der Aszendent den persönlichsten Punkt, den Ich-Punkt im Horoskop. Er markiert den Start des Individuums ins Leben und die Qualität dieses Zeitpunkts. Somit steht er auch für den Verlauf der Geburt sowie die damit verbundenen Erfahrungen. Ein Kind ist diesen Erfahrungen noch sehr nahe. Sie werden erst allmählich von anderen Erfahrungen überdeckt. Die Gefühle, die den Augenblick der Geburt geprägt haben, prägen auch die weitere Wahrnehmung der Welt. Ihre Wirkung spüren wir ganz besonders, wenn wir im Leben etwas Neues beginnen.

Deutungsfaktoren für den AC

Zur Deutung des AC müssen viele Faktoren herangezogen werden. Neben der Stellung in einem Zeichen kommt es auf den Zeichenherrscher an. Als archetypische Muster – nicht als konkrete Deutung – prägen die Elemente und Qualitäten den AC folgendermaßen:

AC in den Elementen

Ein Kind mit Aszendenten im Feuerelement wird der Welt recht stürmisch und impulsiv begegnen. Er verfügt über ein großes Energiereservoir und Idealismus und lässt sich immer wieder von neuen Herausforderungen begeistern. Der AC im Erdzeichen weist auf eine ruhige und bewusste Art hin, die Welt wahrzunehmen. Das Kind reagiert am ehesten, wenn es durch konkrete, materielle Dinge herausgefordert wird. Steht der AC in einem Luftzeichen, begegnet das Kind der Welt meist neugierig, offen und versucht sie mit seinen Gedanken zu erfassen. Es ist sehr kommunikativ, vielleicht sogar vorwitzig. Ein Kind mit AC im Wasserelement reagiert emotional und intensiv auf die Welt. Es wirkt eher schüchtern und zurückgezogen. Um sich auf Neues einzustellen, benötigt es Zeit und Geborgenheit.

AC in den Qualitäten

Steht der AC in einem kardinalen Zeichen, ist das Kind schnell bereit, sich auf Neues einzulassen. Es lässt sich nicht leicht und vor allem nicht nachhaltig entmutigen. Rückschläge sind nur Motivation, es noch einmal zu versuchen. Beim AC in einem fixen Zeichen geht das Kind ernster und bedächtiger auf die Welt zu. Es greift nicht gleich jede Initiative auf, doch wenn es sich einlässt, ist es ganz dabei. In den flexiblen Zeichen schließlich verleiht der AC dem Kind die Gabe, mit einer gewissen Leichtigkeit auf die Welt zuzugehen. Es ist sehr offen für alles, was ihm begegnet, mag dabei jedoch bisweilen etwas unkonzentriert wirken.

So, wie ein Kind die Umwelt wahrnimmt, wird es auch von ihr wahrgenommen. Insofern steht der AC ebenfalls für die Art, wie wir uns als Person darstellen, wie unsere äußere Erscheinungsform ist. Das lateinische Wort persona bedeutet übrigens Maske, also das, was wir der Welt von uns zeigen.

Der Zeichenherrscher

Bei dem Zeichenherrscher, einem weiteren Deutungsfaktor, handelt es sich um den Planeten, der dem Zeichen, in dem der AC steht, zugeordnet ist. Welche Zeichen und Planeten im Einzelnen zueinander gehören, wurde ab Seite 25 aufgeführt. Das Zeichen und das Haus des Aszendenten-Herrschers machen deutlich, wie die Energie zum Ausdruck gebracht werden kann. Beim AC im Widder zum Beispiel ist Mars der Aszendentenherrscher. Steht er im Steinbock und im 9. Haus, dann wird das Kind der Welt trotz des feurigen AC (Widder) mit Bedacht begegnen und seine Energie gezielt einsetzen (Mars im Steinbock). Gleichzeitig wird es daran interessiert sein, seinen Horizont zu erweitern und neue Welten zu erforschen (Mars im 9. Haus).

Bei der Deutung müssen noch die Aspekte zu Zeichen und Zeichenherrscher hinzugenommen werden. Ein Planet, der in Konjunktion mit dem AC oder dem Zeichenherrscher steht, wirkt im besondere Maße auf die Gesamtpersönlichkeit. Planeten im Quadrat bilden eine ständige Herausforderung; Planeten im Trigon lassen die Energie frei fließen und geben Raum für Entspannung.

Deszendent

Der Gegenpol zum Aszendenten ist der Deszendent (DC) vom lateinischen descendere = absteigen. Der DC ist das zu einem bestimmten Moment am Westhorizont untergehende Zeichen, das dieselben astronomischen Eigenschaften aufweist wie der Aszendent und über selbigen bestimmt wird. Die AC-DC-Achse teilt den Tierkreis in einen oberen bzw. sichtbaren und einen unteren bzw. unsichtbaren Teil. Die oberhalb der Achse angesiedelten Planeten wirken eher im Außen, die unterhalb der Achse gelegenen beeinflussen mehr die innere Entwicklung.

Der Deszendent selbst gilt als der Du-Punkt im Horoskop. Er zeigt an, wie eine Person das Gegenüber wahrnimmt. Damit ist häufig der Beziehungspartner gemeint, doch beschränkt sich die Symbolik nicht darauf. Es geht um die Wahrnehmung der gesamten Umwelt, auch wenn die Partnerschaft im Mittelpunkt steht. Für die Deutung eines Kinderhoroskops spielt der DC keine so wichtige Rolle, außer wenn sich ein persönlicher Planet in Konjunktion damit befindet.

Die überpersönlichen Planeten

Der Blick auf die Schattenthemen

Ziel einer jeder astrologischen Beratung muss es sein, das Potential eines Menschen deutlich zu machen und ihn zu unterstützen, es zu entfalten. Bei einem Kind sind dabei die Eltern oder Erzieher als Vermittler nötig. Wenn das Potential zur Entfaltung gebracht werden soll, hilft es nicht weiter, die Augen vor möglichen Schwierigkeiten oder Schattenthemen zu verschließen. Dadurch verschwinden sie nicht. Unter Schattenthemen versteht die Analytische Psychologie nach C.G. Jung die verdrängten Triebe und Triebanteile, die zum »persönlichen Unbewussten« gehören. Wenn sie durch die Analyse ins Bewusstsein drängen, werden sie als negativ und dunkel empfunden.

Verdrängte Persönlichkeitsanteile

Die von der Psychologie beeinflusste moderne Astrologie hat den Begriff des Schattenthemas übernommen. Auch sie versteht darunter das, was nicht bewusst als Anteil der Persönlichkeit integriert ist und gelebt wird. Bei Licht betrachtet, verschwindet der Schatten, doch dazu muss er zunächst bewusst gemacht werden. Ängste, Hemmungen, Schmerz, Eifersucht, Minderwertigkeitsgefühle, Ohnmacht und Missbrauchserfahrungen sind weit verbreitete Schattenthemen. Dazu kommen Tabus aus der Erziehung, die individuell sehr unterschiedlich sein können. Sogar Verhaltensweisen wie selbstbewusstes Auftreten oder sich zu schminken können Schattenthemen sein, wenn sie in der Erziehung als Aggression bzw. Eitelkeit tabuisiert worden sind und die betroffene Person noch nichts unternommen hat, um sich die Muster bewusst zu machen. Schattenthemen müssen also nicht in jedem Fall negativ besetzt sein.

Es dürfte niemanden geben, der von sich behaupten kann, alle Persönlichkeitsanteile integriert zu haben und immer im vollen Bewusstsein der Situation zu leben. Zumeist wuchern die verdrängten Teile im Schatten umso üppiger oder sie werden über die Projektion auf die Umwelt gelebt. Es ist inzwischen eine psychologische Binsenweisheit, dass etwa ein Mann, der seiner Partnerin (oder umgekehrt eine Frau, die ihrem Partner) permanent vorhält, sie sei unerträglich eifersüchtig, in Wirklichkeit selbst unter Eifersucht leidet, ohne es sich eingestehen zu können. Die Ursachen für die Schatten, die wir mit uns herumtragen, sind häufig in der Kindheit zu suchen.

Schattenthemen astrologisch auf der Spur

Wenn Astrologie den Anspruch erhebt, die Persönlichkeit eines Menschen in seiner Ganzheit erfassen zu können, ohne ihn festzulegen, und dies für Kinder ebenso gilt, dann muss es auch möglich sein, mit den Mitteln der Astrologie Schattenthemen zu erkennen und mitzuhelfen, sie aufzulösen, indem sie bewusst gemacht werden.

Die Astrologie bringt die überpersönlichen Planeten Saturn, Chiron, Uranus, Neptun und Pluto mit den oben genannten Gefühlen in Verbindung. In dem Zusammenhang kann aber gar nicht häufig genug betont werden, dass diese Planeten nicht als solche und in jedem Fall negativ besetzt sind. Zwar bezeichnete die klassische Astrologie, die Chiron, Uranus, Neptun und Pluto noch nicht kannte, Saturn als das »große Unglück«, doch von solchen Festlegungen ist die moderne Astrologie abgewichen.

All diese Planeten behandeln Themen, die nicht zu den einfachen im Leben gehören. Damit sind sie unvermeidliche Aspekte des Daseins, das nicht nur die Sonnenseite kennt. Zu einem erfüllten Leben gehört es, sich auch die Energie von Saturn, Chiron, Uranus, Neptun und Pluto anzueignen. Ob sich eine Person damit relativ leicht tut oder ob sie es als ständige Herausforderung erlebt, sich den schwierigen Seiten zu stellen, hängt vom Gesamtbild des Horoskops ab. Beim Kind geben darüber vor allem die Aspekte zum Mond und zur Venus Auskunft.

Die überpersönlichen Planeten bewegen sich sehr langsam durch den Tierkreis. Saturn, der schnellste unter den hier genannten, benötigt zweieinhalb Jahre, um ein Zeichen zu durchqueren; Pluto, der langsamste, zwischen vierzehn und einunddreißig Jahre. Insofern haben Angehörige mehrerer Jahrgänge, teilweise einer ganzen Generation, die Planeten im gleichen Zeichen. Sie sind auf ähnliche Weise mit den Themen verbunden. Für die individuelle Prägung ist die Häuserstellung maßgebend. Die überpersönlichen Planeten können noch einmal unterteilt werden in soziale bzw. gesellschaftliche und geistige Planeten. Zur ersten Gruppe gehören Saturn sowie der hier nur kurz erwähnte Jupiter; zur zweiten Gruppe Uranus, Neptun und Pluto. Der erst kürzlich entdeckte Chiron nimmt eine Zwischenstellung ein.

Saturn: Erfahrungen mit Grenzen

■ *Saturn (griech. Kronos) war vor Jupiter der oberste Gott. Damit ihn seine Kinder nicht dereinst würden stürzen können, verschlang er sie unmittelbar nach der Geburt. Allein Jupiter, sein Jüngster, entkam dem Schicksal durch eine List von Saturns Frau Rhea, die ihm statt des Neugeborenen einen in Windeln gewickelten Stein gab.*

Nachdem Jupiter herangewachsen war, entmachtete und entmannte er seinen Vater Saturn. Der Gestürzte wurde in die Unter-

welt verbannt, doch bald hatte Jupiter ein Einsehen mit ihm. Er begnadigte seinen Vater und schickte ihn auf die Insel der Seligen im westlichen Ozean. Dort regierte Saturn als strenger, aber gerechter und weiser Herrscher, der auch zum Herrn über die Zeit wurde. ■

Der Hüter der Schwelle

In der Mythologie gilt Saturn als Hüter der Schwelle. Der letzte sichtbare Planet unseres Sonnensystems ist ein Symbol für Begrenzungen und die Konzentration auf das Wesentliche. Saturn verleiht Struktur und Festigkeit. Seine Schwelle, seine Grenze, darf nur überschreiten, wer wirklich befähigt dazu ist. Leichtfertige Experimente verzeiht er nicht. Das kann als Einschränkung, Hindernis oder Hemmnis erlebt werden und daraus resultiert Saturns schlechter Ruf. Die Energie Saturns ist aber gleichzeitig ein wichtiger Schutz. Wer in Bereiche vordringt, denen er nicht gewachsen ist, kann schlimme Erschütterungen erleben.

Das will Saturn verhindern. Damit die Menschen dennoch nicht stehen bleiben, fordert er auf, sich durch geduldige Arbeit weiterzuentwickeln und die Grenzen allmählich zu verschieben. Das ist die Voraussetzung, um zur Meisterschaft zu gelangen.

Es leuchtet ein, dass die hier beschriebenen Themen einem Kind noch eher fremd sind. Es begegnet der Welt spielerisch und hat zunächst einmal mehr Bedürfnisse als Pflichten. Dennoch hat es auch seinen Saturn, der Grenzen, Arbeit und Pflichten fordert.

Wie und wo sich bei einem Kind die Energien Saturns offenbaren, das zeigt seine Stellung im Zeichen bzw. im Haus. Auf die Qualität der Zeichen und Häuser wurde bereits auf Seite 17f. und Seite 23f. eingegangen. Als Ergänzung dazu folgen hier einige Anregungen, welche Färbung Saturn im Horoskop des Kindes annehmen kann und welches Potential sich darin verbirgt.

Saturn im Widder/1. Haus

Ein Kind mit Saturn im Widder oder im 1. Haus könnte gehemmt auf die Welt zugehen. Es tut sich womöglich schwer, seinen spontanen Impulsen Ausdruck zu verleihen, und wirkt ernst und gewissenhaft. Wenn es sich mit Saturn angefreundet hat, kann es zu einer Person werden, die weiß, was sie will im Leben, und anderen nicht erlaubt, die eigenen Grenzen zu missachten.

Saturn im Stier/2. Haus

Bei Saturn im Stier oder im 2. Haus fällt es dem Kind vermutlich schwer, zu genießen und sich selbst anzunehmen. Es mag im emotionalen wie im materiellen Bereich ein Mangelgefühl entwickeln. Nach außen verzichtet es schnell, doch ist das Gefühl nicht echt. Hat es den Saturn dagegen gut entwickelt, wird es als Erwachsener immer darauf achten, dass die materiellen Grundbedürfnisse befriedigt sind und es nie über seine Verhältnisse lebt. Zudem hat es eine klare Vorstellung von seinen emotionalen Bedürfnissen sowie seinem Selbstwert und kann sich hervorragend abgrenzen.

Saturn in den Zwillingen/3. Haus

Steht Saturn im Zwilling oder im 3. Haus, tut sich das Kind im Kontakt mit anderen nicht leicht und es benötigt vermutlich auch länger als andere Kinder, Zusammenhänge und neue Lerninhalte zu begreifen. Für die Außenwelt hat es die sprichwörtliche »lange Leitung«. Im Laufe der Entwicklung hilft der Saturn, sich klar und präzise zu äußern, statt um den heißen Brei herumzureden. Er versteht es, die Sache auf den Punkt zu bringen.

Saturn im Krebs/4. Haus

Ein Kind mit Saturn im Krebs oder im 4. Haus kann sich wohl nur schwer auf die Geborgenheit im häuslichen Umfeld einlassen. Es meint, für jede Zuwendung eine Gegenleistung erbringen zu müssen. Mit einem gut entwickelten Saturn weiß es dagegen, wo es sich wirklich geborgen fühlen kann. Es kennt seine tiefen Bedürfnisse und lässt sich nichts vormachen.

Saturn im Löwen/5. Haus

Steht Saturn im Löwen oder im 5. Haus, fühlt sich das Kind schnell gehemmt, sobald es im Mittelpunkt steht. Es wünscht sich zwar insgeheim besondere Aufmerksamkeit, doch wenn sie ihm zuteil wird, kann es sich von der Situation leicht überfordert fühlen. Hat es sich mit Saturn angefreundet, bekommt die Person ein klares Gespür dafür, wann die ihr geschenkte Aufmerksamkeit ernst gemeint ist und wann ihr nur geschmeichelt wird. Auf Letzteres legt sie keinen Wert.

Saturn in der Jungfrau/6. Haus

Der Saturn in der Jungfrau oder im 6. Haus verleiht dem Kind ein ausgeprägtes Bedürfnis, im Alltag Ordnung zu schaffen und sich darüber Anerkennung zu verdienen. Dabei kann es das rechte Maß aus den Augen verlieren und pedantisch werden. Der gut entwickelte Saturn weckt ein Gespür dafür, wo es wirklich darauf ankommt, einen Beitrag zu einer höheren Ordnung zu leisten, etwa bei der Bewahrung der Umwelt, ein typisches Jungfrau-Thema. Darüber hinaus verleiht er die praktische Begabung, die eigenen Ansprüche auch umzusetzen.

Saturn in der Waage/7. Haus

Mit Saturn in der Waage oder im 7. Haus fällt es dem Kind vermutlich schwer, spielerisch-unbefangen auf andere zuzugehen und Kontakte zu knüpfen, obwohl ihm gerade das so wichtig ist.

Es wird jeden Austausch ernst nehmen und keine Oberflächlichkeit zulassen. Hat sich die Person als Erwachsene Saturn zu ihrem Helfer gemacht, weiß sie genau, welcher Kontakt ihr gut tut und wo sie sich abgrenzen muss. Vermutlich kann sie sich dadurch rechtzeitig vor tiefen Verletzungen in zwischenmenschlichen Begegnungen schützen.

Saturn im Skorpion/8. Haus

Mit Saturn im Skorpion oder im 8. Haus hat ein Kind möglicherweise Schwierigkeiten, sich auf seine tiefen Gefühle einzulassen. Es verbindet damit die Angst, die Kontrolle zu verlieren und sich anderen auszuliefern. Im Laufe der Zeit kann Saturn der Person Sicherheit bieten, sich mit den Abgründen der Existenz zu konfrontieren und den grundlegenden Fragen nach dem Tod und der Perspektive danach nicht auszuweichen.

Saturn im Schützen/9. Haus

Steht Saturn im Schützen oder im 9. Haus, weiß das Kind womöglich schon sehr früh, was ethisch richtig und falsch ist, und es kommt dadurch schnell zu moralischen Werturteilen und gegebenenfalls Verurteilungen. Zudem wird es gern hohe Ideale und Träume auf ihre Machbarkeit überprüfen und dadurch frühreif wirken. Entwickelt sich Saturn zum Helfer, wird die Person auch bei hochfliegenden Plänen immer das Machbare im Auge behalten. Die Höhenflüge mögen nicht ganz so extrem sein wie bei anderen, aber eine sichere Landung ist garantiert; das heißt, die Person wird sich nicht in Tagträumen oder Illusionen verlieren.

Saturn im Steinbock/10. Haus

Dem Steinbock oder dem 10. Haus ist der Saturn zugeordnet. In dem Fall wird ein Kind vermutlich sehr ernst und voller Ehrgeiz auftreten, der bisweilen an Verbissenheit grenzen könnte. Wenn die hohen Ansprüche, die es an sich selbst und an andere stellt, nicht erfüllt werden, mag es hart mit sich oder der entsprechenden Person ins Gericht gehen. Freundet sich die Person im Laufe der Zeit mit Saturn an, verfügt sie über die nötige Disziplin, Struktur und Konzentrationsfähigkeit, um hohe Ziele im Leben zu erreichen.

Saturn im Wassermann/11. Haus

Mit Saturn im Wassermann oder im 11. Haus treibt das Kind leicht die Sorge um, nicht außergewöhnlich genug zu sein oder von der Gruppe, der es sich zugehörig fühlt, nicht anerkannt zu werden. Es ordnet sich nicht gern ein und flüchtet sich in Überheblichkeit, die es noch mehr isoliert. Ein gut entwickelter Saturn verleiht Sicherheit im Umgang mit anderen, weil er ein Gefühl für den eigenen Wert und die eigene Besonderheit gibt, die ihre Bestätigung nicht von außen holen muss.

Saturn in den Fischen/12. Haus

Saturn in den Fischen oder im 12. Haus macht es dem Kind schwer loszulassen oder sich fallen zu lassen. Es möchte gern alles unter Kontrolle haben. Situationen, in denen es keine Orientierung oder Struktur vorfindet, lassen es leicht in Panik geraten. Wird Saturn zum Helfer, kann sich die Person im besonderen Maße auf spirituelle und grenzüberschreitende Erfahrungen einlassen, denn der Hüter der Schwelle sorgt dafür, dass sie sich dabei nicht verliert. Es dürfte ihr dann leicht fallen, das richtige Maß zwischen Loslassen und Kontrollieren zu finden.

Mond-Saturn-Aspekt

Neben der Zeichen- und Häuserstellung wirken die Energien Saturns vor allem dann auf ein Kind, wenn er Aspekte zum Mond und zur Venus aufweist. Diese beiden Planeten symbolisieren die Gefühlsebene, aus der heraus ein Kind lebt. Wenn es sich um analytische Aspekte handelt – also eine Konjunktion, eine Opposition oder ein Quadrat –, wird das Kind den Saturn besonders spüren. Ein solcher Mond-Saturn-Aspekt galt früher als Anzeiger dafür, dass sich das Kind in seinen Bedürfnissen nicht richtig ausdrücken kann und es möglicherweise durch eine strenge, moralische Erziehung gehemmt ist.[18] Reinhold Ebertin, einer der berühmtesten Astrologen in der Mitte des 20. Jahrhunderts, schrieb sogar darüber: »Nachteile oder Sorgen durch die Familie, Gemütsdepressionen, Entfremdung oder Trennung von Frau oder Mutter, Vereinsamung, gestörtes Verhältnis zur Mutter.«[19]

Die Astrologie zu Beginn des 21. Jahrhunderts lehnt solche Zuweisungen ab. Der Astrologe Ernst Ott hat in einem Aufsatz über die Relativität von astrologischen Deutungen für die Erziehung ausgeführt, wie ein Kind heute einen Mond-Saturn-Aspekt erleben könnte:

»Meine Mutter bemühte sich durch harte Arbeit an sich, ihre eigenen Gefühle ernst zu nehmen und auszuleben. Verantwortung zu übernehmen (Saturn-Symbolik) für ihre Gefühle und Bedürfnisse (Mond), das war ihr ein ständiges Bemühen. Dies prägte das Erziehungsklima, in dem ich aufgewachsen bin. Immer wieder wurde gefragt: Sind dies echte persönliche Bedürfnisse oder nur Gewohnheiten und Anpassungszwänge? Damit gehe ich zwar ganz locker um, aber meine Mutter dachte immer, es sei auch mein Thema.«[20]

Wie immer auch ein Mond-Saturn-Aspekt im Einzelnen gelebt werden mag, unbestritten ist, dass dabei zwei unterschiedliche Energien zusammentreffen, die den Umgang für ein Kind zunächst nicht leicht machen. Das Potential kann genutzt werden, wenn daran gearbeitet wird. Die Eltern tun gut daran, das Kind frühzeitig darin zu unterstützen. Das geschieht am besten, indem sie ihre eigenen Bedürfnisse ernst nehmen, statt dem Kind etwas vorzumachen, um bestimmte Ideale zu erfüllen. Ein Kind mit dem Mond an exponierter Stelle wird echte Gefühle ohnehin von unechten unterscheiden können. Wenn die Beziehung der Eltern zum Beispiel längst abgekühlt ist, sie jedoch des Kindes wegen traute Familie spielen, wird ein solches Kind eher verwirrt als gestärkt.

Venus-Saturn-Aspekt

Venus-Saturn-Aspekte deuten in einem Horoskop darauf hin, dass ein Kind sich mit dem Thema Selbstwert intensiv auseinander setzt. Es wird ihm nicht immer leicht fallen, ein gutes Selbstwertgefühl zu entwickeln oder in der Pubertät spielerisch Sinnlichkeit und Erotik zu entwickeln. Dennoch beinhaltet dieser Aspekt nicht unvermeidlich Hemmungen und einen lebenslangen Mangel im Umgang mit den venusischen Themen Selbstwert, Liebe, Sinnlichkeit und Ästhetik. Saturn verleiht auch hier die Fähigkeit, genau hinzuschauen, was die tieferen Wünsche im Umgang damit sind. Wenn sie erkannt und akzeptiert werden, bietet ein Venus-Saturn-Aspekt einen guten Schutz, sich gerade im emotionalen Bereich nicht zu verlieren. Die Person wird sich vermutlich nicht leichtfertig auf eine unbefriedigende Beziehung einlassen, nur weil sie Angst hat, leer auszugehen oder von der Umgebung gering geschätzt zu werden.

Auch den Entwicklungsweg von der Hemmung zur Selbstbestimmung im Umgang mit der Venus können Eltern dadurch unterstützen, indem sie authentisch zu ihrer eigenen Sinnlichkeit stehen und ihren eigenen Selbstwert achten. Konkret bedeutet das zum Beispiel, sich in der Partnerschaft, im Beruf oder in einer anderen sozialen Gemeinschaft nicht klein machen zu lassen. Selbst wenn im Einzelfall Kritik angebracht ist, wird es eine Person mit einem gut entwickelten Venus-Saturn-Aspekt nicht zulassen, gänzlich abqualifiziert zu werden und alle Schuld aufgeladen zu bekommen. Sofern Venus-Saturn-Kinder ein solches Vorbild in den Eltern haben, besitzen sie gute Chancen, den Aspekt nicht als Beschränkung zu erleben, sondern als Hilfe auf dem Weg zu ihren Bedürfnissen.

Chiron: Die alte Wunde

Der Kleinplanet Chiron wurde am 1. November 1977 auf der Sternwarte von Pasadena in Kalifornien entdeckt. Er ist der am besten erforschte Kleinplanet jenseits des Saturn und wird von immer mehr Astrologen in die Deutung einbezogen. Seine Umlaufzeit auf einer exzentrischen, elliptischen Bahn beträgt etwa fünfzig Jahre. Sie erstreckt sich von der Saturn- bis zur Uranusbahn. Acht Jahre hält er sich im Tierkreiszeichen Widder und gut sieben in den Fischen auf. Dagegen verweilt er nur etwa zwei Jahre in der Jungfrau und der Waage.

Der mythologische Chiron

⚷

■ *Der Kleinplanet erhielt seinen Namen von dem mythologischen Chiron, einem der Kentauren, auf die beim Tierkreiszeichen Schütze näher eingegangen wurde. Er stammte von Saturn und der Nymphe Philyra ab, der sich Saturn in Gestalt eines Hengstes genähert hatte. Seine Mutter verstieß ihn nach seiner Geburt aufgrund seiner Hässlichkeit. Der Sonnengott Apollo und die Mondgöttin Artemis zogen ihn auf. Sie erkannten bald seine außerordentliche Weisheit und Heilkunst. So wurde der Hässliche zum Lehrer vieler Götter und Helden.*

Einst traf ihn jedoch versehentlich ein Giftpfeil seines Freundes Herakles. Die Wunde führte zu schrecklichen Qualen, konnte ihn aber nicht töten, denn wegen seiner göttlichen Abstammung war er unsterblich. So wurde Chiron der verwundete Heiler. Seine Erlösung erlangte er, indem er anstelle von Prometheus, der wegen seines Aufbegehrens gegen Jupiters Willen an einen Felsen des Kaukasus gekettet worden war, in die Unterwelt ging. Jupiter war davon so gerührt, dass er Chiron in den Götterhimmel holte, wo er als Sternbild der Kentauren zu sehen ist. ■

Chirons Themen sind die Ambivalenz von geistiger Größe und körperlicher Unvollkommenheit, von Heilen und der Schwierigkeit der Selbstheilung sowie von Opfer und Erlösung. Darüber hinaus ist Chiron mit seiner Position im Sonnensystem sowie mit seiner mythologischen Geschichte ein Mittler zwischen der materiellen Welt (Pferdekörper, Planet Saturn) und der geistigen (menschliche Weisheit, Planet Uranus). Er kennt beide Pole und er kann ihnen nicht entrinnen, obwohl er es gern möchte.

Chiron kann zum Heiler werden

Die Astrologin Eva Stangenberg fasst zusammen, worum es bei Chiron geht:

»Seine Stellung in unserem Radix zeigt uns nun, wo wir die Spaltung, unsere Wunde, erfahren, wo wir aber dadurch auch die größte Chance haben, sie zu überwinden, heil zu werden ... Bei Chiron geht es nicht darum, durch harte Arbeit am Thema zur Meisterschaft zu gelangen wie bei Saturn, oder durch Lösung von Traumatas gebundene Energien zu befreien wie bei Pluto, sondern durch ›Annahme‹ des Mangels heil zu werden. ... Unsere Erfahrungen mit unserem Mangel machen es erst möglich, andere, die ähnliche ›Probleme‹ haben, zu verstehen. Wir schenken anderen unser Mitempfinden, unser Verständnis, unsere Erfahrungen und können ihnen damit helfen. Damit ›opfern‹ oder schenken wir nicht etwas, wodurch wir ›ärmer‹ werden, im Gegenteil, wir gewinnen eine Verbindung, stellen Einheit her, wo vorher Abspaltung war.«[21]

Offenkundig stellt Chiron hohe Ansprüche an uns und er berührt tiefe Schichten. Um daran zu reifen, müssen sich diese zunächst bewusst gemacht werden. Zudem kann Heilung bei Chiron nur durch die Hinwendung zu anderen erfahren werden.

Für ein Kind ist weder der bewusste Umgang mit Schmerzen noch die Hinwendung zu anderen leicht. Insofern ist Chiron ähnlich wie Saturn ein schwieriges Thema. Dennoch muss auch er einbezogen werden, wenn ein Kinderhoroskop vollständig erfasst werden soll. Da sich Chiron im Durchschnitt mehr als vier Jahre in einem Zeichen aufhält, prägt die Häuserstellung den individuellen Umgang mit seiner Energie. In der Thematik des entsprechenden Hauses zeigt sich, wo das Kind seine Wunde hat. Kinder spüren Chiron besonders stark, wenn er einen Aspekt zum Mond oder zur Venus bildet, den beiden Planeten, in denen das kindliche Verhalten am deutlichsten Ausdruck findet. Auch hier richtet sich das besondere Augenmerk auf Konjunktionen, Oppositionen und Quadrate.

Mond-Chiron-Aspekt

Bei einem solchen analytischen Mond-Chiron-Aspekt vermisst ein Kind möglicherweise die Geborgenheit der ersten Lebensphase, die auch die Zeit im Mutterleib einschließt. Vielleicht war es nicht gerade ein Wunschkind, vielleicht war es nicht das erwünschte Geschlecht. Statt des lang ersehnten Stammhalters kam »nur« ein Mädchen und die Mutter fühlt sich noch schuldig dafür. Das kommt nicht nur in den extrem patriarchalen Gesellschaften Asiens oder Afrikas vor, sondern auch im »emanzipierten« Mitteleuropa. In einem mir bekannten Fall dieser Art habe ich die astrologische Konstellation untersucht und fand geradezu klassisch eine Mond-Chiron-Konjunktion, die noch dazu im 1. Haus steht, also im besonderen Maße die Gesamtpersönlichkeit prägt. Auch der umgekehrte Fall ist nicht selten, dass sich die Mutter unbedingt eine Tochter wünscht und dem kleinen Jungen die Enttäuschung nicht verborgen bleibt. Derartige Schmerzen sind für die Kinder kaum zu verarbeiten.

Bei einem Mond-Chiron-Aspekt ist vermutlich auch die Befriedigung der Grundbedürfnisse eine schmerzliche Erfahrung. Wenn einem Kind das grundlegende Gefühl fehlt, wirklich willkommen zu sein, es jedoch bei der Befriedigung seiner Bedürfnisse vollkommen von den Eltern abhängig ist, dann entwickelt es schnell ein schlechtes Gewissen, nur weil es deren Hilfe benötigt, um zu überleben. Wenn es wiederum nicht spürt, dass seine Bedürfnisse in Ordnung sind, wird es wahrscheinlich auch Schwierigkeiten haben, sie zu artikulieren. Es wird in gewisser Weise ein »hungriges« Kind bleiben.

Eine solcher Aspekt legt das Kind jedoch nicht für immer auf schmerzhafte Erfahrungen bei der Befriedigung seiner Bedürfnisse fest. Es kann diese Mechanismen auflösen, indem es andere versorgt und ihnen Geborgenheit schenkt. Wie weit die Eltern solche Ansätze bereits im Kindesalter entdecken und fördern können, wird am Ende des Kapitels ausführlicher beleuchtet.

Venus-Chiron-Aspekt

Venus-Chiron-Aspekte können ein weiterer Hinweis darauf sein, dass ein Kind mit schmerzhaften Erfahrungen vertraut ist, die das Selbstwertgefühl betreffen. Solche Aspekte sind Indikatoren für das Gefühl, andere seien liebenswerter und besser. Das mag objektiv unbegründet sein; entscheidend ist, dass es so erlebt wird. Wenn ein Kind Schwierigkeiten hat, sich selbst anzunehmen, wird es in Beziehungen – die ab der Pubertät einen wesentlichen Teil des Lebens prägen – leicht die alten Muster bestätigt finden. In ihrer Beziehungsfähigkeit, Sinnlichkeit und Erotik wird die Person gern andere für besser halten und dann die schmerzliche Erfahrung machen, dass andere tatsächlich besser ankommen, schneller Beziehungen eingehen, nach Trennungen rascher einen Neuanfang machen.

Wird die Venus-Chiron-Problematik von den Eltern frühzeitig erkannt, können sie die Heranwachsenden in ihrem Heilungsprozess unterstützen. Dieser Prozess kann sich darin äußern, dass die Kinder aus einem unbestimmten Gefühl heraus den Kontakt mit anderen suchen, die ähnlich schmerzhafte Erfahrungen gemacht haben. Ihnen können sie helfen, ihr Selbstwertgefühl zu stärken, indem sie ihnen ihre Zuneigung schenken und ihnen vermitteln, dass sie so in Ordnung sind, wie sie sind.

Bei der Beschreibung schwieriger Themen ist es hilfreich, sie mit praktischen Erfahrungen anschaulich zu machen. Deshalb ein persönliches Beispiel. In meinem Horoskop stehen Venus und Chiron in Konjunktion im 5. Haus. Neben dem Thema Selbstwert (Venus) geht es also auch um Selbstausdruck und Kreativität (5. Haus). Alles, was in der astrologischen Literatur über die Schattenseiten eines solchen Aspekts geschrieben wurde, erschien mir schon immer wie ein Stück aus meiner Kindheit: Das Gefühl, gegenüber anderen nicht mithalten zu können, hat vor allem die Erfahrungen der Pubertät bestimmt. Andere erschienen mir immer flotter, kamen besser bei Mädchen an und erreichten spielerischer, was sie wollten. Völlig undenkbar erschien mir, dass sich ein attraktives Mädchen für mich interessieren könnte. Das waren schmerzhafte Erfahrungen, die mein Verhalten lange geprägt haben. Seitdem ich mich näher mit der Astrologie und vor allem mit Chiron-Themen befasse, wird mir bewusst, wie sehr immer wieder andere auf mich zugekommen sind, die ähnliche Probleme mit ihrem Selbstwertgefühl haben, und von mir aufgebaut werden wollten. Häufig erschien es mir übertrieben, so sehr in die Selbstwertprobleme anderer einzusteigen. Vermutlich war das indes genau die Selbsttherapie, mit der ich meinen Chiron und meine Venus erlöst habe. Heute plagt mich jedenfalls nicht mehr das schmerzhafte Gefühl, keinen Zugang zu den venusischen Themen finden zu können und mich anderen gegenüber unterlegen zu fühlen.

Uranus: Mangel an Geborgenheit

Von allen überpersönlichen Planeten ist Uranus als Schattenthema vermutlich am wenigsten spürbar und quälend. Er gilt schließlich als der Planet der Freiheit und Toleranz.

■ *Uranus (griech. Uranos) war der älteste der antiken Himmelsgötter. Gaia, die Erde, brachte ihn ohne Beteiligung eines Mannes hervor und wurde dann seine Frau. Uranus zeugte Gaia zahlreiche Kinder. Von manchen war er so entsetzt, dass er sie gleich wieder in den Schoß von Gaia stopfte. Um daran nicht zu ersticken, animierte sie ihren Sohn Saturn, seinen Vater zu stürzen und mit der Sichel zu entmannen.*

An der Stelle, wo Uranus' Glied ins Meer geworfen wurde, stieg Aphrodite, die Göttin der Liebe und der Schönheit, aus dem Schaum. Dort, wo Uranus' Blut die Erde berührte, entstanden die Furien, Furcht erregende weibliche Rachegeister, die überall erschienen, wo Menschen gegen die natürlichen Gesetze verstießen. Insofern übte Uranus scheinbar entmachtet und ohne gezielte Handlungsabsicht großen Einfluss auf den Lauf der Dinge aus. ■

Die Entdeckung des Uranus sprengte die Grenzen des alten Weltbilds mit den klassischen sieben Planeten. Er symbolisiert deshalb den plötzlichen Umschwung, den Vorstoß in andere Welten jenseits der Materie und persönlicher Grenzen. Zudem drückt er das revolutionäre Potential eines Menschen und seinen Freiheitsdrang aus. Durch seine etwa siebenjährige Aufenthaltsdauer in einem Tierkreiszeichen steht er bei mehreren Jahrgängen im selben Zeichen. Seine jeweilige Häuserstellung zeigt die individuelle Prägung an. Bei dem entsprechenden Thema fällt es einer Person leicht, unkonventionell, spontan und originell zu handeln und Grenzen zu sprengen. Die entsprechenden Beschreibungen der Zeichen und Häuser finden Sie ab Seite 17 bzw. Seite 23.

Im Falle einer schwierigen Aspektierung neigt die Person unter Umständen dazu, alles zwanghaft anders machen zu wollen. Auch Mangel an Verbindlichkeit, Geborgenheit, Bindung sowie elitärer Dünkel gehören zu den uranischen Schattenseiten.

Mond-Uranus-Aspekt

Ein analytischer Mond-Uranus-Aspekt (Konjunktion, Opposition, Quadrat) kann auf eine emotionale Mangelerfahrung hinweisen. Die gründet sich möglicherweise darin, dass die Eltern oder Bezugspersonen anders als die gesellschaftliche Norm sein wollen. Konkret manifestieren sich derartige Themen etwa dann, wenn beide Elternteile arbeiten und das Kind den größten Teil seiner Zeit im Hort verbringt. Auch häufig wechselnde Beziehungen der wichtigsten Bezugsperson können als emotionaler Mangel erlebt werden, denn sie verlangen vom Kind, sich immer wieder neu einzulassen.

Selbst wenn das Kind im Sinne von Uranus derartige Bedingungen tolerant akzeptiert, bleiben die tiefen Bedürfnisse des Mondes dabei auf der Strecke. Damit soll keinesfalls der traditionellen Aufgabenverteilung in der Familie das Wort geredet werden. Um Mond und Uranus zu befriedigen, kann es auch eine Herausforderung sein, neue Lebens- und Arbeitsformen zu entwickeln, etwa auf Teilzeitbasis, die den Bedürfnissen des Kindes nach Nähe und Geborgenheit ebenso Raum geben wie den Bedürfnissen beider Eltern nach beruflicher Verwirklichung.

Venus-Uranus-Aspekt

Ein analytischer Venus-Uranus-Aspekt kann ein Hinweis auf ein labiles Selbstwertgefühl sein. Das Kind fühlt sich immer wieder neu herausgefordert und findet nur schwer Vertrauen zu sich selbst. Daraus resultierend fällt es der Person mit der Pubertät schwer, sich in einer Beziehung verbindlich auf andere einzulassen. Sie mag einen großen Hunger nach immer neuen und außergewöhnlichen körperlichen und sinnlichen Erfahrungen entwickeln, der letztlich nie gestillt werden kann.

Aspekte des Uranus zu Mond und Venus im Horoskop des Kindes können auch ein Hinweis auf eine schwierige Trennungssituation für das Kind sein. Auch in dem Fall muss die Konsequenz für die Eltern nicht zwangsläufig darin liegen, eine Beziehung aufrechtzuerhalten, die niemandem mehr gut tut, sondern bewusst und achtsam mit der Situation umzugehen und die Konsequenzen dem Kind in Klarheit und Liebe zu vermitteln.

Wie bei allen Aspekten sind die beschriebenen Auswirkungen nicht zwingend gegeben. Wenn die Eltern die Gefahren rechtzeitig erkennen und – eventuell mit Hilfe professioneller Beratung – Maßnahmen ergreifen, damit auch in der toleranten Atmosphäre des Uranus die emotionalen und körperlichen Bedürfnisse nicht zu kurz kommen, dann bieten die entsprechenden Aspekte die Chance, im Leben unkonventionelle Beziehungen einzugehen, in denen gegenseitiges Vertrauen wächst und die Gefühlsintensität freiwillig fließt, die in anderen Beziehungen häufig eingefordert wird.

Neptun: Wenn die Grenzen verschwimmen

■ *Neptun (griech. Poseidon) war der Herrscher über die Meere. Mit seinen Brüdern Jupiter, dem Herrn des Himmels, sowie Pluto, dem Herrn der Unterwelt, hatte er sich nach der Entmachtung ihres Vaters Saturn das Universum geteilt. Neptun lebte in einem unterirdischen Palast, suchte zahlreiche Liebesabenteuer und schreckte vor Gewalt oder List nicht zurück, wenn die Frauen unwillig wa-*

ren. Überhaupt besaß er einen sehr emotionalen, aufbrausenden Charakter. In seinem Streitwagen raste er durch das Meer und schickte Erd- oder Meeresbeben und schwere Stürme. Wenn er sich von den Menschen nicht genug beachtet fühlte, strafte er sie mit Überschwemmungen.

Neptun hatte jedoch auch eine andere Seite. Er konnte ausgesprochen mitfühlend und hilfsbereit sein. Er bändigte Stürme, rettete viele Seeleute vor dem Ertrinken, erhob die Zwillinge Kastor und Polydeukes zu den Schutzpatronen der Schifffahrt und schuf den Menschen neuen Lebensraum. ■

Zusammen mit Uranus und Pluto ist Neptun einer der drei geistigen Planeten, die sich jenseits der von Saturn symbolisierten Grenze der Materie bewegen. Während Uranus mit revolutionärem Elan Grenzen durchbricht, löst Neptun sie unmerklich, aber nachhaltig auf – so wie das berühmte weiche Wasser den Stein bricht. Er symbolisiert die Sehnsucht des Menschen nach Kontakt mit einer höheren Ordnung, nach Transzendenz und Spiritualität.

Da Neptun etwa vierzehn Jahre in einem Zeichen verweilt, prägt seine Zeichenstellung eine ganze Generation. Die Häuserstellung bestimmt die individuelle Färbung. Sie zeigt an, wo eine Person Zugang zu den spirituellen Energien, zu Mystik und Meditation hat, wo sie sich von ihrer inneren Stimme und Inspiration leiten lassen kann, wo sie besonders sensibel ist. Die Häuserstellung sagt aber auch etwas darüber aus, wo die Person Schwierigkeiten hat, die konkrete Realität wahrzunehmen und Grenzen zu erkennen; wo sie sich Täuschungen hingibt und Enttäuschungen erlebt, wo sie möglicherweise Suchtverhalten an den Tag legt und die Dinge durch eine rosa Brille betrachtet. Wer Neptun nicht bewusst integriert, gerät leicht ins Schwimmen. Das heißt, er weiß nicht so recht, was er will.

Einmal mehr ist offenkundig, dass die neptunischen Themen Kindern noch größere Schwierigkeiten bereiten können als

Erwachsenen. Sie begegnen ihnen deshalb in erster Linie über die Außenwelt, indem andere möglicherweise ihre Grenzen nicht respektieren oder sich so unklar und inkonsequent verhalten, dass dem Kind die Orientierung schwer fällt. Neben der Stellung im Haus geben die analytischen Aspekte – Konjunktion, Opposition und Quadrat – zu Mond oder Venus nähere Auskunft darüber, ob Neptun für das Kind eine besondere Rolle spielt. Ein anderer Hinweis für dominante neptunische Themen ist der Stand von Mond bzw. Venus im 12. Haus oder in den Fischen.

Ein Mond-Neptun- oder Venus-Neptun-Aspekt kann als Schattenthema auch auf Missbrauch hindeuten. Bevor näher darauf eingegangen wird, welchen Beitrag die Astrologie zur Aufklärung von Missbrauch zu leisten vermag, soll zunächst geklärt werden, was darunter zu verstehen ist. Unterschieden werden muss zwischen Missbrauch von einer Person oder etwas Unpersönlichem. Letzteres liegt vor, wenn jemand etwas in einem anderen Sinn benutzt, als es gedacht ist, um sich oder anderen einen Vorteil zu verschaffen. Der Missbrauch von Ämtern und Verantwortung füllt immer wieder die Schlagzeilen. Auch Wissen oder Spiritualität können missbraucht werden.

Missbrauch bedeutet Grenzverletzung

Missbrauch gegenüber einer Person ist letztlich immer gegeben, wenn ihre Grenzen verletzt werden. Die Analogie zu Neptun liegt auf der Hand. In der Öffentlichkeit beschränkt sich die Diskussion über Missbrauch von Personen weitgehend auf den körperlichen und sexuellen Bereich. Das wirkt in den seelischen und emotionalen Bereich hinein, doch gibt es Missbrauch auch ohne Körperkontakt. Emotionaler Missbrauch liegt zum Beispiel vor, wenn Liebe und Zuneigung an bestimmte Erwartungen geknüpft werden, statt um ihrer selbst willen geschenkt werden. Die Debatte über Kindesmissbrauch hat deutlich gemacht, wie weit derartige Übergriffe verbreitet sind. Sie hat damit zur Enttabuisierung sowie zum Schutz der Opfer beigetragen.

So fließend wie die Grenzen bei Neptun sind, so fließend sind auch die Grenzen, wann Missbrauch beginnt. Niemand wird von sich behaupten können, seine Position, sein Wissen oder seine Überlegenheit noch nie zum eigenen Vorteil missbraucht zu haben. Um solch allgemeine moralische Positionen geht es hier also nicht. Ein Mond-Neptun- oder ein Venus-Neptun-Aspekt kann das Thema für die Astrologie präzisieren.

Mond-Neptun-Aspekt

Bei Mond-Neptun geht es um den emotionalen Missbrauch, denn der Mond steht für die Emotionen und Bedürfnisse; Neptun für die Auflösung von Grenzen. Das Kind tut sich womöglich schwer, seine wirklichen Bedürfnisse zu erkennen. Es flüchtet sich gern in Traumwelten, die erschüttert werden, sobald sie mit der Realität in Kontakt kommen.

Der mangelnde Realitätssinn macht das Kind leicht beeinflussbar für die Bedürfnisse anderer. Vielleicht empfindet es die sogar als Orientierung. Konkret kann sich diese Art von Missbrauch z.B. so auswirken, dass ein allein erziehender Elternteil das Kind als Partnerersatz benutzt, dass es sich allen Ärger und alle Klagen über die Welt, über den verflossenen Partner oder über die Kollegen im Beruf anhören muss, obwohl es damit überlastet ist. Wenn es sich dem entziehen will, mag es ein schlechtes Gewissen haben, denn schließlich wird es doch geliebt. Gerade Kinder, deren Mutter oder Vater sich emotional vernachlässigt fühlen, sehen sich leicht der Gefahr ausgesetzt, im Sinne eines analytischen Mond-Neptun-Aspekts missbraucht zu werden.

Venus-Neptun-Aspekt

Bei einem Venus-Neptun-Aspekt geht es auch um den körperlich-sexuellen Bereich, für den Venus steht. Die Schwierigkeit Neptuns, klare Grenzen zu setzen, kann Erwachsene dazu verleiten, sich von einem Kind körperliche Zuwendung zu holen, die ihnen nicht zusteht. Es geht dabei eher um die Form von Missbrauch, die auf offene Gewalt verzichtet, aber in der Kinderseele ebenso ihre Spuren hinterlässt. Das beginnt dort, wo das Kind Schmusebedürfnissen nachkommen muss, auch wenn ihm nicht danach ist. Auch Verwandte, die das liebe Kleine herzen und drücken wollen, können damit möglicherweise seine Grenzen überschreiten. Die schlimmste Form des Missbrauchs im Sinne von Venus-Neptun sind die vermeintlichen Zärtlichkeiten, die sich insbesondere männliche Erwachsene von Mädchen oder Jungen holen und für die sie dann Zuneigung oder Belohnungen geben. Der klassische Schokoladenonkel ist eine Karikatur, die vermutlich mehr Kinder erlebt haben, als früher angenommen wurde. Durch diese Form des Missbrauchs wird das Selbstwertgefühl nachhaltig gestört. Das Kind erlebt, dass es nicht um seiner selbst willen geliebt, geachtet und belohnt wird, sondern weil es eine körperliche Erwartung erfüllt, weil es seine Grenzen missachtet und sich mehr einlässt, als es dies aus eigenem Antrieb heraus tun würde. Noch als Erwachsene sind solche Personen in ihrem Kern zu erschüttern, wenn sie etwa in einer Partnerschaft Grenzen ziehen möchten, aber daraufhin vermittelt bekommen, sie würden die in sie gesetzten Erwartungen nicht erfüllen.

Wenn Kinder in ihrem Horoskop entsprechende Konstellationen aufweisen, ist es wichtig, dass Eltern aufmerksam und sensibel mit dem Thema umgehen und Vertrauen zu dem Kind aufbauen, damit es weiß, wohin es sich bei Grenzüberschreitungen wenden kann.

Es ist nicht zwingend, dass ein analytischer Mond-Neptun- oder Venus-Neptun-Aspekt als Missbrauch erfahren wird. Beide Aspekte fordern die Person im besonderen Maße heraus, sich mit ihren Grenzen, Bedürfnissen und Gefühlen auseinander zu setzen. Das kann bereits im Kindesalter geübt werden, ist aber in erster Linie ein Erwachsenenthema. Im positiven Fall entwickelt die Person dadurch eine außerordentliche Sensibilität. Die kann bei allen sozialen Kontakten oder in sozialen Berufen sehr hilfreich sein. Eine solche Person spürt, wann andere sich ernsthaft auf sie einlassen. Sie kann sich vor Missbrauch in jeder Form schützen, ohne dabei abzustumpfen. Betrifft der Aspekt die Venus, hat die Person die Chance, eine hohe Sensibilität für ihren Selbstwert, für Sinnlichkeit, Ästhetik und Erotik zu entwickeln. Wenn sie gelernt hat, bewusst mit ihren Grenzen umzugehen, kann sie für sich den Raum schaffen, in dem sich die venusischen Themen authentisch entfalten.

Pluto: Macht der Wandlung

■ *Pluto (griech. Hades) war der Herrscher über die Unterwelt, das Totenreich, das besonders gefürchtet war. Die Menschen der Antike glaubten, wer dort angekommen sei, ginge als Schatten seiner ehemaligen Existenz ohne Bewusstsein den gewohnten Betätigungen nach. Merkur begleitete die Toten über den Grenzfluss Styx. Auf der anderen Seite wachte der Höllenhund Kerberos darüber, dass niemand mehr die Unterwelt verließ, denn sie war ein Reich ohne Wiederkehr. Außer Merkur durften nur wenige Helden bzw. Heldinnen wie Herakles, Orpheus oder Psyche in die Unterwelt hinab- und wieder hinaufsteigen.*

Da Pluto von den Menschen mehr gefürchtet als verehrt wurde, ranken sich nur wenige Mythen um ihn. Die bekannteste handelt von seiner Frau Proserpina (griech. Persephone), der Tochter der Fruchtbarkeitsgöttin Demeter (siehe auch Seite 61). Pluto hatte heimlich mit Jupiter ausgehandelt, dass Proserpina seine Frau werden sollte. Deshalb führte Jupiter sie auf ein schönes Feld von Nar-

zissen, die dem Pluto geweihten Blumen. Kaum hatte sie eine gepflückt, tat sich die Erde auf und Pluto raubte Proserpina. Als ihre Mutter daraufhin alles verdorren ließ, musste sich Pluto jedoch beugen und Proserpina freigeben. Bevor sie seine Welt verließ, gab er ihr einen Granatapfel, das Symbol für die Ehe. Proserpina biss hinein und war somit an Pluto gebunden. Was er mit Gewalt nicht erreicht hatte, erlangte er mit List. ■

Pluto ist der letzte der drei geistigen Planeten. Seine Themen sind Macht und Ohnmacht, Intensität, Ängste, Wandlungsprozesse, Sexualität, Tabus aller Art sowie seelische Verstrickungen bis hin zur Abhängigkeit. Im positiven Sinne steht Pluto für die vollkommene Hingabe an den Augenblick, für höchste Intensität, für den wahren Kern einer Sache und große Macht.

Da Pluto keine Tabus akzeptiert und alles Verdrängte und Verbotene bewusst macht, kann er zu einer umfassenden Wandlung und Heilung beitragen. »Stirb und werde« lautet sein Motto. Ob die plutonischen Kräfte aber genutzt werden, um der Gemeinschaft zu dienen oder um egoistische Interessen durchzusetzen, verrät das Horoskop nicht.

Pluto hält sich zwischen vierzehn und einunddreißig Jahren in einem Tierkreiszeichen auf. Wie Neptun prägt er damit eine ganze Generation. Im individuellen Horoskop sagt die Häuserstellung etwas darüber aus, in welchem Bereich eine Person die tiefen Wandlungsprozesse erlebt, wo sie über ihren größten inneren Reichtum verfügt und wo sie mit Macht und Abhängigkeit konfrontiert ist (siehe Seite 23).

Offenkundig kann ein Kind die plutonischen Themen nicht auf der bewussten Ebene leben. Ist es sehr davon geprägt – etwa durch Pluto am AC, am IC oder im 8. Haus –, dann werden die Eltern einiges von seiner Kraft spüren und manchmal vielleicht sogar Angst davor bekommen. Das Kind wird sich womöglich über die Ergebnisse wundern, aber es wird die Kraft noch nicht gezielt einsetzen können. In der Regel werden die plutonischen

Themen ähnlich wie die neptunischen dem Kind durch die Umwelt begegnen. Bei Pluto als Schatten geht es um die Anwendung von Macht und Gewalt zur Durchsetzung eigener Interessen und Bedürfnisse. Dabei kann Missbrauch ein mögliches Thema sein. Die analytischen Aspekte Konjunktion, Opposition und Quadrat zu Mond und Venus geben Hinweise auf die mögliche Prägung im individuellen Horoskop, ebenso die Stellung von Mond bzw. Venus im 8. Haus oder im Skorpion.

Mond-Pluto-Aspekt

Bei Mond-Pluto-Themen betrifft das den emotionalen Bereich. Je jünger das Kind ist, desto abhängiger ist es in seinen Bedürfnissen von der Zuneigung der Mutter oder einer anderen Bezugsperson. Das gibt dem Erwachsenen ein enormes Machtpotential. Wer sich über seine eigenen Pluto-Energien bewusst ist, wird der Versuchung nicht so schnell erliegen, diese Macht auszunutzen. Wer jedoch selbst Gefahr läuft, sein eigenes Leben nicht zu leben, sondern sich in Beruf, Partnerschaft, Elternbeziehung oder wo auch immer manipuliert oder unterdrückt fühlt, mag versucht sein, die Machtposition gegenüber dem abhängigen Kind auszunutzen. Derartige Strukturen beginnen sehr früh; dann sind sie später umso schwerer zu erkennen und aufzulösen. Konkret kann sich ein Mond-Pluto-Missbrauch darin zeigen, dass die Bezugsperson das Kind emotional erpresst, etwa in der Form »Ich tue alles für dich, also musst du mich lieb haben« oder »... also darfst du mir nicht widersprechen« oder später »... also darfst du keine Geheimnisse vor mir haben«. Dadurch bekommt das Kind bei jeder für seine Entwicklung notwendigen Eigeninitiative ein schlechtes Gewissen, das die Macht der erwachsenen Person vergrößert. Es mag zwar spüren, wo der eigene Weg und die eigene Verantwortung beginnt, doch die symbiotische Verbindung ist häufig stärker, so dass die Macht des Elternteils sogar noch wirkt, wenn das Kind selbst schon das Erwachsenenalter erreicht hat. Sofern es sich dennoch aus der Abhängigkeit befreien kann, wird es ein großes Misstrauen gegenüber Bedürfnissen und Gefühlen entwickeln, denn die könnten ja wieder eine ähnliche Situation herbeiführen.

Die erwachsene Person kann bei einer Mond-Pluto-Verbindung Eigeninitiative des Kindes auch dadurch bestrafen, dass sie sich völlig entzieht. Dann bleibt dem Kind, vor allem wenn es noch kleiner ist, nichts anderes übrig, als sich der Macht der Älteren zu beugen, weil seine Bedürfnisse sonst womöglich gar nicht befriedigt werden. Es fühlt sich der erwachsenen Person vollständig ausgeliefert.

Die Gefühle in einer solchen Verbindung sind immer etwas Besonderes. Ein Kind spürt Zuneigung, Liebe, Einssein, Wut, Ablehnung, Widerstand oder Resignation ausgesprochen intensiv. Aus jeder Liebesbezeugung kann leicht ein Treueschwur fürs Leben werden; aus jeder Auseinandersetzung leicht ein Drama.

Venus-Pluto-Aspekt

Bei einem Venus-Pluto-Aspekt kann auch die körperliche, sinnliche und erotische Ebene von dem Missbrauch betroffen sein. Venus-Pluto symbolisiert den »klassischen« Fall von Missbrauch, bei dem ein erwachsener Mensch ein Kind benutzt, um seine sexuellen Bedürfnisse zu befriedigen. Die Bandbreite des Vorgehens ist auch hier groß und sie beginnt nicht gleich mit nackter Gewalt. Das Kind kann mit Erpressung und Einschüchterung gefügig gemacht werden, etwa in der Form »Wenn du davon erzählst, glaubt dir ja doch niemand« oder »... dann passiert dir bzw. deinen Eltern bzw. deinen Geschwistern etwas Schlimmes«. Reicht die verbale Gewalt nicht, um das Kind gefügig zu machen, ist es bis zur physischen nur ein kleiner Schritt. Astrologisch muss dabei auch die Stellung des Mars berücksichtigt werden. Wenn er sich im Skorpion bzw. im 8. Haus oder in den Fischen bzw. im 12. Haus befindet oder einen analytischen Aspekt zur Venus aufweist, kann das Thema verstärkt werden. Zu den schwerwiegendsten Folgen sexuellen Missbrauchs zählt der Verlust des Vertrauens und damit der Fähigkeit, sich wirklich auf eine Beziehung einzulassen. Das Trauma liegt nicht nur in der körperlichen und emotionalen Erfahrung, sondern auch in der erlittenen Hilf- und Schutzlosigkeit. Selbst wenn kein Elternteil der Täter war, kann das Vertrauen in sie erschüttert sein, weil kein starker Vater oder keine schützende Mutter aufgetaucht ist, um das Kind zu retten. Häufig sind die Erfahrungen so traumatisch, dass sie verdrängt werden. Das mag für einen Heranwachsenden lebensnotwendig sein, eine langfristige Hilfe ist es nicht, denn was verdrängt wird, ist nicht erlöst, sondern schafft sich unbewusst Raum. Pluto-Transite können dazu beitragen, die Erlebnisse wieder an die Oberfläche zu holen. (So ist mir das Beispiel einer Frau bekannt, die als Kind über mehrere Jahre von einem Verwandten missbraucht wurde. Dreißig Jahre später ging Pluto über ihren Aszendenten. In der Zeit kamen die verdrängten schrecklichen Erfahrungen wieder an die Oberfläche und konnten in einem schmerzhaften Prozess aufgelöst werden. Durch einen intensiven therapeutischen Prozess besteht die Chance auf Wandlung und Heilung, denn wie oben aufgeführt, repräsentiert Pluto nicht nur Schattenthemen.

Ein Pluto-Venus-Aspekt kann auch als schmerzhafte Trennung von einer besonders lieb gewonnenen Person (oder auch Lebensumständen) erlebt werden. Das »Stirb-und-werde«-Prinzip des Pluto ist selbst für Erwachsene häufig kaum zu verstehen, für Kinder daher schon gar nicht. In der Konsequenz wird es den Betroffenen als Erwachsenen schwer fallen, eine befriedigende Beziehung einzugehen. Entweder werden sie sich gar nicht einlassen, weil ihre Erfahrung besagt, dass enge Beziehungen mit Schmerzen verbunden sind, oder sie rutschen in abhängige Beziehungen, sofern sie es nicht schaffen, sich die Muster bewusst zu machen. Das ist der erste Schritt, sie aufzulösen.

Einmal mehr muss betont werden, dass sich ein analytischer Mond-Pluto- oder Venus-Pluto-Aspekt nicht unausweichlich als emotionaler bzw. sexueller Missbrauch oder als anderes Schattenthema manifestiert. Solche Aspekte ermöglichen in der erlösten Form eine tiefe Intensität der Gefühle, die den Personen hilft, nicht auf der Oberfläche der Erlebnisse oder Ereignisse zu bleiben. Vieles, was anderen profan erscheint, ist für sie etwas Besonderes. Das kann eine große Bereicherung im Leben sein, sofern sie das richtige Maß finden. Darüber hinaus erleben Personen mit einem Mond-Pluto- oder Venus-Pluto-Aspekt, welche Macht Gefühle und Erotik haben können. Gelingt es ihnen, damit konstruktiv umzugehen – das heißt, andere nicht zu manipulieren –, dann haben sie eine gute Voraussetzung, hohe Ziele im Leben zu erreichen.

Die Rolle der Eltern

Wie ausgeführt, erleben Kinder die Schattenthemen in erster Linie über die Umwelt. Das macht es schwierig, die Rolle der Eltern einzubeziehen. Denn schließlich könnten entsprechende Konstellationen darauf hindeuten, dass sie selbst ihre Kinder hemmen oder ihnen Schmerzen verursachen. Wer wirklich verstanden hat, dass keine Kombination in einem Horoskop eine zwingende Deutung verlangt, muss sich vor einer solchen Zuweisung nicht fürchten. Dennoch dürfte es selbst für bewusste Eltern schwer sein, mit derartigen Themen bei ihrem Kind konfrontiert zu werden und gleichzeitig zu hören, dass es diese Themen über die Umwelt erfährt, denn die Umwelt sind zuerst immer sie selbst.

Das Horoskop kann Sensibilität schärfen

Nun werden Eltern, die ihr Kind tatsächlich in irgendeiner Weise missbrauchen oder in seiner Entwicklung bewusst hemmen und abhängig halten, kaum eine astrologische Beratung aufsuchen. Insofern zeugt dieser Schritt grundsätzlich von der Bereitschaft, das Potential des Kindes zu erkennen und zu fördern und möglicherweise auch sich auf eine Erweiterung des eigenen Bewusstseins einzulassen. Gerade bei den Schattenthemen sollte deutlich gemacht werden, dass die Eltern nicht die volle Verantwortung für das Horoskop ihres Kindes übernehmen müssen. Das Kind kommt mit seinen eigenen Prägungen und Themen, und das Horoskop ist der Indikator dafür. Die Eltern sind die Partner. Sie unterstützen das Kind, wenn sie sich möglichst ohne moralische Wertungen oder Selbstanklagen auch auf die Schattenthemen in dessen Horoskop einlassen. Gerade darüber können sie sensibel dafür werden, wo ihr Kind eine besondere Unterstützung oder besonderen Schutz benötigt.

Um noch einmal das wohl extremste Thema des sexuellen Missbrauchs aufzugreifen: Die meisten Täter sind Männer aus der näheren Umgebung – wenn nicht der Vater oder der Stiefvater selbst, dann Nachbarn, Freunde, Onkel, Großväter, manchmal auch ältere Brüder –, denen offenbar niemand so etwas zutraut. Viele Opfer sind zu eingeschüchtert, um sich direkt verbal zu offenbaren. Zwar gibt es heute zahlreiche Informationen darüber, wie an auffälligen Verhaltensweisen ein Missbrauch erkannt werden kann, doch viele Zeichen werden weiterhin übersehen. So sagen immer noch viele Opfer später: »Wenn meine Eltern doch sensibler hingeschaut hätten ...« Zweifellos kann das Horoskop diese Sensibilität schärfen. Sollte das Thema Missbrauch als Potential angelegt sein, aber das nötige Vertrauen zwischen Eltern und Kindern herrschen, dann kann das dazu beitragen, dass sich das vorhandene Thema in anderer Form manifestiert. In einem solchen Fall leistet die Astrologie einen wichtigen Beitrag, das Kind vor einem Trauma zu bewahren.

Jupiter – Kein Thema für ein Kind?

Ausgerechnet auf den Göttervater Jupiter ist bislang noch nicht näher eingegangen worden. In der Tat spielt er im Kinderhoroskop keine eindeutige Rolle. Er gehört weder zu den persönlichen Planeten, die für die kindliche Entwicklung besonders prägend sind, noch zu den klassischen Schattenthemen, obwohl er in seiner unerlösten Form durchaus Probleme bereiten kann. Der Vollständigkeit halber soll kurz seine mögliche Bedeutung für ein Kind beleuchtet werden.

■ *Jupiter (griech. Zeus) war die höchste antike Gottheit. Er beherrschte mit seinen Brüdern Neptun und Pluto das gesamte Universum. Als einziges der sechs Kinder von Saturn und Rhea entkam er seinem Vater nach der Geburt. Der Neugeborene wurde auf Kreta von Nymphen aufgezogen. Im Mannesalter stürzte er seinen Vater und befreite seine Geschwister. Jupiter heiratete seine Schwester Juno, hatte jedoch eine unüberschaubare Zahl von Affären und außerehelichen Nachkommen. Wenn Jupiter eine Frau begehrte, nahm er sich mit List oder Gewalt, was er wollte. Juno verfolgte die Bettgefährtinnen ihres Ehemannes sowie die daraus entsprungenen Kinder mit großer Unnachgiebigkeit.*

Es gab zahllose Versuche, Jupiter zu stürzen, doch am Ende behielt er immer die Oberhand. Wenn er sich seiner Herrschaft sicher fühlte, war er ein unparteiischer, großherziger Göttervater, der die Geschicke im Himmel und auf der Erde würdevoll lenkte. ■

Jupiter zählt zusammen mit Saturn zu den gesellschaftlichen oder sozialen Planeten. Durchschnittlich ein Jahr läuft er durch ein Zeichen. Er symbolisiert die Kräfte, die über die Entwicklung der individuellen Persönlichkeit hinausgehen, vor allem Gerechtigkeit im Sinne einer höheren Ordnung, Moral im Sinne einer ethischen Ordnung sowie Religion im Sinne einer göttlichen Ordnung. Zudem steht er für Expansion, die Erweiterung des Horizonts, Reisen in ferne Länder, Beschäftigung mit anderen Kulturen oder philosophische und weltanschauliche Interessen. Die Gefahr bei Jupiter liegt in der Selbstüberschätzung.

Kinder nicht überfordern

Ein Kind muss langsam in die Jupiter-Themen hineinwachsen. Damit es dabei nicht überfordert wird, benötigt es Unterstützung und Begleitung von Erwachsenen. Das Kind kann häufig nicht so schnell hoch hinaus, wie Jupiter und manche Erwachsene es gern hätten. Weiter vorne wurde ausgeführt, inwiefern es an der Vergangenheit hängt, symbolisiert durch den absteigenden Mondknoten und den IC. Von dort entfernt es sich nur langsam und behutsam. Der expansiven Jupiter-Energie entspricht ein solches Verhalten nicht.

Wie üblich sind pauschale Beurteilungen nicht angemessen; auch die Jupiter-Qualitäten sind in jedem Horoskop anders angelegt. Wenn die Eltern spüren, dass ihr Kind sich auf Reisen wohl fühlt, spricht nichts dagegen, seinen Horizont auf diese Art zu erweitern. Wenn das Kind ein natürliches Interesse an fremden Kulturen zeigt, ist es richtig, es durch Fotobände, Atlanten für Kinder oder auch entsprechende Fernsehsendungen damit vertraut zu machen. Ein Kind, bei dem Jupiter im Horoskop stark gestellt oder das analoge Zeichen Schütze gut besetzt ist, wird sich von einem Fernseher nicht rasch überfordert fühlen.

Mond-Jupiter-Aspekt

Bei einem analytischen Mond-Jupiter-Aspekt besteht die Gefahr, dass sich der Drang nach Expansion in einem Meer von Emotionen verliert. Die Eltern mögen dem Kind immer das Gefühl vermitteln, es sei großartig, ohne es ausreichend darin zu unterstützen, seine Möglichkeiten auch umzusetzen. Das kann zu Verzärtelung, dem Muttersöhnchen-Syndrom und gleichzeitiger Überheblichkeit führen.

Bei einem analytischen Venus-Jupiter-Aspekt könnte das Kind ein übersteigertes Selbstwertgefühl an den Tag legen, das dann kein wirkliches Fundament hat. Daraus resultierend wird es als Jugendlicher möglicherweise weit überzogene Ansprüche an Beziehungen oder überhaupt an das Schicksal stellen und vielleicht manche konkrete Chance aus Überheblichkeit verstreichen lassen.

Werden die Gefahren in beiden Fällen erkannt, hat ein Kind mit solchen Konstellationen gute Voraussetzungen, auf der Sonnenseite des Lebens zu stehen. Es kann großen Reichtum in Beziehungen erfahren, wird von der Umgebung geschätzt und hat vor allem ein klares Bewusstsein von seinem eigenen Wert.

Die Transite

Neue Impulse auf dem Entwicklungsweg des Kindes

Der Kosmos ist immer in Bewegung. Jedes Geburtshoroskop, das so genannte Radix, ist eine Momentaufnahme, die in dieser Form nie wiederkommt. Die Planeten wandern weiter, einige schneller, einige langsamer, die meisten bisweilen auch rückwärts. Die Energie dieser Zyklen spürt jeder Einzelne besonders stark, wenn sie unmittelbar auf die Planeten im jeweiligen Geburtshoroskop einwirkt. Die Astrologie spricht bei den Begegnungen mit den laufenden Planeten von den Transiten, was wörtlich Übergang oder Durchgang bedeutet. Neben dem direkten Übergang, der Konjunktion, werden auch andere Aspekte wie Opposition, Quadrat, Trigon und Sextil bei der Interpretation der Transite beachtet.

Gastgeber und Gäste

Um die Transite zu verstehen, können die Planeten in zwei Gruppen unterteilt werden, in die Gastgeber und die Gäste. Bei den Gastgebern handelt es sich um Sonne, Mond, Merkur, Venus und Mars, wobei die Sonne für das Kind ja erst allmählich eine prägende Rolle einnimmt. Dazu kommen die Schnittpunkte Mondknoten, IC und AC. Das sind die Punkte im Geburtshoroskop des Kindes, die von den Transiten besonders beeinflusst werden. Die Transite erscheinen gleichsam als Gäste. Bei ihnen handelt es sich um Jupiter, Saturn, Chiron, Uranus, Neptun und Pluto. Sie bewegen sich so langsam, dass ihr Einfluss auf einen anderen Planeten oder Schnittpunkt für längere Zeit zu spüren ist. Die Astrologie spricht dann von Auslösungen.

Bisweilen kann es auch wichtig sein, den Mars zu den Gästen hinzuzuzählen. Vor allem ein Konjunktions-Aspekt vom Mars kann sich über einige Tage, manchmal auch Wochen durch unerwartete Energieschübe heftig bemerkbar machen.

Die Gastgeber sind bei allen Kindern – und Erwachsenen – gleich. Sie repräsentieren die bereits beschriebenen Themen wie das emotionale Erfassen der Welt (Mond), das (Be-)Greifen und die Kommunikation (Merkur), die Entfaltung von Selbstwert und Sinnlichkeit (Venus) sowie von Tatkraft und körperlicher Entwicklung (Mars), den eigenen Ausdruck (AC) und die Vergangenheit (absteigender Mondknoten und IC). Die Gäste bringen zwar grundsätzlich auch immer die gleiche Energie mit, aber da sie bei jedem Gastgeber an einer anderen Stelle und selten zur gleichen Zeit auftauchen, beeinflussen sie jeden in unterschiedlicher Form. Das heißt, die Entwicklungsthemen (Gastgeber) sind bei allen gleich, doch die Schwerpunkte und das Tempo werden durch unterschiedliche Energien (Gäste) gefärbt. Somit ist das Kind, ähnlich wie der Kosmos, in seiner Entwicklung in einem ständigen Fluss.

Was sind die kindlichen Entwicklungszyklen im Einzelnen und können dafür allgemeine Kriterien erstellt werden? Diese Frage beschäftigt nicht nur die Astrologie, sondern im besonderen Maße auch die Psychologie sowie die Pädagogik. Aufgrund der verwandten Thematik lohnt ein kurzer Blick auf die Erkenntnisse dieser beiden Fachgebiete und die Verbindungen zur Astrologie.

Die kindlichen Entwicklungszyklen

Sigmund Freud

Grundlagenforscher im Bereich der Kinderpsychologie waren Sigmund Freud (1856–1939) und der Schweizer Jean Piaget (1896–1980). Ihre Ansätze sind sehr unterschiedlich und so weichen auch die Ergebnisse beträchtlich voneinander ab.

Freud stellte die emotionale Reife in den Mittelpunkt seiner Forschungen. Ausgangspunkt waren zumeist Erwachsene, die mit Ängsten und Neurosen in seine Praxis kamen und von ihren Kindheitserlebnissen berichteten. Dadurch kam Freud zu dem Schluss, dass Säuglinge und Kleinkinder mächtigen biologischen und gesellschaftlichen Kräften ausgeliefert sind, die sie in Form ihrer Triebe sowie ihrer Erfahrungen im Elternhaus erleben. Die drei wichtigsten Energie- oder Triebquellen sind demnach Hunger und Schmerz, Sexualität oder Libido sowie Aggression oder Todestrieb. So entwickelte Freud das berühmte klassische Modell des Dreiklangs von Ich, Es und Über-Ich. Das Ich repräsentiert die Persönlichkeit, wie sie in der Welt auftritt. Das Es steht für die Triebkräfte, das Animalische, die Sexualität. Das Über-Ich vertritt die Eltern, die Autoritäten, die Erziehung, das Gewissen, die vorgegebenen und übernommenen Strukturen. Alles benötigt seinen Raum und jede Verletzung des Gleichgewichts führt zu Mangel und Angst. Astrologisch entspricht das Ich der Sonne, das Es dem Mond und der Venus und das Über-Ich dem Saturn.

Ziel der Erziehung sollte es sein, mit dem zur Verfügung stehenden Potential ein Leben ohne Ängste, Qualen und Konflikte zu führen. Das ist im Idealfall die emotionale Reife. Der Schlüssel dazu sind die Wünsche und Gefühle der Kinder. Freud und die Psychoanalyse unterteilen die kindliche Entwicklung in folgende Phasen, die allerdings nicht streng voneinander abgetrennt sind, sondern ineinander übergehen:

- Die orale Phase bis etwa zweieinhalb Jahre wird vom Bedürfnis nach Nahrungsaufnahme dominiert. Dem gibt das Kleinkind durch Weinen, Schreien, Strampeln oder sonstige Unruhe Ausdruck. Zur Mutter besteht eine enge, symbiotische Bindung. Das Grundthema dieser Phase lautet »Nehmen«.
- Die anale Phase ab etwa zweieinhalb Jahren beginnt dann, wenn das Kind lernt, zielgerichtet und zunächst auf die Ini-

tiative der Eltern hin seine Toilette zu erledigen und damit die Schließmuskeln zu beherrschen. Dadurch bekommt es das Gefühl, etwas Kreatives zu schaffen, und es erfährt eine große Macht, auch den Eltern gegenüber, denn es kann sich verweigern. In der Phase entsteht der Aggressionstrieb, der sich verschiedene Kanäle schafft. Die Lust am Schmieren ist groß, Tintenflecken im Schulheft oder Kaugummi unter der Bank werden als Ersatz für anale Ausscheidungen betrachtet. Das Grundthema dieser Phase lautet »Geben«.

- Die phallische oder ödipale Phase, etwa ab dem fünften Jahr, beginnt mit der Entdeckung der eigenen sexuellen Identität. Die Kinder ahmen gleichgeschlechtliche Erwachsene nach und bauen gleichzeitig eine Rivalität zu ihnen auf. Der Aggressionstrieb wächst spürbar; das Interesse an Doktorspielen beginnt. Die von Freud der Phase ebenfalls zugeordnete »Kastrationsangst« von Jungen sowie der »Penisneid« von Mädchen werden heute in Frage gestellt.

Jean Piaget

Piaget hob weniger auf Triebe und Gefühle ab als auf die geistige Entwicklung. Sein oberstes Erziehungsziel war das »schlussfolgernde Denken«, worüber er Gesetze aufgestellt hat. Dazu beobachtete er Kinder und führte Gespräche mit ihnen. Er kam zu dem Schluss, dass die Sensomotorik (das ist das durch Reize bewirkte Zusammenspiel von Sinnesorganen und Muskeln) die Basis für die Denkentwicklung sei. In der Entwicklung des Kindes unterscheidet er vier Stufen:

- Die sensomotorische Intelligenz bis etwa zwei Jahre. In der Phase kann das Kind noch nicht im eigentlichen Sinne denken, sondern es erschließt sich die Umwelt durch das so genannte Handlungswissen. Das heißt, es probiert aus, auf welche Art es am besten ein bestimmtes Ziel erreicht.

- Das präoperative Denken, etwa von zwei bis sieben Jahren. Zu Beginn dieser Phase kann das Kind noch nicht zwischen Subjekt und Objekt unterscheiden. Es lernt Ich zu sagen und stellt seine Erfahrungen in den Mittelpunkt.
- Das konkret-operationale Denken, etwa von sieben bis zwölf Jahren. Das Kind muss nicht mehr alle Handlungen mit seinen eigenen Erfahrungen verbinden, sondern kann sich unmittelbar auf Objekte beziehen. Dadurch wird sein Denken flexibler und leistungsfähiger, seine Wahrnehmung der Welt realistischer. Es ist der erste Schritt in das abstrakte Denken.
- Das formal-operatorische Denken, etwa ab zwölf Jahren. Das Kind kann über die konkrete Situation hinausgehen. Es kann vergangene Erfahrungen und Hypothesen über die Zukunft kombinieren und dadurch die Wirklichkeit in ihrer Komplexität immer mehr erfassen. Allerdings ist nicht jeder Mensch in der Lage, diesen Schritt zu vollziehen.

Die Theorien von Freud und Piaget sind von ihren Schülern weiterentwickelt und an einigen Stellen revidiert worden. Wie erwähnt, sind beide nicht unumstritten. Freud wird vor allem vorgeworfen, dass er nicht direkt mit Kindern gearbeitet, sondern die Erkenntnisse über die Kontakte mit Erwachsenen gewonnen habe. Dadurch würden Triebe und Gefühle einen zu großen Raum einnehmen. Zudem blieb ihm die spezielle Entwicklung von Mädchen und Frauen immer fremd. An Piaget wird kritisiert, dass er für seine Untersuchungen nur Kinder der Mittelschicht befragt und kulturspezifische Aspekte außer Acht gelassen habe, gleichzeitig aber einen universellen Anspruch erhebe.

Die Kritik darf allerdings nicht den Blick für die Leistung von beiden verstellen. Freud hat grundlegend deutlich gemacht, wie sehr der Mensch aus dem Unterbewussten heraus handelt. Piaget hat mit seinen Arbeiten Raum für die Kinder geschaffen, in dem sie ihre eigenen Erfahrungen machen dürfen. Insofern war er der Vorreiter der modernen Erziehung.

Nicht alle Planetenprinzipien wurden berücksichtigt

Übertragen auf die Astrologie haben beide bestimmte Planetenprinzipien in den Mittelpunkt ihrer Arbeit gerückt. Dadurch sind die Ergebnisse zwangsläufig unvollständig und sie lassen viel Raum für Kritik. Freud hat sich auf das Mond- und Venus-Prinzip gestützt (die Dominanz der Emotionen und Triebe) und das Merkur-Prinzip (die geistige Erfassung der Umwelt) kaum berücksichtigt. Piaget hat die kindliche Entwicklung genau umgekehrt dem Merkur-Prinzip untergeordnet, sich aber wenig um das Mond- und Venus-Prinzip gekümmert. Um ein Kind vollständig zu erfassen, müssen alle Planetenprinzipien integriert werden, wenn sie auch nicht bei allen gleich stark ausgebildet sind. Neben dem Stand der Planeten im Geburtshoroskop ermöglichen die Transite, den individuellen Entwicklungsschwerpunkt eines Kind zu erkennen. Dabei gehört es zum Wesen der Transite, dass sich die Schwerpunkte verschieben. Sie können auch erklären, warum der Werdegang eines Kindes mit den sonstigen zyklischen Erklärungsmustern vielleicht nicht zu begreifen ist.

Praktische Anwendung

Bisweilen wird als Einwand gegen die Transite angeführt, sie würden sich nur deshalb erfüllen, weil sie prophezeit worden seien. Demnach wecke die Astrologie Erwartungen oder Ängste, die sonst gar nicht zum Vorschein kämen. Im Umgang mit Kindern würden die Eltern die Erwartungshaltung oder Angst übernehmen und damit ihr Kind in eine bestimmte Richtung manipulieren. Das kann dann möglich sein, wenn es sich um sehr konkrete Prognosen von Ereignissen handelt, doch davon ist die moderne Astrologie abgewichen. Prognostiziert werden

Themen und Energien, die im Raum stehen und sich auf verschiedene Art verwirklichen können, für Erwachsene wie für Kinder. Näheres darüber bei den einzelnen Planeten.

Der Blick in die eigene Kindheit

Außerdem kann jede Mutter und jeder Vater zunächst die eigene Erfahrung heranziehen, bevor sie oder er die Transite bei der Entwicklung des Kindes näher betrachtet. Das bedeutet, sich zu überlegen, zu welcher Zeit wichtige Veränderungen, Krisen, Aufbrüche oder sonstige bemerkenswerte Ereignisse im eigenen Leben stattgefunden und welche astrologischen Konstellationen damals geherrscht haben. Letztere können in planetarischen Tabellenwerken oder in guten Computerprogrammen nachgeschaut werden, sofern der Zeitpunkt zumindest etwa auf einen Monat genau bestimmt werden kann. Nach meiner Erfahrung sind alle wesentlichen Ereignisse in meinem Leben von auffälligen Transiten begleitet gewesen – und zwar bereits zu einer Zeit, als ich von Astrologie noch keine Ahnung, ja noch nicht einmal davon gehört hatte.

Transite bewirken oft schwere Erschütterungen

Dazu einmal mehr ein praktisches Beispiel. Das traumatischste Erlebnis meiner Kindheit war eine sechswöchige Kur, die ich mit zehn Jahren und vier Monaten auf der Nordseeinsel Amrum antreten musste, um ein chronisches Bronchienleiden zu behandeln. Das Sanatorium wurde auf extrem autoritäte, schon fast militaristische Art geführt, selbst Schläge in Form heftiger Ohrfeigen waren kein Tabu; das Essen musste im wahrsten Sinne des Wortes bis zum Erbrechen hinuntergewürgt werden. Das Personal hielt sich Lieblinge unter den Zöglingen, die etwas größere Freiheiten in dem System hatten, und Sündenböcke, auf die sich die besondere Verachtung und Willkür richteten.

Zur ersten Gruppe gehörten zumeist die Selbstbewussten, Schlagfertigen, zur zweiten Gruppe die eher Schüchternen, Hilflosen. Ich hatte meinen festen Platz in der zweiten Gruppe und bis heute sind mir die Namen und Gesichter der Peiniger sowie viele Erlebnisse präsent. Später hat mich natürlich interessiert, welche Transite damals gewirkt haben. Das Ergebnis hat meinen Respekt vor den kosmischen Zyklen zementiert: Während der gesamten Dauer der »Kur« gingen Uranus und Pluto in gradgenauer Konjunktion rückläufig über meinen Aszendenten. Eine größere Erschütterung der gesamten Persönlichkeit ist astrologisch kaum denkbar. Diese sechs Wochen waren der angemessene Ausdruck dafür – ohne dass jemand für mich in die Sterne geschaut hätte. Das ist sicher ein extremes Beispiel, aber das Prinzip werden vermutlich alle bestätigen können, die prägende Ereignisse der eigenen Vergangenheit mit dem damaligen Stand der Gestirne in Verbindung bringen.

Das Beispiel belegt aber nicht nur, dass die Qualität der Zeit unabhängig davon wirkt, ob man sie sich bewusst macht; es zeigt auch, wie hilflos man ihr ausgeliefert sein kann, wenn sie sich nicht bewusst gemacht wird. Ein gradgenauer Uranus-Pluto-Transit über den Aszendenten bedeutet immer eine große Erschütterung, doch so niederschmetternd, wie ich ihn erlebt habe, muss er sich nicht zwangsläufig äußern. Insofern kann die Arbeit mit Transiten dem Kind nichts bescheren, mit dem es nicht ohnehin zu tun hätte. Sie kann aber eine große Hilfe für die Eltern und damit auch für die Kinder bedeuten, sich die Themen und Entwicklungszyklen bewusst zu machen und ihnen nicht mehr hilflos ausgeliefert zu sein.

Ephemeriden

Wer seine eigene Vergangenheit oder die Entwicklung des Kindes unter astrologischen Gesichtspunkten verfolgen möchte, ohne immer einen professionellen Astrologen zu Rate zu ziehen, kann auf die Ephemeriden zurückgreifen, umfangreiche

Tabellenwerke, die alle Planetenstände über einen Zeitraum von fünfzig oder hundert Jahren wiedergeben. Diese Ephemeriden sind inzwischen in jeder größeren Buchhandlung zu erwerben. Für den alltäglichen Gebrauch gibt es auch astrologische Taschenkalender mit dem Stand der Gestirne des jeweiligen Jahres. Wie beeinflussen nun die planetarischen Gäste, die sechs langsam laufenden Planeten Jupiter, Saturn, Chiron, Uranus, Neptun und Pluto, die Gastgeber, die persönlichen Planeten und wichtigen Schnittpunkte im Einzelnen?

Jupiter: Das zwiespältige kosmische Füllhorn

In der klassischen Astrologie galt Jupiter als »das große Glück«. Entsprechend positiv sind auch die mit Jupiter-Auslösungen verbundenen Erwartungen. Diese Übergänge sind einige Wochen oder wenige Monate spürbar. Dabei geht es um Expansion auf der materiellen, finanziellen und geistigen Ebene; bisweilen auch auf der körperlichen. Welcher Bereich betroffen ist und in welcher Form sich die Expansion manifestiert, wird von dem Planeten angezeigt, den Jupiter berührt, sowie von der Art des Aspekts.

Expansion auf der materiellen, finanziellen und geistigen Ebene

Bei einem Übergang über den Mond wird die emotionale Seite besonders berührt. Dem Kind wird es vermutlich leichter fallen, seine Gefühle ausdrücken, es wird mehr Intensität erleben. War es sonst eher zurückhaltend mit emotionalen Äußerungen, wird es die Eltern vielleicht jetzt damit überraschen. Ist der Merkur von einem Jupiter-Transit betroffen, hat das Kind gute Voraussetzungen, geistig einen großen Sprung zu machen, auf leichte

Art neues Wissen aufzunehmen und neue Zusammenhänge zu erfassen. Auch kann sich ein solcher Transit in einem plötzlichen Interesse an der Welt äußern, die über den kleinen, überschaubaren Alltag hinausgeht. Geht Jupiter über die Venus, unterstützt er das Kind, seine Werte neu zu bestimmen und Ängstlichkeit aufzugeben. Wo immer es sich klein gefühlt haben mag, eröffnen sich nun größere Horizonte, vor allem beim Selbstwertgefühl. Es hat gute Voraussetzungen, optimistischer und selbstbewusster zu werden. Jupiter als Transit zum Mars mag dem Kind das Gefühl vermitteln, es könne Bäume ausreißen und nichts sei in der Lage, seinen Elan und Tatendrang zu bremsen. Das kann indes leicht zu Selbstüberschätzung führen, wie überhaupt Verena Bachmann bei Jupiter-Auslösungen zu bedenken gibt: »In unserer Zeit und Kultur, die geprägt ist von Fülle und von einem Mangel an natürlichen Grenzen, zeigt sich dieses Prinzip entgegen seinem Ruf als ›Glücksbringer‹ oft von seiner Schattenseite. Ein Mehr bei bereits vorhandener Fülle ist meist aber ein Zuviel – Wachstum ohne Grenzen tendiert zur Entartung. Vor allem Kinder mit einem schwachen Saturn oder wenig Erdbetonung erleben daher bei Jupiter-Auslösungen auch problematische Aspekte ... Die meisten Kinder haben während Jupiter-Auslösungen eine deutlich gesteigerte Erwartungshaltung ... Damit steigt aber auch die Enttäuschungsbereitschaft.«[22]

Die Eltern sind bei Jupiter-Transiten gefordert, für das richtige Maß zwischen Expansion und Struktur zu sorgen. Sie sollten den Enthusiasmus und Elan nicht bremsen, aber erkennen, wo sich das Kind Luftschlösser baut oder einfach übertreibt. Dann ist es geboten, mit einer gewissen saturnischen Strenge den Bezug zur Realität nicht abreißen zu lassen.

Saturn: Der kosmische Lehrer

Mit ganz anderen Themen ist das Kind konfrontiert, wenn Saturn über einen der persönlichen Planeten oder Schnittpunkte läuft. Ein solcher Transit ist mehrere Monate zu spüren. Saturn hat zwar traditionell einen schlechteren Ruf als Jupiter, doch seine Auslösungen fördern am Ende häufig einen nachhaltigeren Wachstumsprozess als beim »großen Wohltäter«. Saturn fordert während der Transit-Periode dazu heraus, sich auf das Wesentliche zu konzentrieren und die Grenzen zu spüren sowie ggf. zu verschieben. Er verleiht in der Auseinandersetzung Disziplin und Struktur, zwei wesentliche Voraussetzungen, um wirklich zu wachsen und zu reifen.

Saturn hilft, das Wesentliche zu erkennen

Ist der Mond betroffen, hat das Kind die Chance, Zugang zu seinen echten Gefühlen zu bekommen. Es wird leichter unterscheiden, was wirklich aus ihm selbst herauskommt und wo es sich von anderen beeinflussen lässt. Saturn-Auslösungen vom Merkur helfen dem Kind, aus der Fülle von Eindrücken die wirklich nützlichen herauszufiltern. Es wird mehr in die Tiefe gehen, Themen besser durchdringen und in seinen Kontakten diejenigen suchen, die ihm mit einer ähnlichen Ernsthaftigkeit begegnen. Bildet Saturn einen Transit zur Venus, hat das Kind die Chance, seine Gefühle für Werte zu vertiefen, sich nicht vom schönen Schein blenden zu lassen, sondern zu erkennen, was wirklich zählt. Sein Selbstwertgefühl mag äußerlich nicht ganz so hell in Erscheinung treten. Wenn es gewöhnlich ein Strahlekind ist, könnte Saturn es zurückhaltender und ernster erscheinen lassen, doch dafür hat es die Möglichkeit, innere Stärke aufzubauen, die auch in Krisenzeiten nicht leicht zu erschüttern ist. Saturn über Mars mag die Tatkraft nach außen ebenfalls dämpfen. Das Kind stürmt nicht mehr so ungestüm voran, wie es vielleicht sonst seine Art ist, dafür weiß es umso besser, wo sich der Einsatz lohnt. Dort geht es mit einem festen Willen und einer zielgerichteten Zähigkeit zu Werke.

Damit die Saturn-Auslösungen in der beschriebenen Art zum Reifeprozess des Kindes beitragen, sind die Eltern gefordert, dem Kind gerade während dieser Epoche klare Grenzen, Strukturen und Orientierungen vorzugeben. Die benötigt es jetzt noch mehr als ohnehin. Werden sie verweigert, könnte sie das Kind durch gezielte Grenzüberschreitungen selbst herausfordern. In einer offenen Erziehung, die frühzeitig Wert auf ein partnerschaftliches Miteinander von Eltern und Kindern legt, machen sich Saturn-Transite womöglich dadurch bemerkbar, dass die Kinder ganz un-saturnisch aufsässig und revolutionär werden, um diese Energien bei ihren Eltern zu provozieren. Ein Blick in die Ephemeriden kann dabei in jeder Hinsicht Klarheit verschaffen.

Chiron: Wachstum durch Schmerzen

Transite von Chiron über die persönlichen Planeten oder Schnittpunkte zählen vermutlich zu den schmerzhaften Erfahrungen im Entwicklungsprozess, doch kann niemand einem Kind einen schmerzfreien Werdegang garantieren. Dies gehört nach meiner Erfahrung zu den schmerzhaften Erkenntnissen vieler Eltern. Aber Chiron-Auslösungen bleiben nicht bei den Schmerzen stehen. Sie wirken – je nach Position des Chiron auf seiner exzentrischen Bahn – zwischen einigen Monaten und einem Jahr.

Chiron steigert die Empfindsamkeit

Kinder fühlen sich bei einem Übergang von Chiron zunächst sehr verunsichert. Sie wehren sich gegen den Schmerz, merken aber, dass er sich nicht einfach verdrängen lässt. In besonders heftigen Fällen kann das Erlebnis zu einer zeitweiligen Blockade führen, auf jeden Fall aber zu einer erhöhten Intensität des Erlebens. Ist der Mond von dem Transit betroffen, sind die Empfindungen besonders sensibilisiert. Das Kind ist sehr leicht verletzlich, vielleicht ungewohnt weinerlich. Möglicherweise wird auch das Verhältnis zur Mutter vorübergehend belastet. Geht Chiron über den Merkur, entwickelt das Kind wahrscheinlich eine erhöhte Empfindsamkeit im Austausch mit anderen. Es mag sich leicht durch Worte von anderen verletzt fühlen oder seinerseits verletzende Worte von sich geben. Der Kontakt mit anderen ist in jeden Fall nicht mehr so leicht und unbefangen. Ist die Venus von dem Transit betroffen, fühlt sich das Kind in seinem Wertesystem leicht verwundbar. Es ist unsicher in seinem Geschmack und in seinem Selbstwertgefühl. Bei einem solchen Transit in der Pubertät können schon kleinere Auseinandersetzungen mit dem Freund oder der Freundin heftige Schmerzen bereiten und die Heranwachsende versteht selbst nicht, warum sie plötzlich so sensibel ist. Als Konsequenz daraus mag sie sich vom anderen Geschlecht vorübergehend fern halten, bis sie wieder sicheren Boden unter den Füßen gefunden hat. Beim Mars schließlich mag Chiron das Kind spüren lassen, wie sehr es mit seinen Taten sich selbst und anderen Schmerzen zufügen kann. Die Unbekümmertheit und der Elan werden durch die Erfahrung vermutlich gebremst. In der Pubertät könnte ein cooler und abgebrühter junger Mann, der immer alles im Griff zu haben meint, plötzlich seine verletzlichen und intensiven Seiten entdecken. Dadurch hat er die große Chance, einen bisher vernachlässigten Persönlichkeitsanteil zu integrieren und vollständiger zu werden. Dem Kontakt zum anderen Geschlecht kann das förderlich sein.

Alle Chiron-Transite bieten die Chance, über die schmerzhafte und verunsichernde Erfahrung zu einer größeren Entfaltung der kindlichen Persönlichkeit zu gelangen. Dabei kommt den Eltern die Aufgabe zu, die Kinder in ihrem Schmerz anzunehmen, sie davor zu bewahren, ihn durch hektische Aktivitäten zu verdrängen und – je nach dem Entwicklungsstand des Kindes – deutlich zu machen, welche Chancen sich dahinter verbergen. Chiron-Transite erfordern eine hohe Sensibilität und Frustrationstoleranz von den Eltern im Umgang mit ihren Kindern. Sie sollten die Geduld auch dann nicht verlieren, wenn die Kinder ausgesprochen weinerlich erscheinen. Das wird den Eltern leichter fallen, wenn sie selbst ihren Schmerz annehmen können und die Erfahrung gemacht haben, dass damit immer ein Wachstumsprozess verbunden sein kann.

Die Verbindung von Wachstum und Schmerzen hat mir meine Tochter schon sehr früh vorgeführt. Sie gehörte zu den Kleinkindern, die vor allem nachts häufig Schmerzen in den Knien haben. Der Arzt meinte dazu, wir sollten uns keine Sorgen machen, das seien normale Wachstumsschmerzen. Dieser Begriff wurde zu einem geflügelten Wort für sie. Die Schmerzen waren dadurch nicht weg, aber sie konnte sie in der Erkenntnis des Wachstums leichter annehmen. Mir erschien ihr Verhalten bald wie ein Vorbild für den Umgang mit Chiron, der bei ihr übrigens im 1. Haus steht und deshalb auf besondere Weise die gesamte Persönlichkeit berührt.

Uranus: Der kosmische Revolutionär

Wenn Uranus Aspekte zu den persönlichen Planeten bildet, wird etwas in Bewegung gesetzt. Uranus, der kosmische Revolutionär, rüttelt auf, was erstarrt ist, und fegt hinweg, was sich überlebt hat. Solche Aspekte ziehen sich bis zu einem Jahr hin. Auslösungen des Uranus verunsichern das Kind somit ebenfalls, aber sie sind nicht so schmerzhaft wie die des Chiron. Je älter das Kind ist, desto mehr kann es sich davon sogar beflügelt fühlen, während kleinere eher mit Ungeduld und Unruhe reagieren mögen.

Betrifft die Uranus-Auslösung den Mond, kann sich das Kind in seinen Gefühlen unstet und unsicher fühlen. Selbst wenn es ihm gewöhnlich leicht fällt, sich auf andere einzulassen, sucht es jetzt vermutlich eher Distanz. Nähe kann ihm schnell zu viel werden. Berührt der Uranus den Merkur, mag das Kind seine Umgebung durch sein Tempo und seine geistige Beweglichkeit beeindrucken. Es ist besonders offen für Impressionen aller Art. Bisweilen erscheint es, als könne es gar nicht genug bekommen und würde am liebsten mehrere Themen gleichzeitig erfassen. Die Folge kann eine echte Erweiterung des Wissens und des Horizonts sein, aber auch eine verstärkte Nervosität, Atemlosigkeit und Hektik. Im Kontakt mit anderen scheint das Kind ebenfalls nicht genug zu bekommen. Der Austausch in der Gruppe wird sehr wichtig. Ist Venus von dem Transit betroffen, mögen die bisherigen Werte, darunter das Selbstwertgefühl, ins Wanken geraten. Das Kind wird kritischer sich selbst gegenüber. Es kann während der Zeit vermutlich von anderen nur schwer Unterstützung oder Zuspruch annehmen, weil es darin vielleicht nur billigen Trost sieht. Das, was am Ende als Wert erhalten bleibt oder neu gewonnen wird, hat sich allerdings als authentisch und stabil erwiesen. Bei einem Mars-Transit entfaltet das Kind ungeahnte Aktivitäten. Auch hier befindet es sich auf einer Gratwanderung zwischen originellen und beeindruckenden Initiativen, die sogar den Erwachsenen neue Horizonte öffnen können, sowie hektischem Aktionismus, von dem am Ende niemand weiß, was damit bewegt werden sollte.

Die Eltern sind bei Uranus-Transiten gefordert, den Kindern so weit als möglich ihren Bewegungsspielraum zu lassen – und zwar auf der körperlichen, geistigen und auch emotionalen Ebene. Wenn sie selbst offen genug für neue Erfahrungen sind, tun sie gut daran, ihre Kinder beim Vorstoß in neue Welten zu begleiten und dabei gleichzeitig darauf zu achten, dass sie nicht den Bezug zur Wirklichkeit verlieren. Letzteres wird dadurch sichergestellt, dass die Kinder die Aufgaben des täglichen Lebens auch in solchen Zeiten nicht ignorieren dürfen. Kleine Arbeiten im Haus, Kontinuität in der Schule oder Verantwortung gegenüber den Geschwistern tragen dazu bei, auch während einer Uranus-Auslösung den Kontakt zu der von Uranus verachteten Routine nicht zu verlieren.

Neptun: Die subtile Macht

Neptun-Auslösungen wirken subtil, bisweilen zunächst kaum spürbar, aber auf lange Sicht umso nachhaltiger. Ihre Dauer kann sich bis zu zwei Jahren hinziehen; sie begleiten das Kind also über einen nennenswerten Zeitraum. Zunächst wird das Kind vermutlich verträumter und im Alltag weniger aufmerksam und konzentriert sein als gewöhnlich. Damit verbunden ist jedoch eine erhöhte Sensibilität und Empfindsamkeit. Es ist den Tränen näher, möchte viel Schlaf, Kuscheln oder Rückzug und nimmt jede Stimmung auf. Wenn es schon älter ist, könnten die Eltern das Gefühl bekommen, es falle in frühkindliche Stadien zurück. Dabei löst Neptun Grenzen auf, öffnet neue Kanäle und ermöglicht neue Erfahrungen, mit denen das Kind erst umzugehen lernen muss. Ähnlich wie bei Uranus werden alte, überkommene Verhaltensweisen herausgefordert. Was sich als nicht mehr stimmig und angemessen erweist, wird hinweggespült.

Neptun löst Grenzen auf

Betrifft der Neptun-Transit den Mond, ist das Kind emotional im hohen Maße sensibel und verletzlich. Das gilt nicht nur für die eigenen Gefühle, sondern auch für die Wahrnehmung der Umwelt. Wenn bei Eltern oder Geschwistern etwas nicht stimmt, wird Neptun das sofort registrieren und möglicherweise auf sich beziehen, da die Grenzen verschwommen sind. Sofern die Eltern das erkennen und dem Kind helfen, Grenzen zu setzen, kann die erhöhte Sensibilität den Erfahrungsschatz des Kindes erweitern. Es lernt Intensität und Empfindsamkeit als Bereicherung im Leben kennen. Ein Neptun-Aspekt zum Merkur mag sich vor allem auf die schulischen Leistungen negativ bemerkbar machen. Das Kind wirkt womöglich abwesend und verträumt. Es hat jedoch die Chance, seine Aufnahmebereitschaft auf anderen Gebieten zu erhöhen und zu erfahren, dass manches nicht mit dem Kopf erfasst werden kann, sondern mit dem Bauch, und dass solche Erkenntnisse nicht weniger wertvoll sind. Löst der Neptun Aspekte zur Venus aus, können die Wertvorstellungen des Kindes verschwimmen. Bei entsprechender Unterstützung spürt es tief in sich, worauf es wirklich ankommt, welche Werte echt sind und welche nur so scheinen. Vor allem hat es die Chance, tiefen Zugang zu seinem Selbstwert zu bekommen und sich nicht von oberflächlichem Lob oder Komplimenten blenden zu lassen. Befindet sich Neptun schließlich in einem Aspekt zum Mars, erscheint das Feuer der Tatkraft vermutlich wie gelöscht. Das Kind kann in solchen Zeiten besonders verunsichert und eingeschüchtert auftreten. Es packt lieber gar nichts an, weil es sich weniger als sonst zutraut. Diese Verunsicherung birgt aber auch die Chance, ein Gefühl für das zu bekommen, was sich wirklich lohnt. Wenn Neptun weitergewandert ist, hat das Kind möglicherweise eine neue Einstellung dazu gewonnen, wie es seine Kräfte einsetzt und wo es sich engagiert, damit es langfristigen Nutzen trägt.

Bei Neptun-Transiten sollten die Eltern, wie angedeutet, dem Kind helfen, Grenzen zu spüren. Wenn seine eigenen, inneren Grenzen verschwimmen, benötigt es im Außen Struktur, Halt und Orientierung. Gleichzeitig ist es wünschenswert, dass die Eltern dem Kind Freiräume für Träume und Phantasien zugestehen und die damit verbundenen Qualitäten wirklich zu schätzen wissen, auch wenn sie in einer leistungsorientierten Gesellschaft eher verpönt sind.

Pluto: Die Sehnsucht nach Intensität

Transite von Pluto über einen der persönlichen Planeten bedeuten immer eine tiefe Erschütterung, die bereits vom Kind wahrgenommen wird. Pluto konfrontiert mit Macht, Intensität, mit Ängsten und Abgründen. Für das Kind mag sich das in der Umgebung äußern. Die oben beschriebene persönliche Erfahrung, wie sich ein Uranus-Pluto-Transit über den Aszendenten Ausdruck verschafft hat, ist eine Möglichkeit. Pluto-Transite können sich in familiären Krisen, Trennungen der Eltern oder Todesfällen manifestieren. Es geht immer um intensive, extreme Erfahrungen, die sich durch den langsamen Lauf des Pluto über mindestens zwei Jahre hinziehen.

Zeit für extreme Erfahrungen

Betrifft der Pluto-Transit den Mond, werden die Emotionen zutiefst berührt. Das Kind scheint nach Situationen zu suchen, die schmerzen oder in denen es Grenzerfahrungen macht. Gibt es keine äußere Krisen der oben beschriebenen Art, mag es seine Eltern oder Bezugspersonen so lange provozieren, bis sie extrem reagieren und ihm die Grenzerfahrungen ermöglichen. Bei einer Pluto-Auslösung des Merkur sucht es im Austausch mit anderen nach Tiefe und Extremen. Jedweden oberflächlichen Kontakt wird es ablehnen. Vorübergehend mag ein Hang zu dramatischen Inszenierungen an die Oberfläche kommen. Zudem könnte sich das Kind auffallend für Tabuthemen wie Tod und Sexualität interessieren. Bildet Pluto bei seinem Lauf einen Aspekt zur Venus, werden die eigenen Werte sowie die weiblichen Anteile beim Mädchen und beim Jungen auf den Prüfstand gestellt. Das Kind spürt mit einer neuen Intensität, welche Werte Substanz haben und wie viel Macht in den echten Gefühlen liegt. Ähnlich wie bei Neptun weiß das Kind nach dem Transit aber umso mehr, worauf es wirklich bauen kann. Ein Pluto-Transit über den Mars kann schließlich ein sehr aggressives Potential beinhalten. Die tiefe Kraft des Pluto sowie das Feuer des Mars können selbst ein eher zurückhaltendes, kontrolliertes Kind dazu bringen, seine körperlichen Grenzen zu überschreiten und auch gegenüber anderen gewalttätig zu werden. In dem Fall sind die Eltern besonders gefordert, Grenzen zu ziehen.

Bei den Pluto-Transiten zu anderen Planeten liegt die größte Unterstützung seitens der Eltern darin, die Kinder in ihrer Intensität anzunehmen und mit Liebe zu begleiten. Wenn das intensive, extreme und vielleicht provokative Verhalten bekämpft wird, kann es unkontrollierbar werden. Die Kinder sind ohnehin kaum in der Lage, bewusst mit einem Pluto-Transit umzugehen. Sie spüren dessen Kraft in äußeren Ereignissen oder in inneren Stimmungen und suchen ein Ventil dafür.

Transite über die Schnittpunkte

Die Schnittpunkte AC, IC und Mondknoten sind von den Auslösungen ebenso betroffen wie die persönlichen Planeten. Läuft einer der langsamen Planeten über den Aszendenten, ist die gesamte Persönlichkeit von dessen Energie betroffen. Eine solche Auslösung wird sich immer deutlich bemerkbar machen. Je bewusster die Eltern sich das vergegenwärtigen, desto besser können sie dem Kind helfen, sein Potential zu nutzen. Bei der praktischen Umsetzung der Transite gibt es eine Bandbreite von Möglichkeiten, wie die folgenden Anregungen zeigen: Das Kind kann

- mit großem Idealismus die Welt entdecken oder sich leichtsinnig auf unüberschaubare Abenteuer einlassen (Jupiter-Transit)
- Struktur und Ordnung in seinen Alltag lassen oder streng und humorlos nur noch seinen Aufgaben nachgehen (Saturn-Transit)

- den Kontakt zu anderen suchen, die ähnliche Erfahrungen gemacht haben, oder sich in seinem Schmerz verlieren (Chiron-Transit)
- in einer Gruppe Gleichgesinnter originelle Ideen entwickeln oder sich dünkelhaft über andere erheben (Uranus-Transit)
- besonders feinfühlig werden oder in Traumwelten versinken (Neptun)
- seine eigene Macht spüren oder sich der Macht anderer hilflos ausgeliefert fühlen (Pluto)

Bei einer Auslösung des Imum Coeli oder des absteigenden Mondknotens wird die Vergangenheit verstärkt in den Mittelpunkt gerückt. Beim IC geht es mehr um Familienthemen, beim Mondknoten um die eigene Persönlichkeit. Der tiefere Sinn liegt nicht darin, nostalgisch zurückzublicken oder Verflossenem hinterherzutrauern, sondern sich unerlöste Aufgaben bewusst zu machen und sie anzugehen. Welcher Art die Themen sein können, um die es dabei geht, zeigt der Planet an, der die Auslösung verursacht.

Allgemein gültige Auslösungen

Wie erwähnt, sind die bisher beschriebenen Transite individuell sehr unterschiedlich. Sie richten sich nach der Position der persönlichen Planeten und Schnittpunkte im jeweiligen Horoskop. Darüber hinaus gibt es Transite von zwei Planeten, die für alle Kinder ähnlich sind, die von Jupiter und Saturn zu sich selbst.

Da alle Planeten unaufhörlich ihre Bahnen ziehen, bilden sie ein immer neues Verhältnis zu ihrer Ausgangssituation bei der Geburt. Der erste bedeutende Aspekt ist das Quadrat, der Winkel von 90° zum Stand im Radix. Die geistigen Planeten Uranus, Neptun und Pluto wandern so langsam, dass es während der Kindheit nicht dazu kommt, bei Chiron hängt es von seinem Stand im Tierkreis ab. Das Quadrat des Uranus zu seiner Position im Geburtshoroskop markiert den eigentlichen Eintritt ins Erwachsenenalter mit einundzwanzig Jahren. Das Quadrat des Pluto zu seiner individuellen Ausgangsposition ist die astrologische Symbolik für die so genannte »Midlife-Crisis«, denn es kommt im Alter zwischen vierzig und fünfzig Jahren zustande. Für die jetzige Generation ist es relativ früh der Fall, da Pluto seinen kürzesten Abstand zur Sonne hat und sich deshalb relativ schnell durch die Zeichen bewegt.

Jupiter-Transite zu sich selbst

Die sozialen Planeten Jupiter und Saturn bilden bereits in der Kindheit wichtige Aspekte zu ihrer Ausgangsposition; Jupiter mit drei Jahren ein Quadrat, mit sechs Jahren eine Opposition und mit neun Jahren wieder ein Quadrat. Die analytischen Aspekte des Planeten der Expansion markieren besondere Punkte im Werdegang des Kindes. Mit drei Jahren folgt gewöhnlich der Eintritt in den Kindergarten und mit sechs in die Schule. Dann hält das Kind in seinem gewohnten Wachstumsprozess kurz inne und begibt sich auf ein neues Gebiet. Zudem verlässt es erstmals den engen familiären Rahmen und wird Teil der Gesellschaft, d. h. es ist in einer Gemeinschaft, die nicht durch die Familienbande zusammengehört. All das löst Verunsicherung aus (Quadrat/Opposition). Mit vier und acht Jahren bildet Jupiter ein Trigon zu sich selbst. Dabei fließt die Energie besonders gut. Gewöhnlich hat es sich dann in der neuen Umgebung eingewöhnt, es hat Vertrauen gewonnen und weiß, was von ihm erwartet wird. Das sind die Voraussetzungen, um mit neuen Erfahrungen zu expandieren und seinen Horizont zu erweitern.

Saturn-Transite zu sich selbst

Saturn bildet mit sieben und einundzwanzig Jahren ein Quadrat zu seiner Ausgangsposition und mit vierzehn eine Opposition. Viele Kinder sind bei der Einschulung dem ersten Saturn-Quadrat näher als der Jupiter-Opposition. Das Thema ist ähnlich, bei Saturn wird eher noch der strenge Aspekt betont. Der kosmische Lehrmeister offenbart sich darin, dass die Zeit, in der das Kind sich alles spielerisch aneignen konnte und noch keinerlei eigene Verantwortung übernehmen musste, nun vorbei ist. Mit der Schule beginnt so etwas wie der Ernst des Lebens, auch wenn dieser Ernst möglichst spielerisch beginnen sollte. Das Saturn-Quadrat zum Schuleintritt zeigt auch an, dass der Verstand gereift ist und das Kind abstrakte Inhalte wie Zahlen und Buchstaben aufnehmen und damit umgehen kann. Das entspricht der konkret-operationalen Phase von Piaget. Außerdem verliert das Kind beim ersten Saturn-Quadrat seine Milchzähne. Die Schneide- und Backenzähne, die nach dem Plan der Natur für den Rest des Lebens Bestand haben sollen, schaffen sich ihren Raum. So sorgt Saturn auch im Bereich der Nahrungsaufnahme für Festigkeit und Stabilität.

Der halbe Saturn-Zyklus mit 14 Jahren markiert den Eintritt in die Pubertät, ein weiterer entscheidender Schnitt im Leben. Für viele ist es das Ende der Kindheit, auch wenn die neue Identität zunächst noch mühsam gesucht werden muss. So wie vorher wird es aber nie wieder, die Heranwachsenden bekommen einen ersten Eindruck von ihrer Rolle als Frauen oder Männer. Beim nächsten Quadrat mit einundzwanzig müssen sie schließlich die volle Verantwortung für sich übernehmen. Das Rechtswesen zollt Saturn noch heute seinen Respekt, denn bis einundzwanzig Jahre fallen die Täter unter das Jugendrecht. Die Saturn-Trigone ereignen sich mit neuneinhalb und neunzehn Jahren. Dann gibt sich der Lehrmeister großzügig, doch da Strenge zumeist mehr Beachtung findet, werden Trigone im Zyklus des Saturn weniger wahrgenommen.

Sofern ein Kind durch die Begleitung der Eltern die Chance hat, die Auslösungen möglichst bewusst zu erleben, wirken sie nicht nur für den Moment. Das Kind kann die Erfahrungen als neue Impulse auf seinem Entwicklungsweg annehmen und in seine Persönlichkeit integrieren. Damit wächst es und wird reifer.

Der Horoskopvergleich

Eltern-Kinder-Beziehungen in den Sternen

In esoterischen Kreisen hört man häufig die provokante These »Jeder sucht sich seine Eltern selbst aus«. Wer mit einem solchen Gedanken zum ersten Mal konfrontiert wird, reagiert zumeist ablehnend, bisweilen sehr heftig: »Niemals hätte ich mir meine Eltern ausgesucht«, und dann kommen weitere, vordergründig überzeugende Argumente: Wer würde sich schon freiwillig Eltern aussuchen, die in Kriegsgebieten oder in Elendsvierteln leben? Wieso drängen Kinder offenkundig viel mehr zu solchen Eltern als zu den Reichen in den gesicherten Teilen der Erde, wo die Geburtenrate im Allgemeinen niedrig ist? Sind sie dann also selbst schuld, wenn sie Opfer von Unrecht und Gewalt werden? Oder ist diese Behauptung nur eine zynische Rechtfertigung, um sich der sozialen Verantwortung zu entziehen? Zudem klingt sie ein wenig nach einem kosmischen Supermarkt, in dem jede Menge Eltern wie Joghurt oder Schokolade zur Auswahl stehen und die Kinder sich vor der Geburt bedienen können, allerdings ohne Umtauschrecht bei Nichtgefallen.

Die spannende Diskussion darüber, was Kinder mit ihren Eltern über den biologischen Zeugungsprozess, die Gene und die Erziehung hinaus verbindet, kann an dieser Stelle nicht vertieft werden. Die Behauptung »Jeder sucht sich seine Eltern selbst aus« beinhaltet jedoch zu viel und berührt zu tiefe Themen, als dass es angemessen wäre, sie einfach unkommentiert in den

Raum zu stellen, vielleicht um die eigene esoterische Weisheit zu demonstrieren.

Ungeachtet all der Gefahren verbirgt sich im Kern dieser These eine für viele offenbar unangenehme Wahrheit. Wer diese Wahrheit akzeptiert, kann die Verantwortung für das, was im eigenen Leben geschieht, nicht länger abgeben. Wenn es darum geht, Verantwortung zu delegieren, sind die Eltern die liebste Projektionsfläche, die allenfalls noch vom Partner oder der Partnerin abgelöst wird. Die erdrückende Mutter oder der herzlose Vater halten noch für viele Erwachsene her, damit sie sich selbst bemitleiden können, statt an den eigenen Defiziten zu arbeiten.

Was Eltern und Kinder voneinander lernen können

Um dem Sinn der Aussage näher zu kommen und sie akzeptabler zu machen, erscheint es angemessener zu sagen, dass Eltern und Kinder gemeinsame Themen und Aufgaben im Leben haben. Dadurch sind sie nicht nur im biologischen Sinn miteinander verbunden. Gemeinsam haben sie etwas zu lernen.

Kinder und Eltern fordern sich heraus

Das kann zum Beispiel bedeuten, dass Waage-betonte Eltern, die viel Wert auf Ästhetik, äußere Schönheit und Partnerschaft legen, ein Kind mit einer ausgeprägten Widder-Natur bekommen, dem es wichtig ist, seine Interessen durchzusetzen, und äußeren Formen dabei wenig Beachtung schenkt. Oder ein Steinbock-geprägter Elternteil, der mit Disziplin und Eifer seinen großen beruflichen Ehrgeiz befriedigt, wird durch ein Krebs-betontes Kind aufgefordert, sich auf Intimität einzulassen. Das ist ein wechselseitiger Prozess. Im Laufe der Entwicklung können die Eltern für das Kind zu einer ähnlichen Herausforderung werden.

Häufig ist es so, dass Eltern und Kinder die unterschiedlichen Pole von einer der ab Seite 112 beschriebenen sechs grundlegenden Achsen besetzen. Deren Themen prägen dann die Beziehung. Der konkrete Horoskopvergleich gibt darüber genaue Auskunft.

Während der Kindheit liegt es an den Eltern, sich diese Aufgabenstellung bewusst zu machen. Bewusste Eltern werden ihre Kinder selbst in schwierigen Auseinandersetzungen als Herausforderung sehen, die sie ihn ihrem Leben weiterbringt. Dann können sich Kinder und Eltern wirkungsvoll unterstützen. Das gilt auch und gerade für Eltern von behinderten Kindern. Ich kenne Eltern von solchen Kindern, die aus Überzeugung sagen, dass sie noch nie so viel gelernt haben wie von ihnen. Für Selbstmitleid und Bedauern bleibt kein Platz mehr.

Verweigern sich die Eltern der Einsicht, dass sie zusammen mit den Kindern bestimmte Themen erlernen sollten, oder kämpfen sie sogar gegen die kindlichen Verhaltensweisen an, durch die sie sich herausgefordert fühlen, dann können sie sich gegenseitig blockieren. In beiden Fällen aber – beim Wachsen wie bei der Blockade – sind sie miteinander verbunden. Ob die Verbindung durch wichtige Lernthemen nun ausgesucht ist oder Schicksal, dem die Einzelnen nicht entrinnen können, oder gar Zufall, ist letztlich eine Glaubensfrage.

Das Horoskop verdeutlicht gemeinsame Themen

Unbestritten ist dagegen, dass ein Horoskop über die Aufgaben und Themen Auskunft erteilen kann, die ein Kind mit seiner Mutter oder seinem Vater verbindet. Zum vollen Verständnis eines Kinderhoroskops ist es darum ausgesprochen wünschenswert, das Horoskop der Eltern heranzuziehen oder zumindest das von dem Elternteil, der die überwiegende Erziehungsarbeit leistet. Wenn das gewährleistet ist, muss sich auch der erwachsene Teil auf sich selbst einlassen. Es geht dann nicht in erster Linie darum, aus dem Horoskop Tipps und Rezepte für eine möglichst optimale Entwicklung des Kindes herauszuziehen, sondern Erziehung und Entwicklung als gegenseitigen Lernprozess zu begreifen. Damit wird schließlich auch all den Kritikern an der Astrologie für Kinder die Basis entzogen, die behaupten, sie würde die Kinder festlegen.

Es gibt in der Astrologie im Wesentlichen drei Methoden, die Horoskope zweier Personen in Beziehung zu setzten, um die gemeinsamen Themen, Aufgaben, Potentiale und Klippen sowie den Charakter ihrer Beziehung zu ermitteln. Dabei spielt es keine Rolle, ob es sich um Liebes- und Lebenspartner, um Kind und Elternteil, um Freunde, Berufskollegen, Vorgesetzte/Untergebene oder um wen auch immer handelt. Diese drei Methoden sind das Composit, das Combin und die Synastrie.

Composit: Der Blick auf den Beginn einer Beziehung

Beim Composit handelt es sich um ein so genanntes Halbsummenhoroskop. Für seine Berechnung wird die arithmetische Mitte zwischen den jeweils gleichen Planeten und Schnittpunkten der beiden Horoskope auf der kürzesten Distanz ermittelt. Das heißt, es geht um den Mittelwert vom Stand der Sonne, des Mondes usw. in dem einen und dem anderen Horoskop.

Wenn zum Beispiel einer der beiden den Mond auf 24° Krebs hat und die andere auf 8° Fische, dann wird nicht von dem im Horoskop vorangehenden Zeichen, dem Krebs, aus gerechnet, sondern von den Fischen bis zum Krebs, weil das die kürzere Distanz ist. Zwischen den beiden Positionen liegen insgesamt 136°, davon die Hälfte sind 68° oder umgerechnet zwei

Zeichen und 8°. Den Wert zu 8° Fische hinzugefügt ergibt 16° Stier. Der Mond vom Composit steht in dem Fall also bei 16° Stier. Diese aufwändige Berechnung erledigt heute zumeist der Computer.

Die Energie am Beginn einer Beziehung

Das Composit ist ein fiktives Horoskop, das irreale Konstellationen enthalten kann, zum Beispiel einen Abstand von Merkur und Venus zur Sonne, der weit über das für uns am Himmel Sichtbare hinausreicht. Es offenbart die Energie, die den Beginn einer Beziehung ausmacht, den ersten Eindruck. Dabei geht es um die Anziehungskraft und Faszination, die zwei Personen aufeinander zugehen lässt, weniger um das tiefe Wesen der Beziehung. Insofern spielt das Composit für das Kinderhoroskop keine große Rolle, denn die Eltern-Kind-Verbindung benötigt keine Anziehungskraft im gewöhnlichen Sinn.

Combin: Der tiefere Blick in das Wesen der Beziehung

Auch das Combin ist ein Halbsummenhoroskop, doch die Basis seiner Berechnung sind die Durchschnittswerte von Geburtszeit und -ort zweier Personen. Die Ermittlung der Zeit ist nicht schwer. Um sie zu erhalten, werden genau der Tag und die Uhrzeit benutzt, die zwischen den beiden realen Geburtstagen liegen. Die jeweiligen Geburtsorte werden in Längen- und Breitengrade umgerechnet, davon wird der Mittelwert genommen. Beim Combin handelt es sich also um ein reales Horoskop, das auf einen bestimmten Ort und eine bestimmte Zeit erstellt wird. Es zeigt die tieferen Ebenen und den eigentlichen Sinn der Partnerschaft an. Das Combin beleuchtet also das »Was« einer Beziehung. Bisweilen gilt es auch als Tür zu deren Geheimnis, das andere Methoden des Partnerschaftsvergleichs nicht lüften können. In diesem Sinne ist das Combin für die Kinderastrologie ein wichtiges Hilfsmittel.

Die Zeitqualität der Eltern im Moment der Geburt

Die Astrologin Mona Riegger, die viel über Partnerhoroskope geforscht und veröffentlicht hat, schreibt dazu: »Ein Combin zwischen Eltern und ihrem Kind verbindet die Radix-Faktoren der Mutter oder des Vaters mit den aktuellen Gestirnsständen am Himmel zum Zeitpunkt der Geburt des Kindes. So gesehen sagt ein Eltern-Kind-Combin zuallererst etwas über die Zeitqualität der Eltern im Moment der Geburt aus. Abgesehen von der Tragweite des Ereignisses und dem angezeigten Entwicklungspotential der Verbindung kann dieses ›kombinierte Augenblickshoroskop‹ einiges über den Verlauf der Geburt und die Eindrücke dabei schildern.«[23]

Die Häuserzählung ist um 180° verschoben

Bei der Deutung gilt – wie auch beim Composit –, dass der AC und das 1. Haus die ältere Person repräsentieren, in diesem Fall also immer den Elternteil, und der DC bzw. das 7. Haus die jüngere, in diesem Fall also immer das Kind. Die ältere Person erlebt die Planeten in der gewöhnlichen Häuserzählung; für die jüngere ist das Ganze um 180° verschoben. Damit beginnt am DC ihr 1. Haus, das eigentliche 7. Ihr 2. Haus ist das eigentliche 8. usw. Beide Personen erleben die Planeten also in jeweils gegenüberliegenden Häusern.

Wichtig für die Deutung sind auch die so genannten Zeichenherrscher, also die Zeichen, die dem AC bzw. DC zugeordnet sind. Wenn zum Beispiel der AC im Skorpion liegt, hat die ältere Person den Pluto als Zeichenherrscher. Mit dem DC

(AC der jüngeren Person) Stier ist Venus die Zeichenherrscherin. Bilden Pluto und Venus einen Aspekt, deutet dies auf eine tiefe Verbindung der beiden Personen hin. Auch Transite spielen bei einem Eltern-Kind-Combin eine wichtige Rolle, um Aufschluss über den Verlauf und die sich verändernden Schwerpunkte der Beziehung zu erhalten. Dabei gelten die im vorigen Kapitel aufgestellten Deutungsregeln.

Der Schritt in die Praxis

Was ein Combin konkret beleuchten kann, soll einmal mehr ein praktisches Beispiel demonstrieren, das Combin von meiner Tochter Eleonore und mir. Allerdings ist »bei Selbstanalysen die Gefahr der Unvollständigkeit besonders groß. Man begnügt sich bald mit einer partiellen Aufklärung, hinter der der Widerstand leicht zurückhält, was möglicherweise wichtiger ist«[24], warnte schon Sigmund Freud. In diesem Sinne dürfen die folgenden Ausführungen auch nicht als letzte Weisheit verstanden werden, sondern als Ausdruck meiner derzeitigen Auseinandersetzung mit den persönlichen astrologischen Themen. Für Anregungen, die über meine Deutung hinausgehen, bin ich angesichts der besonderen Subjektivität dieses Combins sehr dankbar.

Das Thema der Verantwortungsachse

Der Aszendent-Deszendent geht vom Steinbock (AC) zum Krebs (DC), liegt also auf der Verantwortungsachse (siehe Seite 114). Als die ältere Person symbolisiere ich in gewisser Weise klassisch die Stabilität, Sicherheit und Struktur in der Beziehung, meine Tochter die Emotionalität, Geborgenheit und Empfindsamkeit. Darüber hinaus steht der Steinbock auch für den Drang nach außen, Ehrgeiz und Beruf, der Krebs für die Herkunft, die Familie und Intimität. Das Thema der Verantwortungsachse kommt in vielen Varianten zum Ausdruck und es

Combin

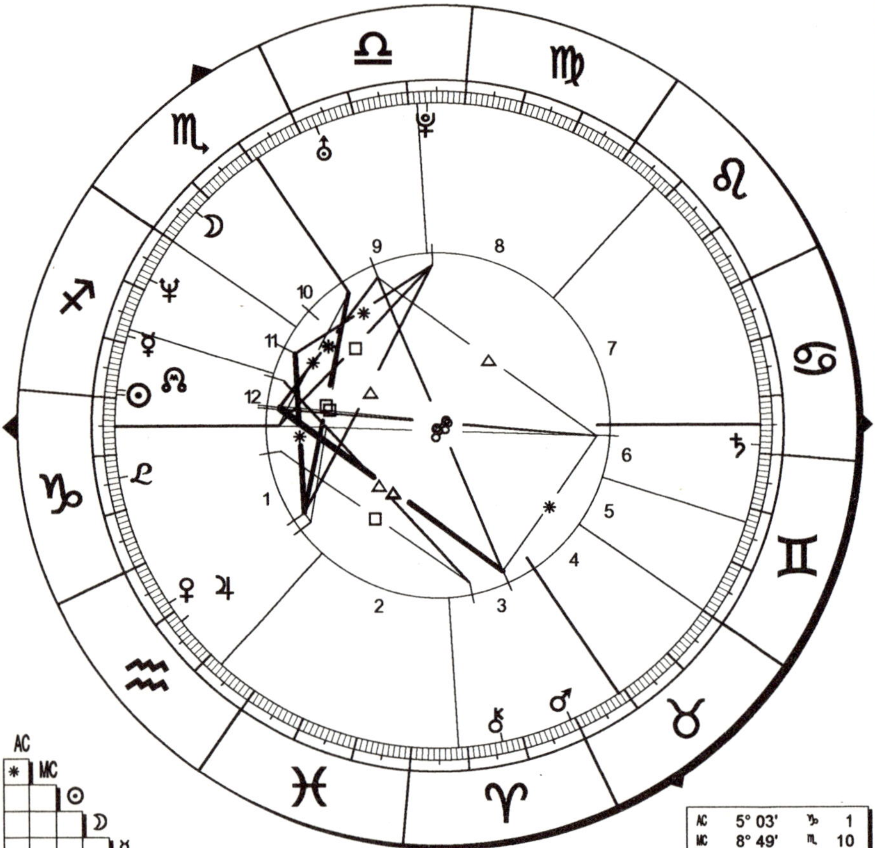

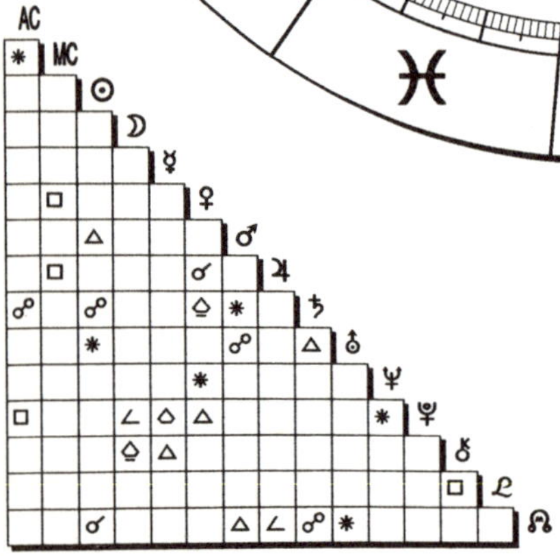

Kardinal:	7
Fix:	4
Flexibel:	4

Erde:	2
Wasser:	3
Feuer:	6
Luft:	4

männlich:	10
weiblich:	5

1	5° 03'	♑
2	22° 35'	♒
3	8° 28'	♈
4	8° 49'	♉
5	29° 59'	♉
6	17° 27'	♊
7	5° 03'	♋
8	22° 35'	♌
9	8° 28'	♎
10	8° 49'	♏
11	29° 59'	♏
12	17° 27'	♐

AC	5° 03'		♑	1
MC	8° 49'		♏	10
☉	29° 18'		♐	12
☽	23° 12'		♏	10
☿	18° 40'		♐	12
♀	8° 14'		♒	1
♂	29° 07'		♈	3
♃	12° 08'		♒	1
♄	1° 25'	R	♋	6
♅	26° 58'		♎	9
♆	7° 58'		♐	11
♇	6° 43'		♎	8
⚷	16° 24'	R	♈	3
ℒ	14° 09'		♑	1
☊	28° 29'		♐	12

bleibt nicht bei der eindeutigen Zuordnung der Personen. So steht der Herrscher des 1. Hauses, der Saturn, im Krebs am DC und noch dazu in Konjunktion mit dem absteigenden Mondknoten. Letzterer spielt, wie ab Seite 108 ausgeführt, für ein Kinderhoroskop eine besondere Rolle, weil er die individuelle Vergangenheit symbolisiert. Hier sind die Rollen also vertauscht. Ich übernehme die Themen meiner Tochter. Mein DC ist bekanntlich ihr AC und durch die Stellung des Saturns dort werden die zwei Pole der Achse ausbalanciert. Es geht bei meiner Rolle nicht nur um die Themen des Steinbocks wie Struktur, Stabilität und Beruf, es geht auch um Emotionalität, Herkunft und Intimität. Saturn an einer so exponierten Stellung des Beziehungshoroskops enthält ein weiteres großes Potential, dass in einer engen Beziehung gar nicht hoch genug geschätzt werden kann: Er kann zur richtigen Zeit Grenzen setzen.

Betonung des Mondes

Der Herrscher des 1. Hauses meiner Tochter, der Mond, steht in meinem 10. Haus und in ihrem 4. Das ist einmal mehr das Thema der Verantwortungsachse, diesmal auf der Ebene der Häuser. Für meine Tochter steht der Mond damit besonders stark. Er ist in seinem eigenem Haus, im Domizil. Damit lebt sie die Mond-Krebs-Themen in der Beziehung besonders intensiv. Das wird verstärkt durch das Zeichen, in dem der Mond steht, dem Skorpion. Die Energien sind dem Krebs verwandt, denn beides sind Wasserzeichen. Es geht um Tiefe, Intensität und die besondere Bindung an die familiäre Herkunft. Darüber hinaus ist der Mond als einziger Planet unaspektiert. Er führt dadurch ein ausgeprägtes Eigenleben und beteiligt sich nicht an dem Konzert der anderen. Als Herrscherhaus des Aszendenten meiner Tochter unterstreicht das noch einmal, wie sehr sie innerhalb der Beziehung die Mond-Krebs-Themen auslebt. Für mich ist die Beziehung dagegen eher ein Anstoß, nach außen zu treten, sie in gewisser Weise auch in meine berufliche Arbeit zu integrieren. Dieses Buch, das ohne meine Tochter nicht denkbar wäre, ist ein Resultat, die Themen des Combins in die Praxis umzusetzen.

Es überrascht nicht, dass sich die starke Betonung der Achse Steinbock/10. Haus/Saturn – Krebs/4. Haus/Mond auch in unseren jeweiligen Radixhoroskopen wieder findet. Meine Steinbock-Sonne steht im 4. Haus, wo auch noch der aufsteigende Mondknoten sowie der Merkur angesiedelt sind. Eleonore hat, wie im Combin, einen Krebs-Aszendenten.

Starkes Schütze-Element

Neben den Themen der Verantwortungsachse enthält das Combin ein starkes Schütze-Element. In diesem Zeichen stehen Sonne, Merkur, Neptun sowie der aufsteigende Mondknoten in gradgenauer Konjunktion mit der Sonne. Bis auf den Neptun stehen die übrigen Schütze-Planeten in meinem 12. Haus und in ihrem 6. Hier ist das idealistische Potential angelegt. Der Schütze will hoch hinaus und stellt die Frage nach dem Sinn von allem, was ihm begegnet. Er ist der spirituell Suchende. Das 12. Haus kann als Ziel der Sinnsuche betrachtet werden. Für mich enthält die Beziehung also einen starken spirituellen Bezug. Für meine Tochter dagegen geht es im 6. Haus um den praktischen Nutzen der hohen Ansprüche. Vom Combin ausgehend kommt ihr also die Rolle zu, den Bezug zum Alltag wieder herzustellen, wenn ich in spirituellen Welten aufzugehen drohe. Diese Rolle spielt sie naheliegenderweise durch ihre bloße Existenz, denn dadurch verlangt sie praktische Organisation im Alltag. Die Konstellation enthält für mich noch eine weitere große Gefahr: Wenn der Idealismus (Schütze) zur Illusion (12. Haus unerlöst) wird, dann kann die Konfrontation mit der Wirklichkeit häufig hart sein. Die Zahl der Eltern, die ihre Kinder mit unerfüllten und häufig unerfüllbaren Erwartungen überfordern, ist unüberschaubar. Unser Combin ist eine ständige Herausforderung, dem gegenüber wachsam zu sein.

Die Schütze-Betonung wird noch verstärkt durch eine harmonisch aspektierte Jupiter-Venus-Konjunktion. Jupiter ist bekanntlich dem Schützen zugeordnet. Er steht in meinem 1. und in ihrem 7. Haus. Das heißt, bei mir haben die Situation der Geburt und das Vatersein einen wichtigen Beitrag geleistet, meinen Horizont zu erweitern und meinen Selbstwert (Venus) zu stärken. Bei ihr können sich diese Themen speziell in der Partnerschaft zu mir gut entfalten. Es war mir zum Beispiel schon früh wichtig, ihr von anderen Völkern und Kulturen zu erzählen oder vorzulesen, und sie hat das immer mit großem Interesse aufgenommen.

In Eleonores 9. Haus, das dem Schützen und Jupiter zugeordnet ist, und meinem 3. stehen Chiron und Mars. Dies deutet darauf hin, dass ihr Wachstumsprozess mit Schmerzen verbunden sein kann (Chiron), doch stehen viel Energie und Tatkraft zur Verfügung (Mars), um die Herausforderungen eines solchen Prozesses anzunehmen, statt vor den Schmerzen und Widerständen zu kapitulieren. Der Mars in seinem Domizil im Widder verstärkt dieses Element, denn hier wirkt er besonders mächtig, bisweilen sogar unkontrolliert. Auch über unsere Kommunikation sagt das Combin einiges aus. Merkur, der Planet des zwischenmenschlichen Austausches, steht in meinem 12. und in ihrem 6. Haus. Ich könnte bisweilen das Gefühl haben, mich schwer verständlich zu machen. Vor allem sind es nicht nur Worte, die ankommen. Die Chance liegt darin, im Austausch wirklich in die Tiefe zu gehen und dabei auch eine Verständigung ohne Worte zu finden, die für sie großen praktischen Nutzen im Alltag hat.

Aspektbilder

Schließlich noch ein Blick auf die Aspekte. Dabei fällt auf den ersten Blick ein Rechteck ins Auge, getragen von zwei Oppositionen. Die eine verbindet die Sonne-Mondknoten-Konjunktion mit dem Saturn. Sie wird jedoch dadurch abgeschwächt, dass sie einen Zeichenwechsel enthält. Die klassische Opposition verbindet die jeweils gegenüberliegenden Zeichen – also etwa Zwilling-Schütze oder Krebs-Steinbock – miteinander. Bei der hier vorliegenden steht Saturn am Anfang des Krebs und die Sonne-Mondknoten-Konjunktion am Ende des Schützen.

Wie im ersten Kapitel ausgeführt, kommt es bei der Deutung aller Aspekte darauf an, welche Planeten daran beteiligt sind; ob sie eine ähnliche oder unterschiedliche Energie symbolisieren. Sonne und Saturn stehen für ähnliche Themen. Saturn kann der Sonne durch seine Struktur, Ordnung und Disziplin helfen, ihren Glanz – das heißt, das Wesen unserer Partnerschaft – zu entfalten. Die Sonne wiederum ermöglicht dem Saturn, seine Energie nicht einschränkend und eng zur Entfaltung zu bringen.

Die andere Opposition verbindet Mars und Uranus, zwei ebenfalls verwandte Energien. Das zeigt schon die ähnliche Symbolik der beiden Planeten. Sie liegen auf der Widder-Waage-Achse. Hier ist das bereits erwähnte große Potential an Tatkraft und Energie noch einmal verstärkt und mit einem gewissen revolutionären Elan verbunden. Dies ist ein nötiges Gegengewicht zu den starken Krebs-Anteilen, die gern am Alten, Vertrauten festhalten. Mit einer Mars-Uranus-Konjunktion wird es kaum zu einer völligen Erstarrung in der Beziehung kommen können. Gleichzeitig sorgt ein harmonisches Sextil bzw. Trigon zum disziplinierten Saturn dafür, dass die Kräfte des Mars nicht allzu ungestüm ausbrechen. Der Saturn weiß, wann und wo sich der Energieeinsatz wirklich lohnt. Demgegenüber vervollständigt die Sonne-Mondknoten-Konjunktion als Sextil und Trigon das Aspektbild. Der dynamisch-revolutionäre Anteil ist also auf symbiotische Art in die gesamte Partnerschaft eingebunden und läuft kaum Gefahr, ein unkontrolliertes Eigenleben zu führen.

Die andere auffällige Aspektfigur ist ein so genanntes kleines Erlösungsdreieck mit Neptun an der Spitze, der jeweils ein

Trigon zu Pluto bzw. der Venus-Jupiter-Konjunktion bildet, die ihrerseits durch ein Trigon miteinander verbunden sind. Dadurch erhält die idealistische und expansive Venus-Jupiter-Konjunktion Tiefe und Spiritualität. Es geht nicht nur um Themen des Alltags. Das Schütze-Thema im 12. Haus ist noch einmal verstärkt, die Suche nach dem Sinn hinter den Erscheinungen.

Nutzen im Alltag

Angesichts all der Themen, die das Combin aufzeigt, stellt sich natürlich die Frage, welchen praktischen Nutzen es für das Miteinander im Alltag hat. Da jedes Horoskop auch seine Schattenseiten enthält, zeigt das Combin, wo besondere Achtsamkeit und Sorgfalt im Miteinander nötig sind. Im Zusammenhang mit der Schütze-Betonung im 12. Haus wurde das bereits kurz angesprochen.

Ablösungsprozesse unterstützen

Das Gesamtcombin hat als zentrales Thema – wie dargelegt – die Verantwortungsachse mit Steinbock/Saturn/10. Haus als den einen Pol und Krebs/Mond/4. Haus als den anderen. Während bei meiner Rolle beide Pole angesprochen sind und deshalb einer einseitigen Konzentration entgegenwirken, liegt bei meiner Tochter der Schwerpunkt auf dem Pol der Krebs-Energie. Neben der Fähigkeit, sich wirklich hinzugeben und Emotionalität zuzulassen, hat der Krebs die Neigung, die Vergangenheit zu idealisieren und dadurch an ihr festzuhalten, sowie sich über die Maßen in seine Emotionen zurückzuziehen, statt mutig neue Schritte nach vorn zu unternehmen. Dazu muss es nicht kommen; es ist – wie gesagt – eine Möglichkeit. Um ihr vorzubeugen, sind Ablösungsprozesse wichtig – nicht erst, wenn Eleonore auf das Erwachsenenalter zugeht. Rituale können helfen, sie sich bewusst zu machen und zu unterstützen. Wie das konkret aussieht, werden wir entdecken, wenn sich die Bewusstwerdung vollzieht, denn sie ist immer der erste Schritt, die Herausforderungen anzugehen.

Es mag banal klingen, die Bedeutung des Ablösungsprozesses für das Kind zu betonen, aber die Erfahrung zeigt, dass viele Eltern und (erwachsene) Kinder damit Probleme haben; manche ein Leben lang und nicht nur im Umgang mit den Eltern. Das Horoskop bietet Hilfen auf dem notwendigen Weg. Das sind bei meiner Tochter und mir die Mars-Uranus-Aspekte. Der energische Aufbruch zu neuen Welten kann ihre eigene Perspektiven deutlich machen. Unkonventionelle Ideen und Initiativen, die in ihr darauf drängen, in die Tat umgesetzt zu werden, dürfen nicht gebremst werden, selbst wenn sie mir bisweilen Angst machen sollten. Nach meiner Erfahrung blockieren viele Eltern ihre Kinder an genau dem Punkt. Dafür gibt es viele Methoden. Das strikte Verbot ist nicht die einzige, vermutlich nicht einmal die wirksamste.

Vertrauen in die Stärke des Kindes

Die Alternative für mich besteht darin, meiner Tochter Vertrauen zu schenken, dass sie genau das für ihren Weg benötigt. So fand sie es zum Beispiel schon immer faszinierend, ganz dem Mars folgend auf dem Fahrrad mit hoher Geschwindigkeit Abfahrten herunterzusausen. Erwachsene, die uns einmal auf einer solchen Tour begleitet haben, haben dabei Höllenängste ausgestanden. Das waren jedoch deren eigene Ängste und die sollten sie meiner Tochter nicht vermitteln. Besorgte Rufe wie »Pass auf, das ist gefährlich, du kannst fallen!« hätten vermutlich genau das herbeigeführt, wovor sie vermeintlich warnen sollten, worauf dann häufig das selbstgerechte »Na, siehst du, wir haben es ja kommen sehen ...« folgt. Mir hat ihr Horoskop von Beginn an Vertrauen in ihre Stärke geschenkt und ich habe darum derartige Interventionen von Erwachsenen zumeist verhindert. Tatsächlich ist noch nie etwas Ernstes passiert. Wenn es mal einen Sturz gab – übrigens nie auf Abfahrten –, dann war ich immer rechtzeitig zur Stelle. Wären Mars und Uranus in unserem Combin nicht so exponiert und stattdessen vielleicht in ihrem Horoskop Pluto stark betont, würde ich vorsichtiger sein und manche Unternehmungen bremsen. So bin ich aber auf weitere Mars-Uranus-Initiativen schon gespannt.

Synastrie: Die traditionelle Art des Vergleichs

Bei der Synastrie werden zwei Horoskope miteinander in Beziehung gesetzt. In der Beratungspraxis werden beide auf einen Kreis gezeichnet. Dabei erscheinen die Planeten des einen innen und die des anderen außen auf dem Kreis. Das wirkt angesichts der vielen Symbole zunächst verwirrend, ermöglicht dem geübten Auge aber auf den ersten Blick, die wichtigsten Aspekte zwischen den Planeten und Schnittpunkten der beiden Horoskope zu erkennen. Zudem wird ermittelt, in welche Häuser des einen die Planeten und Achsen des jeweils anderen Horoskops fallen. In Ergänzung zum Combin, das als das »Was« einer Beziehung bezeichnet wurde, beschreibt die Synastrie das »Wie«, das heißt, auf welche Art die im Combin angelegten Themen verwirklicht werden.

Aspekte stehen im Mittelpunkt

Bevor sich die Mutter oder der Vater allein oder mit einem Astrologen auf die Synastrie mit dem Kinderhoroskop einlässt, sollte zunächst jedes einzelne der beteiligten Horoskope gedeutet werden. Wenn sich die Eltern mit ihrem sowie mit dem Horoskop des Kindes vertraut gemacht haben, kann die Interpretation der Synastrie erfolgen. Dabei stehen die Aspekte zwischen den Planeten bzw. den Planeten und Schnittpunkten bzw. den Schnittpunkten und Schnittpunkten im Mittelpunkt. Je mehr Aspekte gebildet werden, desto intensiver ist der Austausch und der Fluss der Energie. Die analytischen Aspekte können den Austausch erschweren, aber sie bergen ein großes Entwicklungspotenzial für Elternteil und Kind in sich. Sie fordern beide heraus, daran zu arbeiten, auch wenn das beim Kind noch nicht bewusst geschieht. Die harmonischen Aspekte können beide beflügeln.

Außerdem kann durch die Synastrie ermittelt werden, welcher Planet bzw. Planeten des einen besonders viele Aspekte des anderen auf sich ziehen. Das Thema wird für die Person in der Beziehung besonders aktiviert. Die beteiligten Planeten oder Schnittpunkte geben vor, um welche Themen es bei dem Aspekt geht. Darauf ist in den vorangegangenen Kapiteln ausführlich eingegangen worden. Die Planeten und Schnittpunkte werden bei der Synastrie genauso gedeutet wie für das Radixhoroskop oder die Transite. Das heißt, der Mond repräsentiert die Emotionen und Bedürfnisse, der Merkur Kommunikation und Austausch etc.

Betreffen die Aspekte in der Synastrie die persönlichen Planeten Sonne, Mond, Merkur, Venus oder Mars, wird die Person von der anderen in ihrem Bewusstsein, ihren Emotionen, ihrer Kontaktfähigkeit, ihrem Selbstwert, ihrer Liebesfähigkeit und ihrer Tatkraft tief berührt. Darin können sich beide je nach den beteiligten Planeten und der Art des Aspekts unterstützen, beflügeln oder herausfordern. Aspekte zwischen den persönlichen und gesellschaftlichen Planeten Jupiter und Saturn weisen auf übergeordnete Themen hin. Solche Aspekte können dem Einzelnen helfen, seinen Platz in der Gesellschaft zu finden, zu festigen oder neu zu bestimmen. Die Rollenverteilung ist dabei nicht festgelegt, denn auch ein Kind kann durch sein Erscheinen die gesellschaftliche Rolle von Vater oder Mutter beeinflussen. Bei Aspekten zwischen den gesellschaftlichen Planeten in beiden Horoskopen verstärkt sich das Thema. Gleichzeitig kann es schwieriger werden, sich dies bewusst zu machen, da die Persönlichkeit nicht so unmittelbar davon betroffen ist. Es geht mehr um die allgemeinen Normen, losgelöst von der unmittelbaren persönlichen Erfahrung.

Ein Aspekt zwischen den persönlichen Planeten und den geistigen Planeten Uranus, Neptun und Pluto kann ein Schlüssel zu der tieferen Dimension der Beziehung sein. Er macht deutlich, dass die großen Themen der Existenz wie Tod, Sexualität, Macht, Auflösen von Grenzen, Umbrüche und Neuanfänge in dieser Beziehung angesprochen werden. Bei einer Eltern-Kind-Synastrie kann ein Kind solche Themen als innere Entwicklungsprozesse bei seiner Mutter oder seinem Vater auslösen. Ähnliches gilt für Aspekte zwischen den gesellschaftlichen und geistigen Planeten.

Zu beachten ist bei der Deutung schließlich noch, in welchen Zeichen und Häusern die Aspekte liegen. Durch das sehr unterschiedliche Geburtsjahr stehen die Planeten gewöhnlich in unterschiedlichen Zeichen, die von dem Aspekt betroffen sind. Das Gleiche gilt auch für die Häuser, die von der Geburtszeit abhängen. Sofern beide nicht ungefähr zur gleichen Uhrzeit geboren sind und damit einen recht gradgenauen Aszendenten haben, sind jeweils unterschiedliche Häuser von dem Aspekt angesprochen. Das erweitert das Deutungsspektrum um die Themen der jeweiligen Zeichen und Häuser.

Transite in der Synastrie

Schließlich können auch noch die Transite in die Deutung einbezogen werden. Sie regelmäßig zu verfolgen erfordert ein hohes Maß an Bereitschaft, sich auf den gemeinsamen Entwicklungsprozess mit dem Kind einzulassen. Dafür zeigen sie die Veränderung der jeweiligen Themen zu verschiedenen Zeiten an. Wie im vorhergehenden Kapitel beschrieben, werden die Auslösungen der gesellschaftlichen und vor allem geistigen Planeten zumeist über die Umwelt erlebt. Es sind Ereignisse, die von außen auf das Kind zukommen. Dabei spielen die Eltern als erste Bezugspersonen eine wichtige Rolle. Insofern ist es nahe liegend, dass Auslösungen bei den Kindern mit Auslösungen bei den Eltern Hand in Hand gehen.

Konkret kann das bedeuten, wenn die Mutter eine Uranus-Auslösung über einen persönlichen Planeten wie die Sonne hat und dabei ihre bisherige Rolle im Leben und in der Familie radikal in Frage stellt, dann kann das seine Entsprechung bei einem Kind etwa durch eine Neptun-Auslösung über den Mond oder die Venus finden. Es könnte dann spüren, dass sich seine bisherige Welt auflöst und nichts mehr ist, wie es war.

Praktische Umsetzung

Zur konkreten Anschauung folgt die Synastrie von meiner Tochter und mir. Die auf der Abbildung auf der nächsten Seite innen dargestellten Planeten betreffen dabei mich, die äußeren Eleonore. Zunächst wird ermittelt, welche Planeten jeweils besonders betont sind. Meine Planetenstände wirken bei meiner Tochter vor allem auf den Mond, Jupiter und Mars, mit Abstrichen auch auf Saturn. Bei mir werden durch Eleonore insbesondere Merkur, Mars und Aszendent, sowie mit Abstrichen Uranus und Chiron angesprochen.

Themen des Combins finden sich in der Synastrie wieder

Damit finden sich die Themen des Combins auch in der Synastrie wieder. Das kommt bei engen Beziehungen häufig vor. Auffällig ist das vor allem bei ihrem Mond. Er empfängt Aspekte von meiner Venus, meinem Jupiter, Saturn, Uranus und Chiron. Auch mein MC berührt ihren Mond noch mit einem Abstand von 6,5°. Bei Mondaspekten werden mindestens 7° Abstand gewertet, zumal wenn es sich um eine Konjunktion handelt. Das

Synastrie

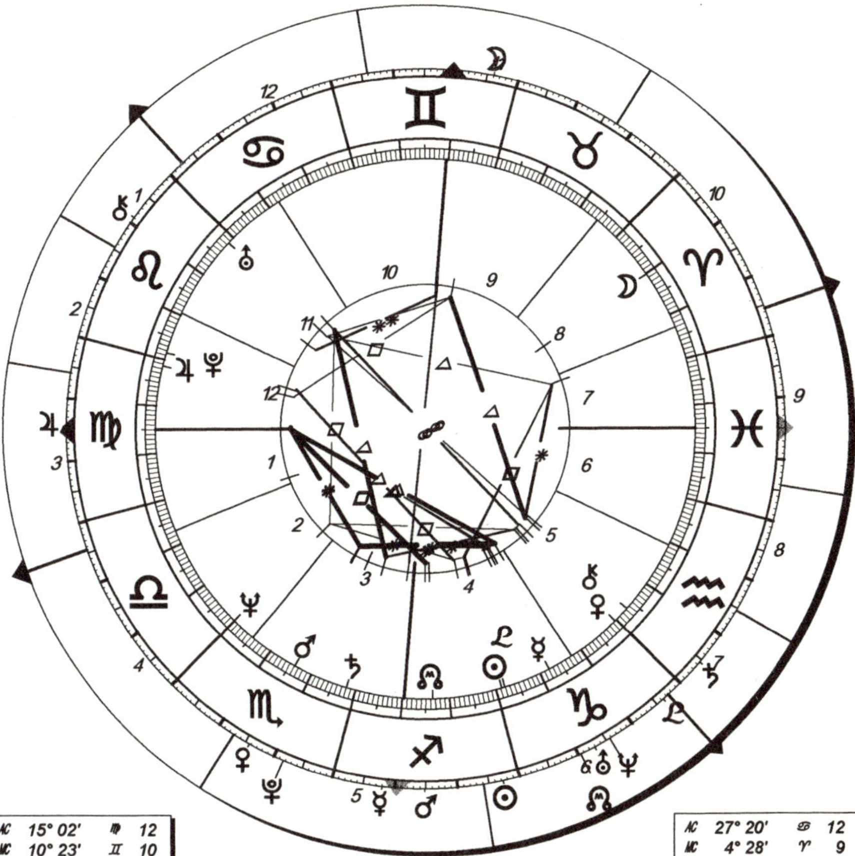

AC	15° 02'		♍	12
MC	10° 23'		♊	10
☉	1° 18'		♑	4
☽	19° 52'		♈	8
☿	12° 08'		♑	4
♀	29° 32'		♑	5
♂	16° 09'		♏	3
♃	1° 27'	R	♍	12
♄	28° 03'		♏	3
♅	1° 27'	R	♌	11
♆	29° 59'		♎	2
♇	28° 29'	R	♌	12
⚷	3° 13'		♒	5
⚸	1° 58'		♑	4
☊	16° 31'		♐	4

1	15° 02'	♍
2	7° 01'	♎
3	5° 19'	♏
4	10° 23'	♐
5	17° 37'	♑
6	19° 26'	♒
7	15° 02'	♓
8	7° 01'	♈
9	5° 19'	♉
10	10° 23'	♊
11	17° 37'	♋
12	19° 26'	♌

Partnerhoroskop
Placidus

1	27° 20'	♋
2	14° 38'	♌
3	5° 54'	♍
4	4° 28'	♎
5	12° 43'	♏
6	24° 04'	♐
7	27° 20'	♑
8	14° 38'	♒
9	5° 54'	♓
10	4° 28'	♈
11	12° 43'	♉
12	24° 04'	♊

AC	27° 20'		♋	12
MC	4° 28'		♈	9
☉	27° 19'		♐	6
☽	3° 55'		♊	11
☿	8° 02'		♐	5
♀	15° 45'		♏	5
♂	14° 49'		♐	5
♃	14° 25'		♍	3
♄	4° 32'		♒	7
♅	12° 57'		♑	6
♆	15° 45'		♑	6
♇	21° 41'		♏	5
⚷	8° 57'	R	♌	1
⚸	26° 21'		♑	6
☊	10° 27'		♑	6

heißt, durch mein Horoskop werden Mondthemen wie Intimität, Nähe und Herkunft bei meiner Tochter besonders betont. Das Gleiche gilt für Mars und Jupiter, die auch schon im Combin eine wichtige Rolle gespielt haben. Die Synastrie unterstützt also die Erkenntnisse aus dem Combin, dass sich Eleonore in ihrer Tochterrolle sehr geborgen fühlt, ohne unbedingt darin verharren zu müssen und Probleme mit der Ablösung zu bekommen. Auch ihre Energie, ihre Tatkraft und ihre Sehnsucht nach neuen Horizonten, die nicht zum Mond-Krebs-Thema passen, werden durch mich angesprochen. Wenn dort eine gezielte Förderung einsetzt, wird ihr das helfen zu erkennen, wann sie ihren eigenen Weg gehen muss.

Diese optimistische Deutung hat noch eine weitere Grundlage. Mein Mars, Saturn, IC und aufsteigender Mondknoten fallen in ihr 5. Haus, das damit am meisten von allen durch mich angesprochen ist. Das 5. Haus entspricht dem Zeichen Löwe und der Sonne. Hier geht es also darum, die eigene Persönlichkeit zum Strahlen zu bringen. Der selbstbewusste, schöpferische Anteil in ihr erhält durch unsere Beziehung einen stabilen Rahmen (Saturn) und viel Energie (Mars), er ist aufgehoben in der Tradition der Familie (IC) und korrespondiert mit meinem höheren Lebensziel (aufsteigender Mondknoten). Diese Anordnung zählt zu den schönsten Geschenken in unserer Synastrie.

Welche Planeten werden berührt?

Bei der Mars-Betonung ergänzen wir uns am perfektesten. Neben Merkur und dem Aszendenten wird auch er in meinem Horoskop von ihr am meisten angesprochen und zwar von ihrer Venus, ihrem Jupiter, ihrem Uranus, ihrem Neptun sowie mit einem Abstand von 5° 32′ von ihrem Pluto. Es sind also vor allem die geistigen Planeten, die auf ihn einwirken. Das heißt, ihre Fragen nach den Themen, die über das Persönliche hinausgehen – Spiritualität, Inspiration, Auflösung von Grenzen, Tod und Wiedergeburt, Zerstörung eingefahrener Strukturen –, stacheln meine Energie und Tatkraft an. Dazu drängt sich bei mir der Gedanke auf, dass ein Buch wie dieses nicht zuletzt eine marsische Herausforderung ist. Ich benötige viel Energie und Tatkraft, um die geistigen Themen in solcher Form aufzubereiten. Die Aspektierung des Merkur verstärkt die Bedeutung der geistigen Themen in unserer Beziehung. Er wird mit Ausnahme des Pluto von den gleichen Planeten berührt. An Stelle des Pluto steht ihr aufsteigender Mondknoten in Konjunktion zu meinem Merkur. Wenn die geistigen Planeten und Jupiter auf den Merkur wirken, geht es ebenfalls nicht nur um die eher profane Kommunikation im Alltag, sondern die oben genannten überpersönlichen Themen wollen vermittelt werden und zwar dank Merkur in einer Sprache, die möglichst viele Menschen verstehen. Erst durch das nähere Studium von Combin und Synastrie wurde mir klar, welche Bedeutung ein kleines Kind, das selbst noch nicht in der Lage ist, die Herausforderungen der geistigen Planeten bewusst anzunehmen, auf meinen Umgang mit diesen Themen hat und wie es deren Umsetzung in der Öffentlichkeit beeinflussen kann.

Auch das Steinbock-Krebs-Thema der Verantwortungsachse findet sich in der Synastrie wieder, denn fünf ihrer Planeten bzw. Schnittpunkte – Sonne, Mars, Uranus, Neptun und aufsteigender Mondknoten – fallen in mein 4. Haus, das Krebs-Haus. Darüber hinaus befindet sich ihr Mond wie erwähnt in einer Konjunktion von 6° 27′ mit meinem MC.

Aspektbilder

Neben diesen Schwerpunktthemen gibt es einige besonders auffällige Aspekte. Ihre Venus und mein Mars stehen in einer gradgenauen Konjunktion im Skorpion. Das wäre für eine Liebesbeziehung so etwas wie sechs Richtige im Lotto. Bei einem Eltern-Kind-Verhältnis darf es – bei aller Vorsicht – als Hinweis auf eine tiefe Ergänzung im partnerschaftlichen Sinne gedeutet werden, egal, welche Formen das noch einmal finden mag.

Darüber hinaus sind die Mondknotenachsen von uns beiden angesprochen. Das ist grundsätzlich der Hinweis, dass die Beziehung eine tiefere, spirituelle Dimension hat, die über das Zusammensein im Alltag hinausgeht. Eleonores Mars steht auf meinem aufsteigenden Mondknoten, ein inzwischen bereits sehr vertrautes Thema, und mein Merkur steht auf ihrem aufsteigenden Mondknoten. Auch die Rolle des Merkur wurde bereits angesprochen. Da die Aspekte auf der Mondknotenachse in beiden Fällen den aufsteigenden betreffen, handelt es sich um eine Verbindung, die in die Zukunft weist. Wir begegnen uns also nicht nur rückwärts gewandt, mit dem Blick in die Vergangenheit – wie bei Eltern-Kind-Beziehungen häufig der Fall –, sondern es geht auch darum, gemeinsam neue Perspektiven zu finden. Ich bewege mich dorthin, wo sich ihr Zentrum für Tatkraft und Energie befindet; sie begibt sich dorthin, wo es bei mir um Kommunikation, Ausdrucksfähigkeit und Lernbereitschaft geht.

Auch unsere beider Aszendenten sind direkt durch eine Konjunktion angesprochen. Ihr Jupiter steht auf meinem AC. Meine Fähigkeit, auf die Welt zuzugehen, mich ihr spontan zu zeigen, wird berührt und unterstützt von ihrem Optimismus und ihrem Bedürfnis zu expandieren und neue Welten kennen zu lernen. Auf ihrem AC steht mein Uranus, allerdings wird die Konjunktion durch einen Zeichenwechsel abgeschwächt. Dennoch wird ihr spontaner Kontakt mit der Welt inspiriert von meiner Unkonventionalität, Originalität und meinen Ausbrüchen aus den traditionellen Normen. Das ist schon dadurch gegeben, dass sie in ihrem Alltag zumeist bei ihrem Vater lebt.

Schließlich stehen auch noch unsere Sonnen in Konjunktion, doch liegt auch hier ein Zeichenwechsel vor. Eine Sonnenkonjunktion deutet auf eine Übereinstimmung in den grundlegenden Persönlichkeitsstrukturen hin.

Neben so vielen Geschenken darf der Blick natürlich nicht dafür verstellt werden, was die Synastrie an Gefahren aufzeigt, die wir dadurch bannen können, dass wir sie uns bewusst machen. Ihr Mond steht in einem weiten Quadrat (5° 26′) zu meinem Pluto, das durch einen Zeichenwechsel ebenfalls noch weiter abgeschwächt ist. Über analytische Mond-Pluto-Aspekte wurde im Kapitel zu den Schattenthemen ausführlich geschrieben. Machtmissbrauch ist dabei eines der wesentlichen Stichworte. Aufgrund der Bewusstwerdung sowie des relativ schwachen Aspekts sollten wir in der Lage sein, der Herausforderung zu begegnen. Ein anderer analytischer Aspekt der geistigen Planeten ist ein Quadrat, das mein Neptun zu ihrem AC und Saturn bildet. Die Gefahr besteht darin, dass Eleonore mit ihren Grenzen mir gegenüber verwirrt werden könnte, dass die Grenzen verschwimmen. Zudem könnte sie in ihrem spontanen Ausdruck mir oder der Welt gegenüber bisweilen durch mich irritiert werden. Auf der anderen Seite kann dieser Aspekt helfen, durch beständige Bewusstseinsarbeit eine hohe Intuition im Umgang miteinander und mit unseren jeweiligen Grenzen zu entwickeln. Grenzen müssen dann nicht mehr erklärt und ausdrücklich abgesteckt oder gar verteidigt werden, sondern wir wissen ohne Worte um sie. Auch ihre Art, sich spontan in der Welt Ausdruck zu verschaffen, kann ich stärken, indem ich ihr Vertrauen in ihre Intuition vermittle. Das kann ihr eine Sicherheit geben, die tief in ihr verankert ist und auch bei Widerstand nicht leicht erschüttert werden kann.

Letztlich ist es wichtig, all die Erkenntnisse über die Eltern-Kind-Beziehung im Horoskop nicht als feststehende Weisheit zu begreifen, sondern als dynamischen Prozess, durch den die Eltern und im Laufe der Zeit auch das Kind immer neu herausgefordert werden, um zu einem tieferen Verständnis der Beziehung zu gelangen.

Deutung konkreter Beispiele

Wege zur praktischen Anwendung

Das abschließende Kapitel soll zum konkreten Umgang mit dem Horoskop des Kindes anregen. Es geht in den folgenden Beispielen jedoch nicht darum, jedes der Horoskope bis ins Detail zu erfassen. Das ist die Aufgabe einer praktischen Beratung mit den Eltern und manche Details gehen die Öffentlichkeit ohnehin nichts an. Es geht vielmehr darum, exemplarisch aufzuzeigen, wie der Zugang zu einem Kinderhoroskop gefunden werden kann, was daraus für Schlüsse hinsichtlich der Eigenschaften, Chancen und Grenzen des Kindes gezogen werden können und welche praktischen Tipps sich daraus für die Erziehung ableiten lassen.

Jedes Horoskop beinhaltet seinen eigenen Zugang

Keine dieser Deutungen kann einfach kopiert werden. Stattdessen soll gerade die Vielzahl zeigen, welch unterschiedliche Herangehensweisen die Astrologie ermöglicht. Jedes Horoskop beinhaltet seinen eigenen Zugang. Für andere Astrologen sei noch der Hinweis angebracht, dass mit dem Placidus-Häusersystem gerechnet wurde.

Die Kinder, deren Horoskop hier vorgestellt wird, bleiben anonym. Ich verzichte auch darauf, Geburtsdatum, -zeit und -ort anzugeben, damit von dort keine Rückschlüsse auf die Identität des Kindes gezogen werden können. Für die Deutung reicht die Abbildung des Radix mit dem Stand der Planeten, der Häuseraufteilung und den Aspekten.

Ich beginne mit dem Horoskop eines Mädchens.

Das Mädchen ist schon in jungen Jahren eine außergewöhnliche Erscheinung. Es lebt sehr unterschiedliche Seiten, die auf den ersten Blick kaum vereinbar erscheinen. Die Astrologie kann ein Schlüssel sein, um sich damit auszusöhnen.

Mond, Merkur, Mars, Sonne sowie Pluto stehen im 5. Haus, dem Haus, das dem Löwen und der Sonne zugeordnet ist. Bis auf Pluto befinden sich alle anderen im Schützen. Hier tritt die geballte Feuerenergie mit einem ausgeprägten Selbstbewusstsein zu Tage. Für das Mädchen erscheint die ganze Welt zunächst wie eine riesige Spielwiese, auf der in erster Linie seine Gesetze herrschen. Dabei ist es nicht unbedingt besonders autoritär. Wer freiwillig bei ihrem Spiel mitmacht, erfährt viel von ihrem Idealismus und ihrer Begeisterungsfähigkeit, die den Schützen kennzeichnen. Langweilig wird es garantiert nie mit ihr.

Die konzentrierte Schütze-Energie setzt jedoch hohe Maßstäbe – an sie selbst wie an die Umgebung. So kann aus dem Spiel des Lebens schnell der Ernst des Lebens werden. Dann ist sie ausgesprochen ehrgeizig und wehe, jemand wagt es, besser zu sein als sie. Diese Energie wird verstärkt durch ein Quadrat des Jupiter zu Mond und Sonne, wobei das zur Sonne gradgenau ist. Jupiter ist der dem Schützen zugeordnete Planet. Das Quadrat fordert den Ehrgeiz und Idealismus von Sonne und Mond noch stärker heraus. Es wirkt wie ein Stachel im Fleisch und gibt nicht so leicht Ruhe, bevor auch hohe Ansprüche erfüllt sind.

Eine ganz andere Energie bringt dagegen der Aszendent in ihr Leben. Er steht im Krebs, einem Wasserzeichen, das sensibel, weich und verletzlich ist. Feuer und Wasser sind Elemente, die nicht gut miteinander harmonieren. Dennoch hat auch eine solche Kombination ihren Sinn. Das Mädchen und die Eltern

Radix 1

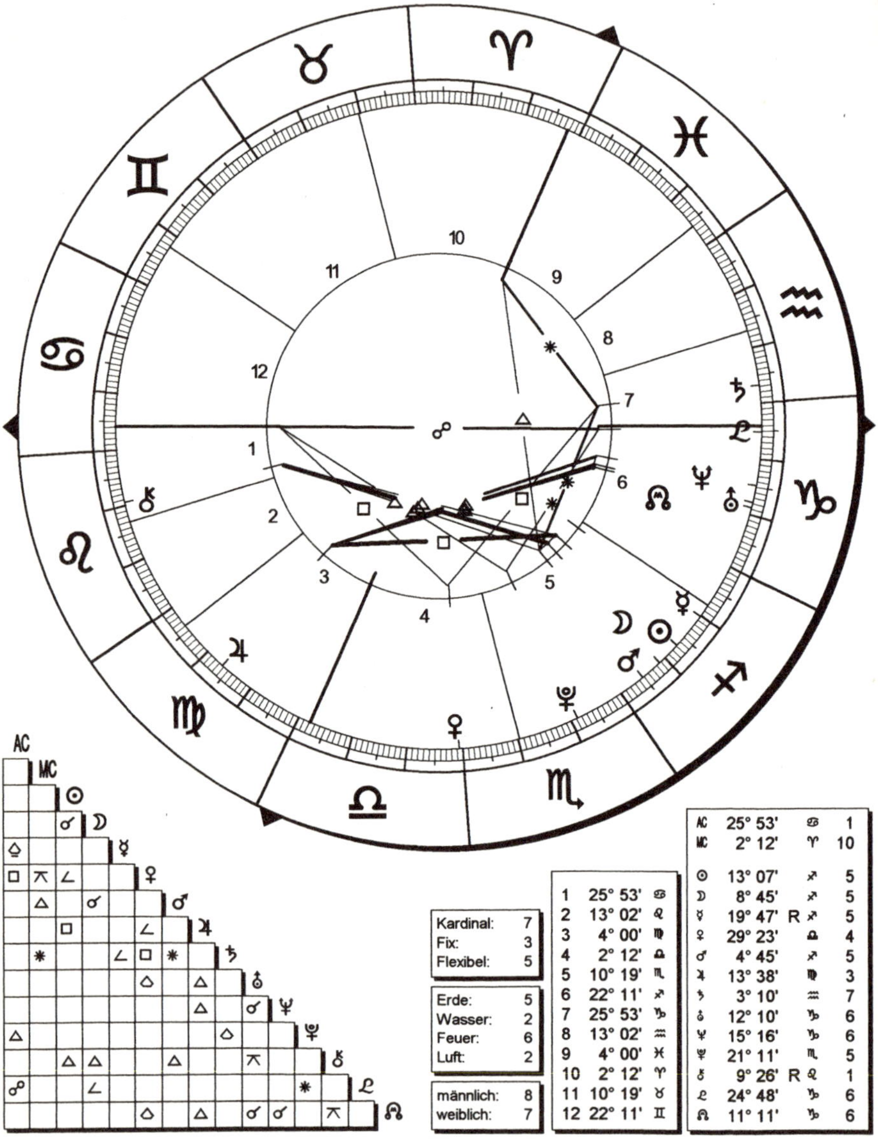

	AC	MC	☉	☽	☿	♀	♂	♃	♄	⛢	♆	♇	⚷	ℒ
MC														
☉														
☽			☌											
☿	⚺													
♀	□	⚻	∠											
♂		△		☌										
♃			□			∠								
♄		✱			∠	□	✱							
⛢						⬠		△						
♆								△		☌				
♇	△								⬠					
⚷			△	△			△			⚻				
ℒ	☍			∠								✱		
☊						⬠		△		☌	☌		⚻	

Kardinal:	7
Fix:	3
Flexibel:	5

Erde:	5
Wasser:	2
Feuer:	6
Luft:	2

männlich:	8
weiblich:	7

1	25° 53'	♋
2	13° 02'	♌
3	4° 00'	♍
4	2° 12'	♎
5	10° 19'	♏
6	22° 11'	♐
7	25° 53'	♑
8	13° 02'	♒
9	4° 00'	♓
10	2° 12'	♈
11	10° 19'	♉
12	22° 11'	♊

AC	25° 53'		♋	1
MC	2° 12'		♈	10
☉	13° 07'		♐	5
☽	8° 45'		♐	5
☿	19° 47'	R	♐	5
♀	29° 23'		♎	4
♂	4° 45'		♐	5
♃	13° 38'		♍	3
♄	3° 10'		♒	7
⛢	12° 10'		♑	6
♆	15° 16'		♑	6
♇	21° 11'		♏	5
⚷	9° 26'	R	♌	1
ℒ	24° 48'		♑	6
☊	11° 11'		♑	6

kennen diese Gegensätze gut. Wenn es eben noch sein volles Selbstbewusstsein zur Schau getragen hat und mit seiner Energie Bäume ausreißen konnte, schlägt die Stimmung womöglich bei einer scheinbar belanglosen Irritation unvermittelt um. Es kann sich tief verletzt zurückziehen, ohne dass die Umgebung immer versteht, worum es geht. Diese Energie wird durch zwei weitere Konstellationen verstärkt. Chiron steht in ihrem 1. Haus. Auf Seite 137 wurde Chiron als der »verletzte Heiler« näher vorgestellt. Er zeigt uns, wo wir unsere Wunde haben, enthält aber auch das Potential zur Heilung, wenn sich die Person Chirons Kraft bewusst macht. Für ein Kind ist das kaum möglich. Im 1. Haus erlebt es Chiron, wie er im besonderen Maße auf die gesamte Persönlichkeit wirkt. Eine solche Person spürt Verletzungen intensiver als die Außenwelt. Sie ist auch recht empfänglich für den unbestimmten »Weltschmerz«.

Die zweite sensible Konstellation ist die Venus in der Waage im 4. Haus. Damit benötigt sie viel Harmonie und Ästhetik, um ihr Selbstwertgefühl und ihre Liebesfähigkeit zu entfalten. Die überschaubare, vertraute Umgebung in der Familie ist genau der richtige Rahmen dafür. Außerhalb dieses Rahmens mag sie sich mit ihrem Selbstwertgefühl schnell auf unsicherem Terrain fühlen. Das steht im auffälligen Gegensatz zu der spielerisch-selbstbewussten und idealistisch-ehrgeizigen Energie von Mond, Sonne, Merkur und Mars. Niemandem sind diese Gegensätze schmerzlicher bewusst als ihr selbst.

Die damit verbundene Herausforderung für Eltern und Erzieher ist nicht ganz einfach. Sie sollten dem Mädchen auf der einen Seite das Gefühl vermitteln, mit seiner fordernden, selbstbewussten Seite genauso in Ordnung zu sein wie mit seiner sensiblen, verletzlichen. Gleichzeitig müssen sie jedoch auf Grenzen achten, damit die Löwe-Schütze-Dynamik nicht gänzlich über die Bedürfnisse anderer hinwegstürmt und sich die Chiron-Waage-Krebs-Sensibilität nicht zu sehr im Weltschmerz verliert.

Dem Mädchen selbst wird es vermutlich nicht leicht fallen, Grenzen rechtzeitig zu spüren, außer in der Begegnung mit dem anderen. Das 2. Haus, in dem es darum geht, seinen Raum abzustecken, ist unbesetzt. Das Thema ist also nicht besonders angesprochen. Saturn, der traditionelle Grenzwächter, steht im Wassermann, dem Zeichen, das alle Grenzen hinter sich lassen und in neue Dimensionen vorstoßen will. Zudem befindet sich Saturn in ihrem 7. Haus, dem Haus der Begegnung und Partnerschaft. Das ist ein großes Potential für die Zukunft, denn das wird ihr helfen, in Beziehungen an der richtigen Stelle Grenzen zu setzen, was vielen Erwachsenen häufig schwer fällt. Unterstützt wird Saturn durch ein Sextil zum Mars. Das kann es ihr ermöglichen, die notwendigen Grenzen konkret und zielgerichtet umzusetzen oder zu verteidigen.

Bemerkenswert in diesem Horoskop ist auch eine gradgenaue Konjunktion von Uranus und aufsteigendem Mondknoten, die sich im Steinbock und im 6. Haus befindet, das der Jungfrau zugeordnet ist. Diese Konstellation wird sich vermutlich erst im Erwachsenenalter wirklich entfalten und dafür sorgen, dass die Frau nicht in Konventionen verharrt. Grundlegende Veränderungen und Brüche dürften zu einem prägenden Teil ihrer Persönlichkeit werden. Wer immer sich auf sie einlässt, sollte Überraschungen zu schätzen wissen.

Schließlich verrät noch ein Blick aufs Gesamthoroskop einiges über die Entwicklungsperspektiven des Mädchens. Nahezu alle Planeten konzentrieren sich unterhalb der AC-DC-Achse und im zweiten Quadranten. Er liegt zwischen IC und DC. Das deutet auf ein großes Bedürfnis nach Rückzug und ein reiches Innenleben hin. Im zweiten Quadranten, dem so genannten Innen-Du, geht es außerdem um den Kontakt mit dem Gegenüber auf einer inneren, seelischen Ebene. Er wird auch als seelischer Quadrant bezeichnet. Die dortigen Planeten beschreiben, was wir zusammen mit anderen erleben wollen, um zu wachsen. Das ist jedoch die Aufgabe für das Erwachsenenalter.

Radix 2

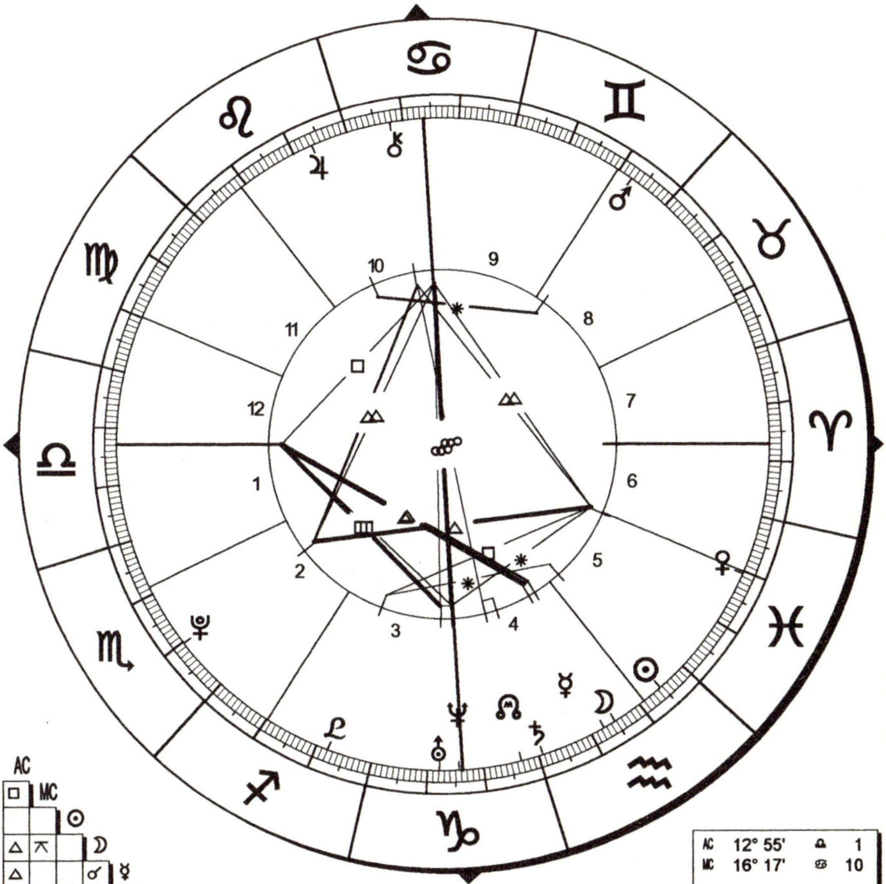

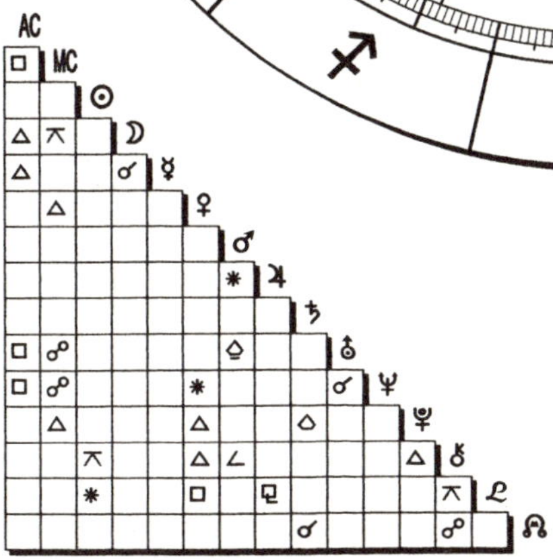

Kardinal:	6
Fix:	6
Flexibel:	3

Erde:	3
Wasser:	4
Feuer:	2
Luft:	6

männlich:	8
weiblich:	7

1	12° 55'	♎
2	8° 47'	♏
3	10° 14'	♐
4	16° 17'	♑
5	20° 57'	♒
6	19° 53'	♓
7	12° 55'	♈
8	8° 47'	♉
9	10° 14'	♊
10	16° 17'	♋
11	20° 57'	♌
12	19° 53'	♍

AC	12° 55'		♎	1
MC	16° 17'		♋	10
☉	24° 39'		♒	5
☽	14° 46'		♒	4
☿	12° 31'		♒	4
♀	19° 29'		♓	5
♂	7° 21'		♊	8
♃	6° 31'	R	♌	10
♄	0° 48'		♒	4
♅	12° 10'		♑	3
♆	15° 41'		♑	3
♇	20° 21'		♏	2
⚷	22° 18'	R	♋	10
ℒ	22° 06'		♐	3
☊	26° 48'		♑	4

Das folgende Beispiel behandelt das älteste von vier Kindern, die alle in kurzen Abständen auf die Welt gekommen sind. Es ist ein Junge, der mit seinem Horoskop aus dem Rahmen der anderen fällt.

Er ist sehr vom Luftelement geprägt. Mond, Merkur, Sonne und Saturn stehen im Wassermann, Mars im Zwilling und der Aszendent in der Waage. Er eignet sich die Welt über den Verstand an. Was er versteht, das hat er integriert. Da das Luftelement relativ abstrakt ist und Kinder abstraktes Denken erst allmählich entwickeln müssen, erscheinen die luftbetonten in den ersten Lebensjahren eher langsam oder bedächtig, außer vielleicht wenn die Betonung in den Zwillingen liegt.

Der luftbetonte Junge ist kritisch und stellt hohe Ansprüche an sich und andere. Bücher oder andere Quellen, aus denen er Wissen schöpfen kann, sind häufig der beste Freund. Um sich durch seine frühe intellektuelle Neugierde mit der Welt vertraut zu machen, benötigt dieser Junge jedoch viel Geborgenheit und Intimität. Neben dem Luftelement ist das Wasser in seinem Horoskop stark vertreten. Mond, Merkur, Saturn, Neptun und aufsteigender Mondknoten stehen im 4. Haus, dem Haus des Krebses, bzw. am IC. Ohne das Gefühl, aufgehoben zu sein, können sich seine geistigen Qualitäten nicht entfalten. Fühlt er sich in seiner Intimität gestört – etwa durch kleine Geschwister, die unangemeldet in sein Heim platzen –, leidet er sehr.

Das Harmoniebedürfnis wird auch durch den Waage-Aszendenten ausgedrückt. Er benötigt eine gute Atmosphäre in seiner Umgebung, damit er sich entfalten kann. Mit Spannungen oder Aggressionen, seien sie offen oder unterschwellig, kann er schlecht umgehen; unter ihnen leidet er ebenso. Der Aszendent ist außerdem von vielen Planeten aspektiert. Neptun und Uranus bilden ein Quadrat dazu, der Mond und Merkur ein Trigon. In dem, wie er sich als Persönlichkeit ausdrückt, wie er spontan auf die Welt zugeht, wird er von verschiedenen Energien beeinflusst. Es ist eine ständige Herausforderung, dass er im Kontakt mit der Welt Tiefe sucht und eingefahrene Strukturen immer wieder in Frage stellt. Vor allem das Neptunquadrat kann dazu führen, sich ständig zu fragen: Wo ist eigentlich mein Platz in dieser Welt? Was will ich hier? Solche Orientierungsschwierigkeiten beinhalten das Potential, ein sehr bewusstes Leben zu führen, denn die Fragen verlangen nach Antworten. Danach zu suchen kann das Leben sehr tief und reich machen.

Eine weitere Konstellation zeigt ein großes Bedürfnis nach Rückzug an. Fast alle Planeten befinden sich unterhalb der AC-DC-Achse; sie liegen sozusagen im Nacht- oder Innenbereich des Horoskops. Ein solcher Junge ist recht introvertiert, befasst sich eher mit sich selbst, als nach außen zu gehen. Die starke Betonung der unteren Horoskophälfte könnte ihn sogar schüchtern wirken lassen, weil das Interesse an der Außenwelt nicht so groß ist und es eher als anstrengend erlebt wird, sich in der Öffentlichkeit zu präsentieren. Chiron im 10. Haus, relativ nahe am MC, dem öffentlichsten Punkt, wirkt ebenfalls in diese Richtung. Chiron zeigt an, wo unser Schmerz liegt und wo wir ihn überwinden können. Bis dahin ist es jedoch ein langer Weg. Ein Kind erlebt Chiron vermutlich als undeutliches Gefühl. Öffentliche Auftritte sind also eher schmerzhaft für ihn.

Chiron ist allerdings freundlich aspektiert. Ein gleichschenkeliges Dreieck, das so genannte große Erlösungsdreieck, verbindet ihn mit Pluto und Venus. Diese recht seltene Aspektfigur mit drei Trigonen lässt die Energie frei fließen. Die Intensität von Pluto und der Selbstwert der Venus sind der Schlüssel, um auf konstruktive Weise an den Schmerz heranzukommen, ihn zu erkennen und aufzulösen.

Bei dem Jungen laufen außerdem während seiner Kindheit Uranus und Neptun über die versammelten Planeten im Wassermann. Die grundsätzliche Bedeutung dieser Transite ist ab Seite 142 beschrieben. Transite sind immer eine große Herausforderung. Der Junge hat also offenkundig den Lebensplan, die

»harten Brocken« gleich zu Beginn seiner Existenz anzugehen und zu bewältigen. Das ist nicht typisch für ein Kind, bestärkt jedoch die Verheißung, dass sein Leben im Laufe der Jahre vermutlich immer leichter wird und er sich mit seinen intellektuellen Möglichkeiten eine gute Basis schafft. Wenn sich die Eltern heute bisweilen Sorgen um seine Entwicklung machen, kann ihnen diese Perspektive viel Vertrauen und Sicherheit geben, auch wenn er bislang noch nicht so strahlend dasteht wie seine Geschwister. Während bei ihm das Feuerelement, das Energie und Idealismus symbolisiert, kaum besetzt ist, sind die anderen Geschwister ausgesprochen feuer- und wasserbetont.

In Konkurrenz zu ihnen hat es der älteste Junge nicht leicht. Die spontane Dynamik, mit der sich die anderen die Welt erschließen, öffnet Kindern viele Türen und Herzen. Wer dabei nicht mithalten kann, zieht zunächst leicht einmal den Kürzeren, wenn die anderen lauter »Ich will ...« rufen oder schneller etwas Schönes erobert haben. Das wird sich allmählich wandeln, wenn die Kinder älter werden. Dann kommen die Eigenschaften des Luftelements immer mehr zum Zuge. Bis es so weit ist, benötigt der Junge vor allem seinen geschützen Rahmen. Vermutlich gibt es immer wieder Situationen, in denen er es nicht allein schafft, diesen Raum gegen die dynamischen Geschwister zu verteidigen, die es ihrerseits mit den Grenzen nicht so genau nehmen. Dann benötigt er die Hilfe der Erwachsenen. Es reicht dabei nicht, auf seine Rolle als Ältesten zu verweisen, von dem man erwarten sollte, dass er sich wehren kann. In gewisser Weise ist er in den ersten Jahren der Wehrloseste.

Im nächsten Beispiel geht es um ein Mädchen, das sehr stark vom Krebs und den anderen Wasserzeichen geprägt ist. Seine Aufgabe besteht darin, Stärke und Mut zu entwickeln, und das Horoskop weist den Weg dorthin.

Der Aszendent und die Sonne stehen im Krebs, der Mond in der Jungfrau am IC, also dem Beginn des Krebs-Hauses. Dort

Radix 3

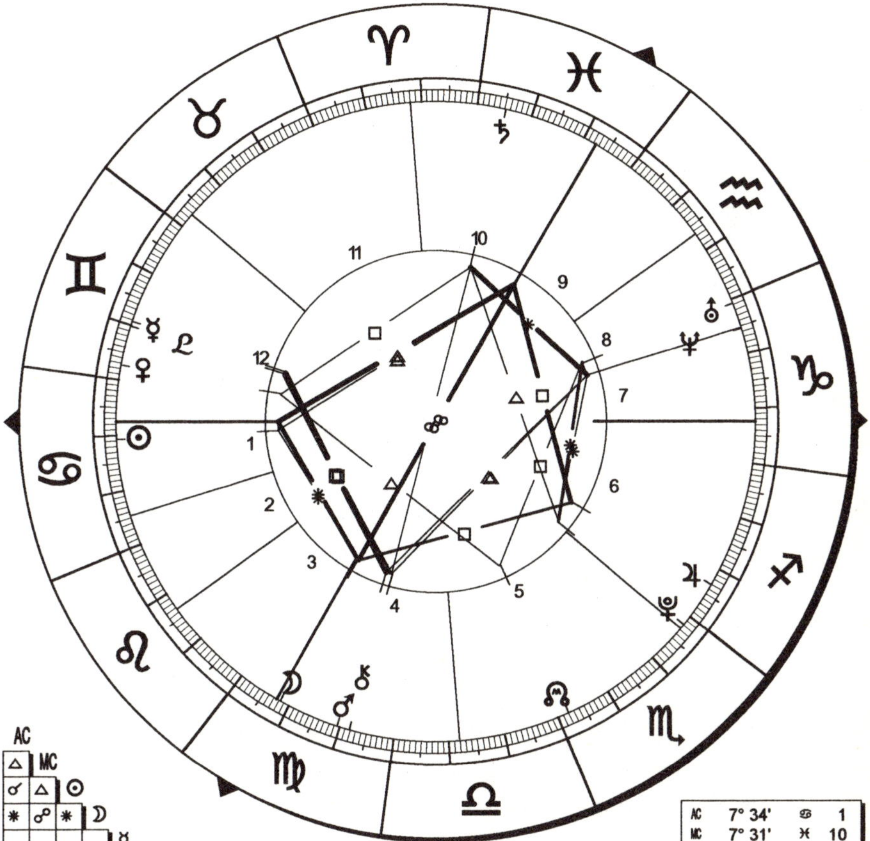

AC	MC	☉	☽	☿	♀	♂	♃	♄	♅	♆	♇	⚷	⚸	
△														MC
☌	△													☉
⚹	☍	⚹												☽
														☿
			△											♀
△				□										♂
⚻	□		□											♃
					□									♄
					⚻									♅
			⚼	⚺	⚻	△		⚹	☌					♆
					⚻			△	⚹	⚹				♇
		△		□		☌		☍		△				⚷
				☌		□				⚺		□		⚸
					△			⚺	□					☊

Kardinal:	4
Fix:	2
Flexibel:	9

Erde:	5
Wasser:	6
Feuer:	1
Luft:	3

männlich:	4
weiblich:	11

1	7° 34'	♋
2	24° 38'	♋
3	13° 24'	♌
4	7° 31'	♍
5	11° 58'	♎
6	27° 17'	♏
7	7° 34'	♑
8	24° 38'	♑
9	13° 24'	♒
10	7° 31'	♓
11	11° 58'	♈
12	27° 17'	♉

AC	7° 34'		♋	1
MC	7° 31'		♓	10
☉	10° 45'		♋	1
☽	8° 13'		♍	4
☿	19° 18'		♊	12
♀	27° 23'		♊	12
♂	19° 32'		♍	4
♃	6° 54'	R	♐	6
♄	24° 44'		♓	10
♅	29° 13'	R	♑	8
♆	24° 32'	R	♑	7
♇	28° 09'	R	♏	6
⚷	21° 53'		♍	4
⚸	20° 09'		♊	12
☊	2° 04'		♏	5

befinden sich auch Mars und Chiron in Konjunktion. Mit dem Aszendent im Krebs tritt das Mädchen recht schüchtern in die Welt. Durch die Betonung des 4. Hauses benötigt es eine harmonische, vertraute Umgebung, um sich entfalten zu können. Diese Harmonie wird ihr aber nicht einfach geschenkt. Viele analytische Aspekte, vor allem Quadrate, verlangen etwas von ihr, was nicht zu den hervorstechenden Krebs-Eigenschaften gehört, nämlich hart um etwas zu ringen, zu kämpfen. Alle persönlichen Planeten, die ein Kind besonders prägen, sind durch ein Quadrat mit anderen verbunden: der Mond mit dem Jupiter, die Venus mit dem Saturn, der Merkur mit dem Mars. Das lässt wenig Raum für Entspannung, auch wenn zwischen den meisten überpersönlichen Planeten harmonische Sextile vorherrschen. Insgesamt erfährt das Mädchen die Aspekte vermutlich als ständige Herausforderung. Es kann sich nicht einfach der ersehnten Harmonie hingeben. Dadurch mag es sich unsicher fühlen und dann greift es gern zu den Verhaltensweisen, die dem Krebs vertraut sind. Es zieht sich zurück und klammert sich an das, was es kennt und bewahren möchte. Damit werden die analytischen Aspekte jedoch nicht erlöst – zumal der Kosmos einige weitere Aufgaben gestellt hat, die es anzugehen gilt.

Nicht nur der Krebs, auch die anderen Wasserzeichen sind gut besetzt. Im Skorpion stehen der aufsteigende Mondknoten und Pluto, in den Fischen der Saturn. Ähnlich prägend sind die den Wasserzeichen zugeordneten Häuser. Das 4. Haus, das Krebs-Haus, wurde bereits erwähnt. Dabei sollte noch auf den Chiron hingewiesen werden. Es ist für sie also auch das Haus, in dem sie ihre Verletzungen spürt. In der Tat lebt sie nicht in klassischen Familienverhältnissen und das ist nicht leicht für sie. Das 8. Haus mit der Skorpion-Energie beherbergt Neptun und Uranus; im 12. Haus mit der Fische-Energie befinden sich Merkur und Venus. Emotionale Tiefe, eine große Intensität und Intuition, aber auch die Gefahr, sich in Gefühlen und Traumwelten zu verlieren, prägen den Charakter des Mädchens.

All das stärkt sie nicht gerade in den Herausforderungen, die durch die analytischen Aspekte auf sie zukommen. Was aber bedeutet eine solche Aussage? Wird dieses Mädchen immer ein schüchternes, sensibles Pflänzchen bleiben, das lieber träumt als lebt und womöglich viel Leid erfährt? Dabei wird die Astrologie nicht stehen bleiben, denn es geht ihr darum, das Potential der Menschen optimal zu fördern. Dazu gehört es, die Augen vor den Gefahren nicht zu verschließen, doch das ist nur der erste Schritt.

Für das Mädchen liegen die Herausforderungen auf der Hand. Auch sehr gefühlsbetonte und von ihrer Anlage her schüchterne Kinder werden in ihrem Leben mit Situationen konfrontiert, die Mut, Kraft und Entschlossenheit verlangen. Wenn ihnen diese Eigenschaften fehlen, werden sie womöglich ein Leben lang zum Spielball der Interessen anderer. Die analytischen Aspekte verlangen von den Eltern und Bezugspersonen, diese Eigenschaften frühzeitig zu entwickeln. Dazu müssen sie zunächst akzeptieren, dass ihr Mädchen seine Schwierigkeiten damit hat und nicht von sich aus dynamisch auf die Welt zustürmt, wie es bei feuerbetonten Kindern der Fall ist. Auf der Basis kann nach Lösungen gesucht werden, die jedes Horoskop bereithält, denn der Kosmos lässt niemanden im Stich. Das Venus-Saturn-Quadrat etwa deutet darauf hin, dass Struktur, Disziplin, ja sogar eine gewisse Strenge das Selbstwertgefühl des Mädchens stärken. Wenn es unsicher in seinen Gefühlen und Werturteilen ist, benötigt es nicht Bedauern oder Verzärtelung, sondern Orientierung. Die Umgebung soll nicht mit ihr dahinschmelzen – auch wenn die Versuchung bei krebsbetonten Kindern immer groß ist –, sie soll ihr klaren Halt und Rahmen geben. Das ist der größte Gefallen, den man ihr tun kann, auch wenn es den Erwachsenen vielleicht Überwindung kostet.

Das Mond-Jupiter-Quadrat beinhaltet die Herausforderung, das Kind in seinen emotionalen Bedürfnissen zu stärken, indem man ihm durchaus anspruchsvolle Ziele setzt. Hohe Ideale beinhalten immer die Gefahr der Überforderung, aber gerade bei wasserbetonten Kindern besteht eher die Versuchung, sie zu unterschätzen und gleichzeitig zu unterfordern. Bildet der Jupiter einen analytischen Aspekt zum Mond, verlangt das Kind nach hohen Zielen, nach Idealen, für die es sich anstrengen muss. Welch eine Befriedigung wird es verspüren, wenn es ein solches Ziel erreicht hat.

Das Merkur-Mars-Quadrat lädt dazu ein, sich mit Vehemenz Gehör zu verschaffen, sich mit Nachdruck einzubringen, egal, ob es der Stuhlkreis im Kindergarten ist oder die Geschwister bzw. die Freundinnen, die nicht zuhören wollen. Ein solches Verhalten steht im Gegensatz zu dem schüchternen Auftritt des Krebs-Aszendenten, der ihre spontane Art ist, sich auszudrücken. Also muss es geübt werden und das Kind benötigt dabei Unterstützung von außen. Es ist in einem solchen Fall keine unzulässige Einflussnahme, sofern die Eltern oder andere Erwachsene intervenieren, wenn das Mädchen wegen seiner Schüchternheit in einer Gruppe unterzugehen droht. Die Aufforderung an andere, sie auch zu Wort kommen zu lassen, wird von ihr vermutlich sehr geschätzt. Immerhin ist das Potential, sich deutlich bemerkbar zu machen, durchaus vorhanden, nur nicht so selbstverständlich und leicht.

Bei den Transiten gab es bereits einen machtvollen analytischen Aspekt. Der laufende Pluto bildete Ende der neunziger Jahre ein Quadrat zum Mond. Intensive emotionale Erfahrungen, ja Erschütterungen warteten auf das Mädchen, denen es sich hilflos ausgeliefert gefühlt hat. Auslöser war die Trennung der Eltern. Es ist müßig zu spekulieren, was wäre, wenn sie sich nicht getrennt hätten, und ein schlechtes Gewissen ist das Letzte, was das Mädchen bei seinem Wachstumsprozess benötigt. Ein Pluto-Quadrat sucht sich immer seine geeigneten Ausdrucksformen. Sie sind nie einfach, aber ein wichtiges Lernfeld. Mehr darüber kann ab Seite 149. nachgelesen werden. Für das Mädchen ist das Pluto-Quadrat zu ihrem Mond jedenfalls kein

Thema für das ganze Leben. Auch wenn sie damit noch nicht bewusst umgehen kann, so ist es dennoch möglich, die Lektion zu lernen, dass zu intensiven Erfahrungen auch der Schmerz gehört und dass der Schmerz irgendwann losgelassen werden kann, denn Pluto zieht weiter. Es gibt wieder neue Perspektiven und emotionale Geborgenheit findet sich ungeachtet der Erschütterungen nicht nur in der Orientierung auf die Vergangenheit.

Aber auch die im Radix angelegten und damit bleibenden Aspekte haben keinen fatalistischen Charakter. Das Horoskop zeigt auf, welche Schritte unternommen werden können, damit aus dem schüchternen Mädchen eine reife, selbstbewusste Frau wird. Die Erziehungsaufgabe der Erwachsenen besteht nicht in erster Linie darin, das ausgeprägte Bedürfnis des Mädchens nach einer kleinen, heilen Welt zu erfüllen, die mit der schwierigen da draußen nicht viel zu tun hat. Die Erwachsenen sollten stattdessen die erwähnten Lernfelder im Horoskop aufgreifen, um das Mädchen zu unterstützen, mutig und stark zu werden. Die Perspektive kann etwas Wunderschönes sein, denn das Mädchen wird durch die schwierigeren Aufgaben seine Sensibilität nicht verlieren. Ein Krebs aber, der weiß, wann es möglich ist, die Gefühle zuzulassen, und wann es nötig ist, stark und mutig für etwas einzutreten, der gehört zu den ganz besonderen Persönlichkeiten.

Ein weiteres Beispiel soll aufzeigen, unter welchen Konstellationen ein wasserbetontes Kind aus sich heraus so souverän und selbstbewusst auftreten kann, dass es eher gebremst werden sollte, um die richtige Balance zu finden.

Es geht um einen Jungen, der zwei unterschiedliche Gesichter kennt. Auf den ersten Blick zeigt er ein starkes, originelles und nach außen gerichtetes Selbstbewusstsein. Es drängt ihn danach, das in konkrete Aktivitäten umzusetzen. Das sportliche Potential ist offenkundig groß. Dafür steht der Aszendent im Löwen mit

Radix 4

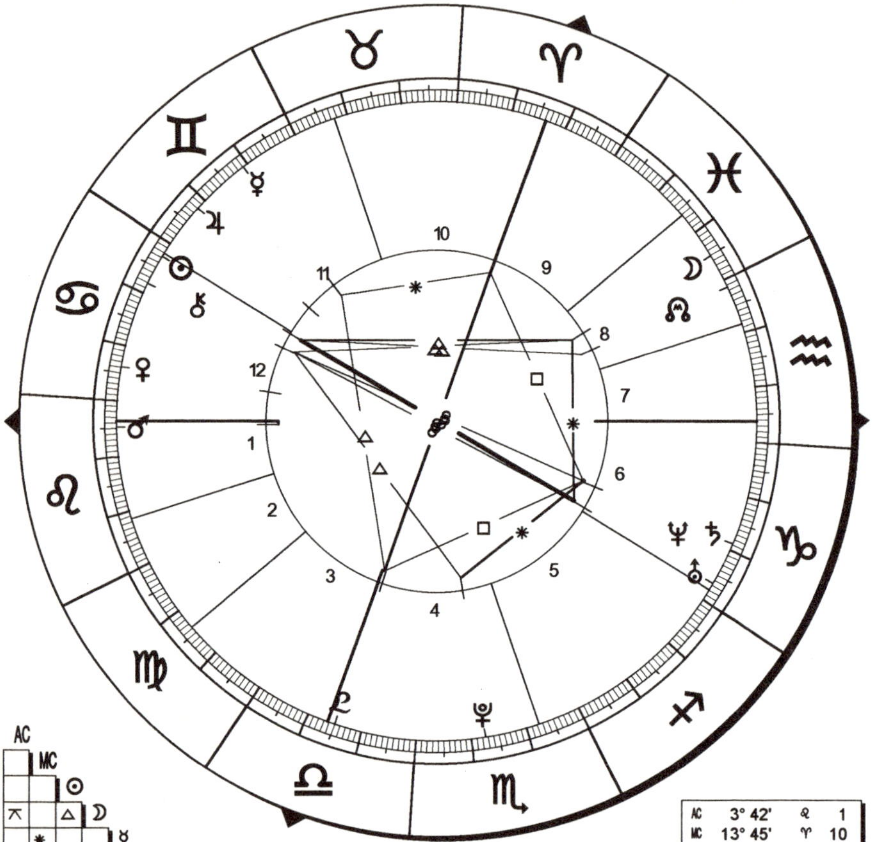

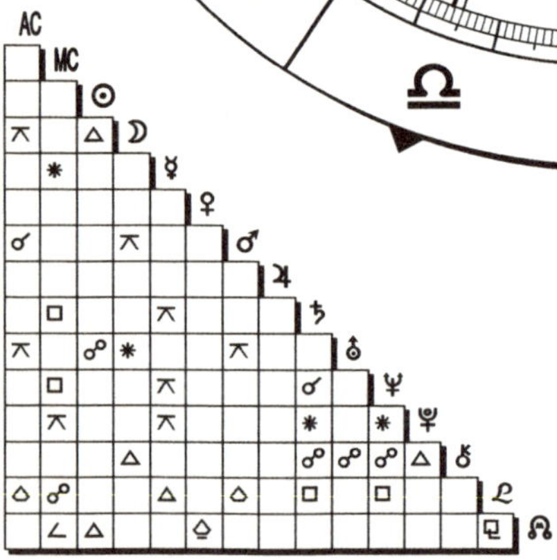

Kardinal:	8
Fix:	4
Flexibel:	3

Erde:	3
Wasser:	5
Feuer:	3
Luft:	4

männlich:	7
weiblich:	8

1	3° 42'	♌
2	21° 29'	♌
3	13° 48'	♍
4	13° 45'	♎
5	22° 25'	♏
6	2° 02'	♑
7	3° 42'	♒
8	21° 29'	♒
9	13° 48'	♓
10	13° 45'	♈
11	22° 25'	♉
12	2° 02'	♋

AC	3° 42'		♌	1
MC	13° 45'		♈	10
☉	2° 42'		♋	12
☽	4° 53'		♓	8
☿	10° 54'		♊	11
♀	23° 50'		♋	12
♂	4° 45'		♌	1
♃	21° 56'		♊	11
♄	11° 13'	R	♑	6
♅	3° 22'	R	♑	6
♆	11° 14'	R	♑	6
♇	12° 35'	R	♏	4
⚷	8° 08'		♋	12
⚸	15° 05'		♎	4
☊	28° 33'		♒	8

dem Mars direkt darauf. Mit dieser Konstellation reagiert er ausgesprochen spontan und direkt. Wenn er etwas erreichen will, steuert er ohne Umwege darauf zu. Diplomatie und taktisches Kalkül sind seine Sache nicht. Auf der Spielwiese Welt möchte er sich gern im Wettstreit mit anderen messen und immer wieder neue Herausforderungen spüren, aber letztlich im Mittelpunkt stehen. Niederlagen wird er nicht gut verkraften. Steht er auf der Seite der Sieger, gibt er sich gern großzügig und lässt auch andere an seinen Erfolgen Anteil haben. Allerdings sollten sie seinen Beitrag zum Erfolg nicht aus dem Blick verlieren.

Unter der Oberfläche zeigt er sich demgegenüber hochsensibel, einfühlsam, mitfühlend, intensiv und verletzlich. Sein Mond steht in den Fischen und im 8., dem Skorpion-Haus, die Sonne mit der Venus im Krebs und im 12., dem Fische-Haus. Gegensätze gibt es nicht nur zwischen den grundlegenden Energien von Aszendent und persönlichen Planeten, sondern auch zwischen den gefühlsbetonten Bereichen. Die Planeten im Krebs suchen körperliche Nähe, sie möchten gern anschmiegsam sein und kuscheln; die Energien der Fische entziehen sich lieber. Sie sind schwer greifbar und neigen dazu, sich in Tagträumen zu verlieren. Diese Verhaltensweisen verlangen von den Eltern viel Verständnis, denn häufig kann das Gefühl vorherrschen, gar nicht zu wissen, woran sie mit dem Jungen sind. Der aufsteigende Mondknoten im 8. Haus unterstützt die emotionale Intensität, das Bedürfnis, den Dingen auf den Grund zu gehen. Diese Eigenschaft wird sich im Laufe des Lebens vermutlich immer stärker herausbilden.

Ein ganz besonderes Thema für den Jungen sind Grenzen. Saturn, der Hüter der Schwelle, der uns vor unkalkulierbaren Erfahrungen bewahrt, steht in seinem eigenen Zeichen, dem Steinbock, sowie im 6. Haus, das ebenfalls einem Erdzeichen, der Jungfrau, zugeordnet ist. Damit sollte es ihm leicht fallen, sich abzugrenzen sowie Ordnung, Struktur und Disziplin im Alltag zu entwickeln. So einfach hat es der Kosmos indes nicht eingerichtet. Neptun bildet eine minutengenaue Konjunktion mit dem Saturn. Im Universum bewegt sich Neptun bekanntlich jenseits vom Hüter der Schwelle. Er will Grenzen auflösen, will die Unendlichkeit und Grenzenlosigkeit spüren. Im Alltag fällt Neptun die Orientierung häufig schwer, während Saturn gewöhnlich weiß, was er will. Diese Konjunktion bildet noch ein Sextil zum Pluto. Es geht also offenkundig um Intensität und Grenzerfahrungen. Konkret werden die Eltern und er selbst akzeptieren müssen, dass sein Bedürfnis sich abzugrenzen häufig mit dem Bedürfnis zusammenstößt, gar keine Grenzen zu spüren. Beides ist legitim, doch schwer zu vereinbaren. Das Potential für ihn besteht darin, eine hohe Sensibilität im Umgang mit Grenzen zu finden, genau zu spüren, wann es nötig ist, sich abzugrenzen, und wann er sich öffnen darf. Gleichzeitig kann er sich mit einer gewissen Gelassenheit und Vertrauen auf grenzerweiternde Erfahrungen einlassen, denn Saturn wird ihn davor bewahren, gänzlich die Kontrolle zu verlieren.

Eine andere interessante Verbindung besteht zwischen Sonne, Mond und Uranus. Sonne und Uranus stehen sich in einer gradgenauen Opposition gegenüber. Der Mond löst den Spannungsaspekt durch ein Trigon zur Sonne und ein Sextil zum Uranus auf. Diese Konstellation wird ihr volles Potential erst im Laufe der Zeit entwickeln. Sie reicht über das Kindesalter hinaus, doch lohnt es sich, einen kurzen Blick darauf zu werfen. Uranus, der Revolutionär unter den Planeten, fordert die Gesamtpersönlichkeit, symbolisiert durch die Sonne, immer wieder heraus, nicht in eingefahrenen Verhaltensweisen oder festen Strukturen zu verharren. Er will stattdesssen extravagant und außergewöhnlich sein. Ebenso wartet er gern mit Überraschungen auf. Der Steinbock und das 6. Haus sorgen zielstrebig dafür, dass dies Bedürfnis konkrete Formen annehmen kann. Routine dürfte es in dem Leben des Jungen selten geben. Die harmonischen Aspekte zum Mond dokumentieren eine emotionale Übereinstimmung damit. Er wird sich in seiner Extravaganz und in seinen Umbrüchen aufgehoben fühlen. Es wird ihm gefallen, die Umgebung zu überraschen, vielleicht bisweilen sogar ein wenig zu schockieren. Letzteres allerdings dürfte sich nicht übertrieben provokant ausprägen, denn die beschriebene hohe Sensibilität und das Mitgefühl setzen natürliche Grenzen. Der Junge spürt, wann er andere damit verletzen könnte, und das liegt ihm fern.

Erwähnt werden sollte schließlich noch der Merkur, der in diesem Horoskop seine klassische Rolle als Vermittler zwischen verschiedenen Welten einnehmen kann. Der Merkur ist stark gestellt. Er befindet sich in seinem eigenen Zeichen, den Zwillingen, sowie im 11. Haus, dem des Wassermanns, das ebenfalls dem Luftelement zugeordnet ist. Damit ist der Junge sehr kontaktfreudig, wach, wissbegierig, aufnahmebereit und neugierig. Diese geistigen Kapazitäten beinhalten die Chance, den Ehrgeiz des Mars am Löwe-Aszendenten, gern im Mittelpunkt zu stehen und der Erste zu sein, mit den sensiblen Anteilen der Wasserbetonung in Einklang zu bringen. Er und seine Eltern müssen verstehen, dass beides seinen Raum will und seine Berechtigung hat. Wenn eines von beiden die Alleinherrschaft anstrebt, droht Gefahr – entweder zum Egoisten zu werden, der sich rücksichtslos über andere hinwegsetzt, oder sich in Emotionen und den Ansprüchen der anderen zu verlieren. Die Balance dazwischen beinhaltet ein großartiges Potential. Ein solcher Weg wird den Jungen niemals festlegen, sondern ihm den Freiraum lassen, seine Umwelt immer wieder durch spontane und unerwartete Reaktionen zu überraschen. Die intellektuelle Kraft und Einsicht des Merkurs kann der Schlüssel dazu sein.

Bei den bisherigen Beispielen führte die Deutung letztlich immer zu klaren Aussagen, auch wenn Energien sehr unterschiedlich gefärbter Planeten oder Schnittpunkte miteinander in Einklang gebracht werden mussten. Bisweilen kommt es in einem Horoskop jedoch vor, dass ein und derselbe Punkt, etwa der Aszendent, nicht eindeutig von einer Energie geprägt ist. Das ist dann der Fall, wenn sich der Schnittpunkt am Übergang von einem Zeichen in ein anderes oder ein Planet am Übergang von einem Haus in ein anderes befindet.

Dies ist bei den beiden letzten hier vorgestellten Horoskopen gegeben. Solche Fälle kommen nicht selten vor. Beim ersten handelt es sich um ein Mädchen. Nach der offiziellen Geburtszeit befindet sich ihr Aszendent im Widder und zwar unmittelbar vor dem Eintritt in den Stier. Eine Minute später hatte der Übergang bereits stattgefunden. Dabei drängt sich die Frage nach der genauen Geburtszeit auf. Gilt es, wenn der Kopf aus dem Geburtskanal herauskommt, wenn der erste Atemzug getan oder wenn die Nabelschnur durchgetrennt wird? Oder gilt das, was die Hebamme bzw. die Kinderkrankenschwester aufschreibt?

Es gibt im Wesentlichen drei Möglichkeiten, mit solchen Übergängen umzugehen. Manche Astrologen sagen, nichts ist zufällig und ohne Grund, erst recht nicht der Zeitpunkt, der als Geburtszeit amtlich vermerkt ist. Also wird dies als Basis für das Horoskop genommen und nicht spekuliert, was wäre, wenn die genaue Zeit etwas eher oder später läge. Darüber hinaus kann eine Geburtszeitkorrektur vorgenommen werden. Das ist selbst im Computerzeitalter noch ein recht aufwändiges Verfahren und spielt in der konkreten Beratungspraxis daher keine große Rolle. Zudem ist das Ergebnis immer auch subjektiv gefärbt. Die dritte Möglichkeit besteht darin, die Unsicherheit und Unklarheit zuzulassen und dennoch zu nützlichen Aussagen zu gelangen. Es geht bei der Astrologie schließlich nicht um eine naturwissenschaftliche Messung, sondern um konkrete Menschen, die sich in ihrer Vielschichtigkeit bisweilen einer exakten Erfassung entziehen. Wer dies der Astrologie vorwirft – und das geschieht sehr häufig –, offenbart ein fragwürdiges Menschenbild.

Radix 5

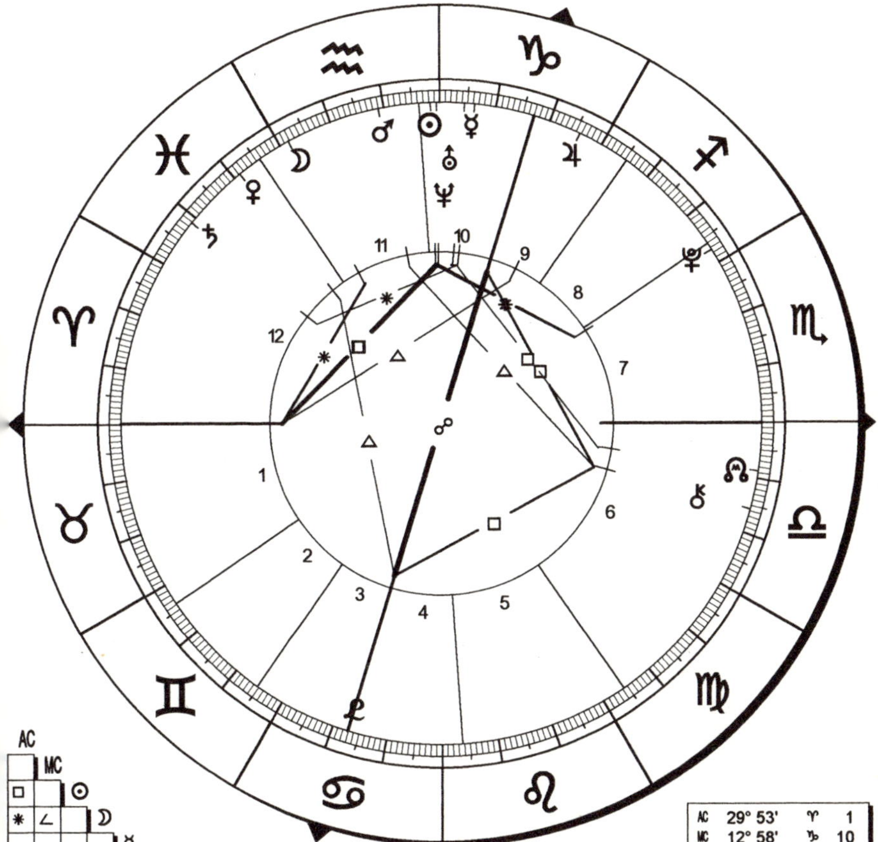

	AC	MC	☉	☽	☿	♀	♂	♃	♄	♅	♆	♇	⚷	ℒ
MC														
☉	□													
☽	✱	∠												
☿														
♀					∠									
♂														
♃	△													
♄					✱									
♅	□		☌											
♆					☌	∠								
♇	⊼		✱							✱				
⚷		□		⚼		bQ	△							
ℒ	Q	☍		⚼		△	⊼						□	
☊					□			Q	⊼					

Kardinal:	8
Fix:	4
Flexibel:	3

Erde:	4
Wasser:	3
Feuer:	2
Luft:	6

männlich:	8
weiblich:	7

1	29° 53'	♈
2	3° 50'	♊
3	24° 41'	♊
4	12° 58'	♋
5	3° 41'	♌
6	4° 19'	♍
7	29° 53'	♎
8	3° 50'	♐
9	24° 41'	♐
10	12° 58'	♑
11	3° 41'	♒
12	4° 19'	♓

AC	29° 53'		♈	1
MC	12° 58'		♑	10
☉	1° 40'		♒	10
☽	28° 17'		♒	11
☿	23° 40'	R	♑	10
♀	8° 48'		♓	12
♂	10° 58'		♒	11
♃	4° 14'		♑	9
♄	21° 08'		♓	12
♅	0° 35'		♒	10
♆	25° 29'		♑	10
♇	2° 34'		♐	7
⚷	14° 18'		♎	6
ℒ	12° 53'		♋	3
☊	21° 18'		♎	6

Ich bevorzuge nach meinen Erfahrungen die letzte Möglichkeit. Danach begegnet das Mädchen der Welt sowohl mit der Widder- als auch mit der Stier-Energie. Es kann äußerst energisch, zielstrebig und direkt auftreten, aber es liebt auch die behagliche Atmosphäre eines schönen Zuhauses, in dem es sich verwöhnen lassen kann. Beides kann einander bedingen. Erst wenn der Widder mit seiner Energie etwas erreicht hat, erlaubt sich der Stier, dies auch zu genießen. Das Mädchen braucht nichts geschenkt. Es sorgt auch bei den schönen Dingen im Leben für sich selbst.

Sonne, Uranus und Pluto stehen ebenfalls am Ende eines Hauses und können sowohl für das, was sie verlassen, wie auch für das kommende gedeutet werden. Sonne und Uranus befinden sich in Konjunktion im Wassermann am Ende des 10. Hauses. Beide werden erst im Laufe der längerfristigen Entwicklung als Persönlichkeitsanteile integriert. Für ein Kind spielen sie noch keine bedeutende Rolle. Die bewusste Persönlichkeit und das Bedürfnis, eingefahrene Muster zurückzulassen, drängen im 10. Haus nach außen. Dafür bietet sich in der Regel der Beruf an. Vermutlich wird das Mädchen als Frau großen Wert auf einen abwechslungsreichen Beruf legen oder im Berufsleben immer wieder Veränderungen und neue Herausforderungen suchen. Auch unvorhersehbare Brüche könnten ihren beruflichen Werdegang begleiten. Das bedeutet nicht zwangsläufig einen Knick in der Karriere, denn die uranischen Energien enthalten viel kreatives Potential. Das kann sich schlecht in eingefahrenen Strukturen entfalten. Zudem wird sie in ihrem Beruf vermutlich eine Form der Selbstverwirklichung suchen. Nur einen Job auszuüben, um Geld zu verdienen, dürfte ihr nie genügen.

Im 11. Haus sind die revolutionären Energien noch stärker entwickelt, allerdings drängen sie nicht unbedingt nach außen. Die Energie des Wassermannes und des 11. Hauses ist ohnehin prägend in dem Horoskop, denn dort stehen noch der Mond und der Mars. Das Mädchen dürfte das Interesse entwickeln, in einer außergewöhnlichen Gruppe Gleichgesinnter den Raum für nichtalltägliche Erfahrungen zu sammeln. Dort mag es sich mit großem Elan einbringen und emotional geborgen fühlen. Wenn sich diese Entwicklung bereits in der Kindheit andeutet, wird von den Eltern viel Vertrauen in ihre Tochter gefordert, gleichzeitig jedoch auch eine klare Orientierung. Die wiederum sollte zwar entschieden, aber möglichst im Hintergrund wirken, damit der revolutionäre Widerstandsgeist nicht allzu sehr herausgefordert wird. Mit Grenzen tut sich das Mädchen nämlich vermutlich schwer. Saturn befindet sich gemeinsam mit Venus in den Fischen und im 12. Haus. Damit ist es für sie eine besondere Aufgabe, sich im Abgrenzen zu üben. Ein Saturn in der Position ist eher schwach gestellt. Um diese notwendige Eigenschaft unter schwierigen Bedingungen zu entwickeln, sollten ihr die Eltern frühzeitig helfen, ihre Intuition zu stärken. Dann kann sie spüren, wann es nötig ist, Grenzen zu setzen und Struktur zu entfalten. Ebenso benötigt sie bei der Entwicklung ihres Selbstwertgefühls praktische Unterstützung, da sie auch davon eine eher diffuse Vorstellung haben dürfte. So sollte sie frühzeitig gefordert sein, sich in alltäglichen Dingen (beim Essen, der Auswahl der Kleidung ...) zu entscheiden, wenn sie womöglich eine »Ist doch egal«-Haltung einnimmt. Dann bekommt sie ein Gefühl für das, was ihr etwas wert ist.

Pluto befindet sich im Schützen sowie im Übergang vom 7. ins 8. Haus. Sie hat das Potential, in ihren Begegnungen und Beziehungen viel Intensität zu erleben. Ebenso wird sie aber auch fähig sein, darüber hinauszugehen – so wie Pluto weiterwandert –, und nicht nur in der Begegnung mit dem anderen ihre Tiefe suchen. Mit Pluto in seinem eigenen Haus umfasst dies Bedürfnis alle Lebensbereiche.

Eine Merkur-Neptun-Konjunktion im Steinbock und im 10. Haus könnte darauf hindeuten, dass es dem Mädchen nicht so leicht fällt, sich präzise auszudrücken, zumal Merkur auch noch rückwärts läuft. Zwar sorgt der Steinbock an sich für Klarheit, doch hier ist erneut die Intuition der Schlüssel zur Kommunikation. Sie sollte rechtzeitig geübt werden, damit das Mädchen spürt, worauf es sich im Austausch mit anderen verlassen kann.

Auffällig am Gesamtbild ist noch, dass fast alle Planeten oberhalb der AC-DC-Achse liegen, also im Tag- oder öffentlichen Bereich des Horoskops. Das Mädchen drängt also nach außen. Es fühlt sich wohl in der Welt und im Kontakt mit anderen. Das bestärkt noch einmal die dominante Wassermann-Uranus-Energie.

Zum Abschluss folgt das Horoskop eines Jungen, dessen Planeten noch ausgeprägter an den Übergängen der Häuser stehen. Sein Aszendent befindet sich am Anfang der Zwillinge. Der Übergang vom Stier fand fünf Minuten vorher statt. So wird ihm die eher bedächtige Art, sich die Welt anzueignen, noch vertraut sein. Dominanter ist aber die Neugierde, die Kontaktfreudigkeit, das Bedürfnis nach Austausch mit anderen. Mehr noch als bei den zuvor beschriebenen Beispielen sind Begegnungen und Beziehungen das Feld für intensive Erfahrungen und hohe Ansprüche, denn der Pluto steht im Schützen direkt am Deszendenten, dem Du-Punkt. Die Sonne, die in Konjunktion mit dem Jupiter ebenfalls im Schützen steht, befindet sich am Übergang vom 7. ins 8. Haus. Hier werden diese beiden Energien verstärkt aufgegriffen: das Bedürfnis nach Austausch mit anderen und das Bedürfnis nach Tiefe, Intensität und großen Zielen. Diese Ziele könnten darin bestehen, den Sachen auf den Grund zu gehen, immer wieder zu bohren, bis zu einem Maße, das für die Umgebung anstrengend werden kann.

Mars befindet sich am Übergang vom 8. ins 9. Haus und steht im Steinbock. Wenn es darum geht, sich konkret einzusetzen, Tatkraft und Ausdauer zu entwickeln, dann lässt der Junge das Bohrende, Tiefe allmählich hinter sich. Weniger anstrengend wird es für die Umwelt dadurch jedoch nicht unbedingt,

Radix 6

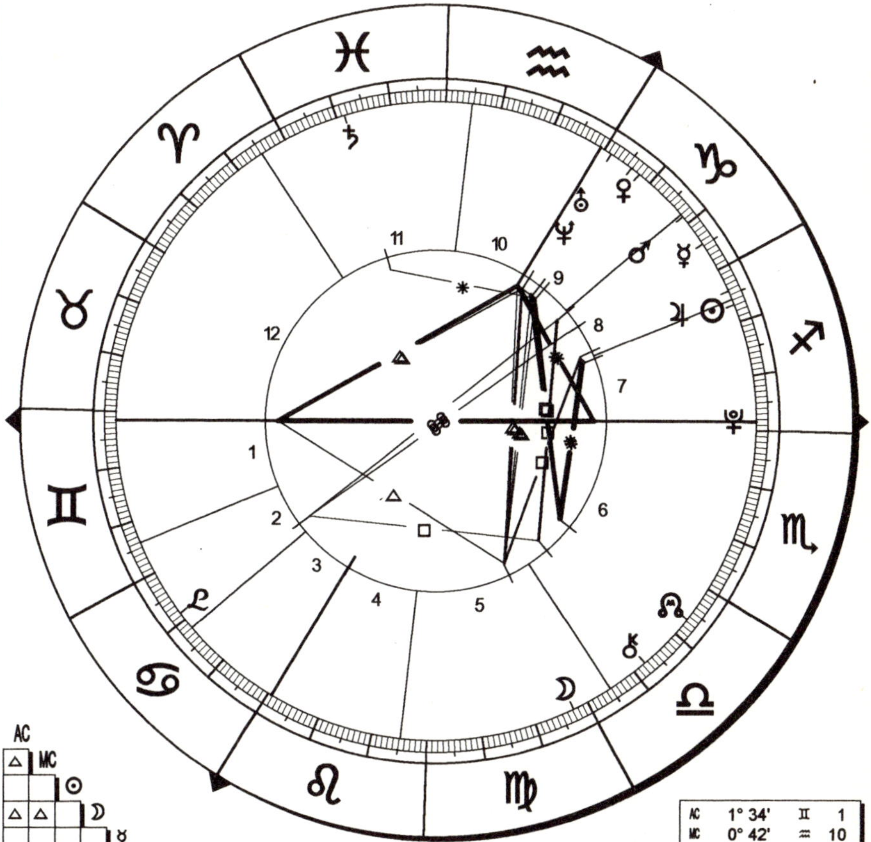

	AC	MC	☉	☽	☿	♀	♂	♃	♄	⛢	♆	♇	⚷	ℒ
MC	△													
☉														
☽	△	△												
☿														
♀				△										
♂														
♃			☌	□										
♄	△				△	✱								
⛢	△	☌		△										
♆				△		☌				☌				
♇	☍	✱								✱				
⚷			△				□	△						
ℒ					☍		☍					⚻	□	
☊			✱		△	□		✱	⚻		□			

Kardinal:	8
Fix:	1
Flexibel:	6

Erde:	6
Wasser:	2
Feuer:	3
Luft:	4

männlich:	7
weiblich:	8

1	1° 34'	♊
2	24° 08'	♊
3	12° 00'	♋
4	0° 42'	♌
5	25° 15'	♌
6	4° 52'	♎
7	1° 34'	♐
8	24° 08'	♐
9	12° 00'	♑
10	0° 42'	♒
11	25° 15'	♒
12	4° 52'	♈

AC	1° 34'	♊	1
MC	0° 42'	♒	10
☉	23° 06'	♐	7
☽	27° 16'	♍	5
☿	5° 23'	♑	8
♀	22° 21'	♑	9
♂	11° 27'	♑	8
♃	25° 44'	♐	8
♄	18° 29'	♓	11
⛢	28° 28'	♑	9
♆	24° 05'	♑	9
♇	1° 21'	♐	6
⚷	12° 27'	♎	6
ℒ	8° 39'	♋	2
☊	23° 18'	♎	6

denn er will sich nicht für irgendein beliebiges Ziel einsetzen. Seine hohen idealistischen Ansprüche wollen befriedigt werden. Erst dann ist er ausdauernd und zielstrebig bei der Sache. Diese Konstellationen sind gute Voraussetzungen, um im Leben einmal etwas Bedeutendes zu erreichen. Möglicherweise wird er sich sehr für Philosophie, Religion, Spiritualität sowie fremde Kulturen interessieren und sie zu erfassen versuchen. Die Eltern sollten akzeptieren, dass sie dabei in besonderem Maße gefordert sind.

Schließlich befindet sich auch noch Uranus im Übergang. Er steht im Steinbock am Ende des 9. Hauses kurz vor dem MC. Damit wird sich der Junge in der Öffentlichkeit nicht mit einer bescheidenen, unauffälligen Rolle zufrieden geben. Er hat eine Neigung zur Provokation, zumindest aber zu unerwarteten Verhaltensweisen, die vor allem dadurch reizvoll werden, dass andere sie wahrnehmen.

Diese unterschiedlichen Ausdrucksformen können auf einer selbstbewussten, wenn auch bisweilen vielleicht etwas nüchternen emotionalen Basis gedeihen. Der Mond steht nämlich in der Jungfrau und im 5. Haus, dem des Löwen. Um ihn zu integrieren, sind ebenfalls Gegensätze zu vereinen. Das spielerische Selbstbewusstsein des 5. Hauses ist der Jungfrau fremd. Für sie ist das Leben kein Spiel. Sie muss nicht im Mittelpunkt stehen, aber für Ordnung und eine langfristige Planung setzt sie sich nachdrücklich ein. Gut integriert, können sich beide Energien befruchten. Das spielerische 5. Haus erfährt von der Jungfrau etwas Ernsthaftigkeit und die nüchterne, penible Jungfrau lässt in dem verspielten Löwe-Haus etwas von ihrer Ernsthaftigkeit los.

Mit dem aufsteigenden Mondknoten sowie Chiron in der Waage und im 6. Haus, dem Haus der Jungfrau, ist der Alltag für den Jungen ein wichtiges Übungsfeld. Hier kann er die Erfahrung machen, dass Ästhetik und Schönheit auf natürliche Art Teil seines Lebens werden. Er benötigt dafür keine speziellen

Freiräume, etwa in den Ferien, wenn viele einen geschützten Raum mit seinen eigenen Gesetzen aufsuchen, um vielleicht etwas von der Schönheit des Lebens zu spüren. Doch im Alltag liegt auch ein gewisser Schmerz, der angenommen werden muss.

Gefordert sind die Eltern beim Thema Grenzen. Mit Saturn in den Fischen und im 11. Haus fällt es dem Jungen nicht leicht, sich abzugrenzen. Deshalb sollte er früh angehalten werden, zu spüren und sich zu wehren, wenn seine Grenzen überschritten werden. Ohne Unterstützung mag das Gefühl dafür verschwommen bleiben.

Neben den erwähnten Konstellationen gibt es noch zwei Besonderheiten. In diesem Horoskop finden sich keine rückläufigen Planeten, die im Radix normalerweise mit einem R in der Planetenübersicht gekennzeichnet sind. Der Junge ist offensichtlich im besonderen Maße auf die Zukunft ausgerichtet und hat keine Themen aus der Vergangenheit mitgebracht. Da jeder der überpersönlichen Planeten vier bis fünf Monate im Jahr rückläufig ist, ist ein Horoskop ohne einen rückläufigen Planeten eher die Ausnahme.

Einzigartig unter den hier vorgestellten Horoskopen ist außerdem die Konzentration fast aller Planeten in einem Quadranten. Es handelt sich dabei um den dritten Quadranten, der zwischen dem DC und dem MC liegt. Er wird auch als »Außen-Du« bezeichnet, denn er liegt in der oberen Hälfte sowie auf der rechten Seite des Horoskops. Eine solche Konzentration bedeutet, dass dies ein wichtiges Thema für den Jungen ist. Im dritten Quadranten geht es um den direkten Kontakt mit der Außenwelt. Er zeigt an, welche Vorstellungen der Junge einmal von einer Partnerschaft entwickeln und wie er diese auch in schwierigen Zeiten verwirklichen kann. Die dortigen Planetenenergien nehmen gern Eindrücke und Themen von außen auf und sind in gewisser Weise leicht beeinflussbar. Diese Eigenschaften stehen im Einklang mit der Energie seines Zwillinge-Aszendenten, der ebenfalls gern Anregungen von außen aufgreift. Hier ist es die Herausforderung an die Eltern, den Jungen in seiner eigenen Urteils- und Entscheidungskraft zu stärken. Die Planetenkonstellation muss sich nicht zwangsläufig darin äußern, dass er leicht manipulierbar oder gar zum Spielball fremder Interessen wird. Wenn die Bereitschaft, Anregungen auf außen aufzunehmen, auf eine gut entwickelte und selbstbewusste Persönlichkeit trifft, dann kann sie Quelle für viel Kreativität sein. Die Ansammlung der Planeten im Steinbock sowie der Mond im 5. Haus sind gute Voraussetzungen für eine starke Persönlichkeit. Hier kann die Erziehungsarbeit die astrologischen Erkenntnisse zum Nutzen des Kindes aufgreifen.

Anmerkungen

1 Bachmann, Verena: »Das Kinderhoroskop – Belastung oder Erziehungshilfe?« *Astrologie Heute,* Nr. 37, Juni/Juli 1992, S. 30

2 »Nach dem Horoskop ins Wochenbett« *Südwest Presse,* Ulm, 10. April 1999

3 Ott, Ernst: »Mein armes Kind ...!« *Meridian,* Nr. 6/1995, S. 15

4 Dennoch wird gerade der Stand der Gestirne häufig als gewichtiges Argument gegen die Astrologie vorgebracht. Wenn die Astrologen nämlich vom wilden Widder reden, stehe die Sonne in Wirklichkeit in den intuitiven und einfühlsamen Fischen. Wenn sie den selbstbewussten Löwen orten, herrsche in Wirklichkeit der eher häusliche und kleinmütige Krebs, behaupten Skeptiker. Insofern sei die Astrologie längst überholt.

Eine solche Sichtweise übersieht, dass es zwei verschiedene Tierkreise gibt: den siderischen (von lat. sidus = Stern) sowie den tropischen (von griech. tropoi = Wendepunkt). Der siderische Tierkreis ist der für uns sichtbare am Himmel, der tropische ist die Basis für das Horoskop. Als der Tierkreis in der heute gültigen Form festgelegt wurde, waren sie identisch. Der Frühlingspunkt lag bei beiden auf dem 21. März. An dem Tag trat die Sonne in das Zeichen Widder. Durch die Drehung der Erdachse um sich selbst wandert der Frühlingspunkt jedoch ganz allmählich rückwärts durch den siderischen Tierkreis. Er liegt derzeit bei 5° Fische und benötigt für ein Zeichen etwa zweitausendeinhundert Jahre. Damit kann man errechnen, wie lange es noch dauert, bis der Frühlingspunkt den Wassermann erreicht hat und das nach ihm benannte Zeitalter beginnt. Der Frühlingspunkt im tropischen Tierkreis bleibt konstant bei 0° Widder. Die Astrologen nehmen als Grundlage somit weiterhin den Zustand, als tropischer und siderischer Tierkreis identisch waren. Sie bleiben also der Weisheitstradition derer treu, die nicht zufällig die Basis für die Astrologie geschaffen haben.

5 Vortrag in München 1981

6 *Die Zauberflöte* von Wolfgang Amadé Mozart ist eine der wundervollsten Darstellungen dieser Auseinandersetzung. Auf der einen Seite steht die Königin der Nacht, die Mondgöttin. Ihre Tochter Pamina wurde von ihrem Gegenpol, dem Sonnenpriester Sarastro, entführt. Pamina verbindet beide Welten, denn ihr Vater war ebenfalls ein

Sonnenpriester. Die Königin der Nacht schickt einen Jüngling reinen Herzens, Tamino, in Sarastros Reich, um ihre Tochter zurückzuholen. Dort lässt sich Tamino aber von der Güte der Sonnenpriester beeindrucken, so dass er seinen eigentlichen Auftrag vergisst. Die Königin der Nacht versucht deshalb, ihre Tochter zum Mord an Sarastro und zum Raub des Sonnenkreises, des Symbols der Macht, anzustiften. Auch diese Pläne scheitern. Stattdessen lassen sich Pamina und Tamino auf ein Einweihungsritual ein, das sie mit Hilfe einer Zauberflöte bestehen. Danach übernehmen sie die Macht und versöhnen Sonnen- und Mondkräfte. Jenseits der äußeren Handlung gilt Mozarts heimliche Sympathie offenbar der unterlegenen Mondgöttin, denn für sie hat er die schönsten und hellsten Arien verfasst, während die Lichtgestalt Sarastro musikalisch in die tiefsten Etagen hinabsteigen muss.

7 Lengyel, Lancelot: *Das geheime Wissen der Kelten*. Freiburg 1976, S. 311

8 Craig, Mary: *Kundun. Der Dalai Lama und seine Familie*. Bergisch Gladbach 1998, S. 159f.

9 Frank, Anne: *Tagebuch*. Frankfurt 1992, S. 226f. und S. 252f.

10 Alexander, Paul: *James Dean*. München 1995, S. 51

11 Insgesamt können Dutzende solcher Punkte im Horoskop bestimmt werden, doch die meisten finden keinen Eingang in die astrologische Alltagspraxis. Einige Richtungen wie die Hamburger Schule oder die Kosmobiologische Akademie Aalen beziehen sie im größeren Rahmen in ihre Arbeit ein.

12 Die indische Astrologie nennt den absteigenden Ketu und sein Gegenüber Rahu. Bei den Namenspatronen handelt es sich um Dämonenfürsten aus der Mythologie.

13 Jehle, Markus: »Die Deutung der Mondknoten« *Meridian*, Nr. 2/1996, S. 14

14 Bachmann, Verena: »Das Kinderhoroskop – Belastung oder Erziehungshilfe?« *Astrologie Heute*, Nr. 38, August/September 1992, S. 44

15 Bis zur Industriellen Revolution im neunzehnten Jahrhundert hat die Großfamilie das Bewusstsein und Leben der Menschen entscheidend geprägt. Der Einzelne war mit allen Vor- und Nachteilen in einen Verband eingebunden. Dort gab es einerseits Sicherheit und Geborgenheit, andererseits waren den individuellen Entfaltungsmöglichkeiten enge Grenzen gesetzt.

Seit der Industriellen Revolution hat sich diese jahrtausendealte Gesellschaftsordnung in ihren äußeren Formen grundlegend verändert. Die Menschen legen Wert auf ihre persönliche Freiheit, die Kleinfamilie prägt das gesellschaftliche Bild und selbst die ist heute in Auflösung begriffen. Noch nie war es so populär, Single zu sein. Dass die äußere Freiheit jedoch trügerisch ist, zeigt die moderne systemische Familientherapie. Zwar lässt sich im Abendland kaum mehr jemand Heirat oder Berufsentscheidung direkt vom Familienrat diktieren, doch unter der Oberfläche ist der Einfluss des Clans noch immer mächtig, selbst in persönlichen Fragen. Es geht nicht um äußere Formen, sondern um innere Erwartungen, die der Familienverband an seine Mitglieder richtet. Diese Erwartungen werden von Themen bestimmt, die zumeist seit Generationen die Familie beherrschen. Die systemische Familientherapie ist eine weit verbreitete Form, diese Themen und die damit verbundenen Verstrickungen ans Tageslicht zu bringen; eine astrologische Deutung der Clanmitgieder im Partnervergleich kann das gleiche Ziel erreichen, doch sind von den älteren Generationen häufig keine Geburtszeiten bekannt oder die Personen haben wenig Interesse bzw. Vertrauen in die Astrologie. Deshalb wird sie in der Praxis nicht häufig angewandt. Erwähnenswert ist allerdings der Ansatz des Münchner Astrologen Erich Bauer, der Seminare anbietet, in denen Astrologie und systemische Familientherapie zusammengeführt werden.

16 Manche Astrologen ordnen die Person des Vaters bzw. der Mutter den Planeten zu. Demnach symbolisiert die Sonne zumeist den Vater und der Mond die Mutter. Bisweilen wird auch Saturn dem Vater zugeordnet. Andere Astrologen finden die konkreten Eltern dagegen auf der Häuserebene wieder. Doch auch diese Einteilung wird heute kontrovers diskutiert und es gibt keine einheitliche Lehrmeinung dazu.

17 Denzinger, Wolfgang J.: *Die Entfaltung des Aszendenten.* Freiburg 1996, S. 26

18 Siehe u.a. Greene, Lis: *Saturn.* München 1976, S. 134

19 Ebertin, Reinhold: *Kombination der Gestirnseinflüsse.* Freiburg 1979, S. 112

20 Ott, Ernst: »Mein armes Kind ...!« *Meridian,* Nr. 6/1995, S. 15

21 Stangenberg, Eva: »Chiron, der ›verwundete Heiler‹ « *Meridian,* Nr. 4/1998, S. 43f

22 Bachmann, Verena: »Zeitliche Auslösungen im Kinderhoroskop« *Astrologie Heute,* Nr. 41, Februar/März 1993, S. 47

23 Riegger, Mona: »Das Eltern/Kind-Combin« *Meridian,* Nr. 6/95, S. 44

24 Freud, Sigmund: *Gesammelte Werke.* Frankfurt 1948, Band 16, S. 38

Literaturverzeichnis

Mit * gekennzeichnete Titel sind im Buchhandel derzeit vergriffen.

Kinderastrologie

Bachmann, Verena: »Das Kinderhoroskop – Belastung oder Erziehungshilfe?« Artikelserie in *Astrologie Heute,* Nr. 36-41, 1992/93

*Burmyn, Lynne/Baldwin, Christina: *Das Sternzeichen meines Kindes. Ein astrologischer Ratgeber für Eltern.* München 1986

Cortesi, Anita: *Kinder-Horoskope deuten und verstehen. Astrologie als Schlüssel zum Kinderherzen.* Freiburg 1997

Graf, Claudia: *Die 12 Mondkinder. Was das Mondzeichen über Charakter, Gefühlswelt und Entwicklung Ihres Kindes aussagt.* München 1998

*Huber, Louise: *Das Kinderhoroskop als Erziehungshilfe.* Adliswil 1975

* Noé, Winfried: *Kinderhoroskop. Kinder verstehen mit Astrologie.* Niedernhausen 1996

Star, Gloria: *Das Kind im Horoskop. Begabungen erkennen und optimal fördern.* Freiburg 1994

Szabó, Maria: *Sternkinder. Der astrologische Wegweiser für Eltern.* München 1996

Astrologie allgemein

Banzhaf, Hajo/Haebler, Anna: *Schlüsselworte zur Astrologie.* München 1994

*Bauer, Erich: *Der Tierkreiszeichenführer.* München 1990

Boot, Martin: *Das Horoskop. Einführung in Berechnung und Deutung.* München 1988 (Neuauflage 1997)

*Brown, George: *Dicke Bären und kalte Winter. Eine Einführung in das astrologische Denken.* Reinbek, 1995

Ebertin, Reinhold: *Kombination der Gestirnseinflüsse.* Aalen 1961

Gil Brand, Rafael: *Lehrbuch der klassischen Astrologie.* Mössingen 2000

Hamaker-Zondag, Karen: *Deutung der Häuser. Die Planeten in den zwölf astrologischen Häusern.* Hamburg 1996

Jehle, Markus: *Wenn der Mond im siebten Hause steht. Kreative Astrologie für Einsteiger.* Freiburg 1996

*Klöckler, Freiherr v.: *Kursus der Astrologie.* Freiburg 1974

Knappich, Wilhelm: *Geschichte der Astrologie.* Frankfurt 1967 (Neuauflage 1998)

Mertz, Bernd A.: *Das Grundwissen der Astrologie. Persönlichkeit, Lebensplan, Partnerschaft, Zukunft.* Kreuzlingen 1990

Meyer, Hermann: *Astrologie und Psychologie. Eine neue Synthese.* Reinbek 1986
Niehaus, Petra: *Das Handbuch der astrologischen Biografiearbeit.* Freiburg 1998
Niehenke, Peter: *Astrologie. Eine Einführung.* Stuttgart 1994
Ring, Thomas: *Astrologische Menschenkunde.* 4 Bände. Freiburg 1981-85
*Rudhyar, Dane: *Astrologie der Persönlichkeit.* München 1970
Schubert-Weller, Christoph: *Wege der Astrologie. Schulen und Methoden im Vergleich.* Mössingen 1996
Stangenberg, Eva: *Astrologie Mytho-Logisch. Das astrologische Alphabet.* Pforzheim 2000

Planeten

*Braukmüller, Beatrix: *Merkur-Intelligenz und Kommunikation im Horoskop.* München 1995
Greene, Liz: *Saturn. Neue Einsichten in einen verteufelten Planeten.* München 1976
*Dies.: *Jenseits von Saturn. Pluto-Neptun-Uranus. Eine Astrologie des Kollektiven.* München 1985
Dies.: *Neptun – Die Sehnsucht nach Erlösung.* Zollikon/Zürich 1996
Dies.: *Uranus im Horoskop. Die Kunst, das Feuer zu stehlen.* Mössingen 1999
Greene, Liz/Sasportas, Howard: *Die inneren Planeten. Venus, Mars und Merkur in Mythologie und im Horoskop.* München 1995
*Reinhart, Melanie: *Chiron – Heiler und Botschafter des Kosmos.* Wettswil 1993
Sullivan, Erin: *Rückläufige Planeten. Aufbruch in die innere Landschaft.* Wettswil 1992
Dies.: *Venus – Planet der Liebe und Sinnlichkeit.* Mössingen 1998
Dies.: *Jupiter – Die innere Weisheit im Horoskop finden.* Mössingen 2000
Weiss, Jean-Claude/Bachmann, Verena: *Pluto. Das Erotische und Dämonische.* Wettswil 1989

Achsen und Schnittpunkte

Denzinger, Wolfgang: *Die Entfaltung des Aszendenten. Der Weg zur Persönlichkeit im Horoskop.* Freiburg 1996
Huber, Bruno und Louise: *Mondknoten-Astrologie. Innerer Kompass der Evolution.* Adliswil 1991
*Mertz, Bernd A.: *Schicksalspunkte im Horoskop.* Wettswil 1991
Ott, Ernst: *Der Deszendent. Das Tor zur Partnerschaft im Horoskop.* Mössingen 1999
Reinhart, Melanie: *Die Mondknoten. Das innere Gleichgewicht im Horoskop.* Mössingen 1999

Stuckrad, Kocku v.: *Lilith. Im Licht des schwarzen Mondes zur Kraft der Göttin.* Braunschweig 1997
Traugott, Hannelore: *Lilith. Eros des schwarzen Mondes.* Wettswil 1995

Transite
Jehle, Markus: *Wenn Jupiter auf Mars zugeht. Kreative Astrologie für Fortgeschrittene.* Freiburg 1997
Livaldi-Laun, Lianella: *Transite und Träume. Astrologie in der Praxis.* Mössingen 1999
Weise, Daniela: *Astrologie der Planetentransite.* Niedernhausen 1999

Partnerschaft
Adler Gral, Jessie: *Magischer Spiegel Liebe. Praxisbuch der dynamischen Partnerschaftsastrologie.* Freiburg 1998
Banzhaf, Hajo/Theler, Brigitte: *Du bist alles, was mir fehlt. Suchbild und Selbstbild im Horoskop.* München 1996
Livaldi-Laun, Lianella: *Liebesbeziehungen im Horoskop.* Freiburg 1993
March, Marion D./McEvers, Joan: *Lehrbuch der Partnerschaftsastrologie. Synastrie und Composit.* Freiburg 1995
Riegger, Mona: *Handbuch der Combin- und Compositdeutung. Seelische Partnerverbindung im Horoskop.* Freiburg 1997
Stone, Pauline: *Partnerschaft, Astrologie und Karma.* Wettswil 1992
Theler, Brigitte: *Astrologische Partnerschafts-Fibel.* Wettswil 1998

Danksagung

Bei zahlreichen Eltern, Astrologinnen und Astrologen möchte ich mich sehr herzlich für die Unterstützung, Begleitung und Kritik bedanken, ohne die dieses Buch nicht hätte entstehen können. Ausdrücklich erwähnen möchte ich meine wichtigsten astrologischen Lehrerinnen und Lehrer Erich Bauer, Geesje Dorenbos, Ernst Ott und Eva Stangenberg, darüber hinaus Theresa Bosch, Judith-Annette Dold, Angelika Friedel, Nikolaus Holz, Sibylle Schindler, Sigrid Walcher, Daniela Weise und Ulrike Zimmermann, sowie meine Lektorin Heike Mayer. Danke auch allen Kindern, an deren Entwicklung ich Anteil haben kann

Bestellschein für eine individuelle Horoskopdeutung

Sie können für Ihr Kind oder für sich selbst ein Radixhoroskop mit ausführlicher, individueller Deutung zu einem Preis von DM 160.-- vom Autor erstellen lassen. (Keine Computerdeutung! Keine vorgefertigten Textbausteine!)

Bitte füllen Sie die Rückseite dieses Bestellscheins aus und legen einen Verrechnungsscheck bei, der nach Erstellung des Horoskops eingelöst wird. Bearbeitung nach Reihenfolge des Eingangs.

Bitte einsenden an:

Klemens Ludwig
Closenweg 19
72072 Tübingen

☎ 07071/7 69 16

Bitte erstellen und deuten Sie das Horoskop für

Name: ______________________________

Minutengenaue Geburtszeit: ______________

Geburtsdatum: _________________________

Geburtsort: ___________________________

Bitte schicken Sie das Horoskop an

Name: ______________________________

Straße: ______________________________

Postleitzahl: ____ Ort: _________________

Telefon/e-Mail (für Rückfragen): ____________

Bitte ankreuzen

☐ Ich wünsche nähere Informationen über Seminare des Autors.

Deutscher Astrologen-Verband e.V.

Der DAV und seine vielfältigen Leistungen

Organisation von Kongressen

Fachtagungen und Seminaren mit namhaften Referentinnen und Referenten aus dem In- und Ausland.

Regionale Arbeitsgruppen

Kontakt- und Geschäftsstellen in derzeit 28 Städten.

DAV-Ausbildungszentren

in den größeren Städten Deutschlands wie Berlin, Bremen, Freiburg, Hamburg, Heidelberg Karlsruhe, Köln, München, Stuttgart, Würzburg unter der Leitung „Geprüfter Astrologen/innen DAV". Das Angebot reicht von Einführungs- und Fortbildungskursen über Astro-Selbsterfahrungsgruppen bis zur Ausbildung zum/zur Berufsastrologen/in mit Vorbereitung auf die Verbandsprüfung DAV, die die Möglichkeit bietet, den Titel „Geprüfte/r Astrologe/in DAV" zu erwerben.

DAV-Leihbibliothek

mit Fachliteratur über Astrologie. In ihr befinden sich Lehrbücher, schwer zugängliche ältere Literatur, Zeitschriften (Abonnements aller deutschsprachigen größeren Astro-logie-Zeitschriften) sowie wissenschaftliche Arbeiten (z.B. Diplom- und Doktorarbeiten über Astrologie). Ihr angeschlossen ist eine

Audio-Videothek

Sie umfasst wichtige Hörfunk- und Fernsehaufzeichnungen zum Thema Astrologie und enthält außerdem verschiedene Ton- und Video-Lehrwerke über Astrologie.
Die Tagungsvorträge sind seit 1985 auf Tonträgern archiviert.

Eine Datenbank

für Geburtsdaten bekannter Persönlichkeiten und auffälliger Personengruppen zur Erleichterung und Anregung von Forschungsvorhaben. Mehr als 40.000 Geburtsdaten – und die Datenbank wird ständig erweitert

Bezug der Zeitschrift MERIDIAN

(6x jährlich), der im Mitgliedsbeitrag eingeschlossen ist. Der MERIDIAN ist Fachzeitschrift für Astrologie und offizielles Organ des Deutschen Astrologen-Verbandes.

Professionelle Unterstützung

der „Geprüften Astrologen/innen DAV" durch Werbung und zentrale Erfassung der unter ihrer Leitung durchgeführten Veranstaltungen.

Anforderungs-Coupon

Bitte senden Sie mir gegen DM 3,– (als Anlage in Briefmarken) folgende Unterlagen zu:

- ❑ Ihren Aufnahmeantrag
- ❑ Ihre Liste der Geprüften Astrologen DAV
- ❑ Informationsmaterial über die Ausbildungszentren
- ❑ Informationsmaterial über die DAV-Fachbibliothek

Datum / Unterschrift
Bitte mit vollständigem Absender an den DAV schicken.

dav
deutscher astrologen-verband e.v.

Deutscher Astrologen-Verband e.V.
Bundesgeschäftsstelle
Wilhemstr. 11
D-69115 Heidelberg
Tel.+Fax: 06221/182010
eMail: davev@t-online.de
internet:
http://www.dav-astrologie.de